진짜 미국식 공부법

최강의 나를 만드는

진짜
미국식
공부법

론 프라이 지음
장승윤 옮김

멜론

차례

소개글

성공을 위해 공부하라

"배움 자체가 큰 보상을 약속해준다."

▽

윌리엄 해즐릿

Introduction

본 개정판을 처음 준비하며 인류의 수많은 과학기술 발전을 감안해 초판 이후 개정이 어느 정도 필요한지에 대해 깊이 고민했다. 만약 스마트보드와 스마트폰, 수많은 스마트폰 앱과 수 천만 개의 웹사이트가 내가 이전에 제시한, 공부에 대한 수많은 팁과 기술의 토대가 된 교육적 기반을 통째로 바꾸어 더 이상 쓸모 없어졌다면?

지난 10년 간 다양한 기술적 변화를 고찰한 덕분에 이 책의 모든 부분을 다시 생각해볼 수 있었다. 이전부터 내려온 동일한 과제를 더 쉽게 더 효과적으로 해결할 방법이 있진 않을까? 이전에는 없던, 새로 해결해야 할 문제가 있진 않을까? 이전에 제시했던 팁들과 공부 방식들이 오늘날 사용하기에는 시대에 너무 뒤떨어지진 않았을까?

다행히 르네상스 시대 프랑스의 사상가이자 철학자 미셸 몽테뉴도 "인간은 부단히 공부하는 존재다."라고 강조했듯이 이전부터 내가 설명해온 다양한 공부 기법들은 시대를 초월해 오늘날에도 뛰어난 학생들에게 효과적이라고 떳떳이 말할 수 있게 되었다.

다만, 앞에서 언급한 다양한 공부 기법들을 통달하는 가장 효율적인 방법, 특히 과거보다 훨씬 다양해진 매체와 기술들이 눈부시게 성장하고 진화한 것이 사실이다.

따라서 이번 '진짜 미국식 공부법' 개정판에서는 '제대로 필기하는 법', '각종 시험에 제대로 대비하고 좋은 성적을 올리는 법', '단기간에 최상의 결과를 내는 공부계획법' 등 여러분이 공부의 대상을 제대로 읽고 이해하고 암기하는 법에 대한 힌트, 조언, 기술들을 여전히 제시하고 있다. 나아가 공부법과 전혀 상관없을 것으로 생각할 만한 필수 스킬과 첫 단추부터 제대로 꿰 맞추어 나가야 할 중요 단계들부터 제시하며 짚어나갈 것이다.

제대로 시작하기

"생각이 없는 배움은 헛수고이고 배움이 없는 생각은 위험할 뿐이다."

- 공자 -

훌륭한 공부 습관을 기르는 것은 친구들과의 달리기 시합과 같다. 승자를 정하려면 결승선부터 정해야 한다. 즉, 능력의 우열을 무엇으로 나눌지 여러분은 아는가? 무슨 기준으로 좋은 결과와 나쁜 결과를 판단할 것인가?

하지만 더 중요한 것은 여러분의 '출발선'이 어디인지 모른다면 달리기 시합 자체를 시작할 수 없다는 사실이다. 특히 출발선이 다르다면 각자의 출발선을 파악하는 것이 중요할 것이다!

제1장에서는 다양한 공부 기법들을 설명하고 각 기법들이 여러분의 삶에 어떤 영향을 미치고 어떤 방식으로 작동되어야 하는지 설명하며 이야기를 풀어나간다. 각 공부 기법의 내용을 파악한 후, 여러분은 현재 자신의 출발선이 어디인지 스스로 파악하게 될 것이다.

제2장에서는 공부의 때, 장소, 방법의 중요성과 이를 통해 자신에게 꼭 맞는 공부환경을 만드는 법을 배울 것이다.

공부 습관에서 마법의 묘약은 없다. 자신이 수학과 과학에 약하다면, 이 책의 여러 '공부법'을 익히고 실천하더라도 수학과 과학 분야의 노벨상을 수상할 인재가 될 수는 없다. 모든 것에 능통한 사람은 없지만 각자 잘하는 뭔가가 분명히 있다. 여러분은 제2장에서 자신이 좋아하고 싫어하는 과목들을 점검해보는 동시에 가장 잘하고 가장 못하는 과목들에 대한 통찰력을 기를 수 있을 것이다.

또한 제2장에서는 눈에 안 보이는 공부법 요소들에 대해 알아볼 것이다. 이 무형적 요소는 가정환경, 본인의 태도, 동기 등 다양하다.

공부를 통해 특정 목표를 이루고 싶다면, 공부에 영향을 미치는 타 요소들은 자연스레 자리잡을 것이다. 공부 태도에 대한 자신의 믿음이 성공의 열쇠이기 때문이다.

마지막으로 공부 과정에서 중요한 몇 가지 기타 요소들 예를 들어, 선생님들을 "읽는" 법, 멘토를 찾는 법, 완벽주의를 제어하는 법, 융통성의 중요성에 대한 통달도 성공적인 첫걸음을 도와줄 것이다.

독해 및 이해

제3장에서는 모든 공부 방법에서 가장 기본적인 기술을 소개할 것이다. 바로 '독해와 이해'다. 여러분이 노트 필기를 얼마나 잘하고 도서관을 얼마나 자주 찾고 온라인 콘텐츠를 얼마나 잘 활용하고 시험공부를 얼마나 집요하게 하는지와 상관없이 독해를 제대로 못하거나 안 해 방금 읽은 내용을 제대로 이해하거나 암기하지 못한다면, 앞으로 여러분의 삶은 순탄치만은 않을 것이다.

일반적으로 훌륭한 독자(讀者)의 비결은 어릴 때 익히는 기술이다. 아직 이 기술을 터득하지 못했다면, 지금이 적기다!

암기력을 극대화하라

제4장에서는 이전 판 저서의 분량을 적합한 수준에 맞추기 위해 싣지 않았던 각종 암기 팁과 기술을 다시 소개한다. 저서의 분량을 고려해 삭제하기에는 숫자 기억법, 긴 리스트 암기법, 연속적 이야기 암기법, 기타 암기법이 너무 중요하다고 판단해 다시 실었고 원래 제3장에 실었던 읽은 내용 기억하기도 이번 장에 옮겨 실었다.

시간을 최대한 활용하라

여러분의 생활 속에서 공부를 통한 최상의 결과를 위해 공부를 "더 열심히" 해야만 하는 것은 아니다. "더 열심히"보다 중요한 것은 "더 스마트하게" 공부하는 것이다. 즉, 공부시간을 최대한 늘리라는 뜻이다. 예를 들어, 기존과 똑같이 2~3시간을 공부에 투자하면서 그 효율을 2~4배 이상 극대화하는 것이다. 제5장에서는 그와 관련된 간단하고 쉽게 사용할 수 있는 다양한 정리 및 시간관리 기술을 소개한다. 이 기술은 효과적인 공부 계획을 세우고 그에 맞추어 실행하는 데 큰 도움을 줄 것이다.

수업을 주도하는 학생이 되어라

제6장에서는 독자 여러분의 연령과 상관없이 한 번쯤 겪어봤을 경험담을 얘기할 것이다. 바로 '수업'이다. 이 장에서 나는 여러분의 다양한 형태의 수업에 도움이 될 여러 조언을 해줄 것이다. 수업 토론에 적극적으로 참여하는 방법이나 같은 수업이라도 더 많은 것을 얻어낼 방법들이 있을 것이다.

훌륭한 보고서 작성법

이 책 초판에서는 훌륭한 보고서 작성을 위한 올바른 도서관 활용법을 실었는데 이후 도서관을 비롯해 더 일반화된 온라인 정보들도 다루기 위해 '보고서 작성을 위한 올바른 정보조사법'으로 바뀌었다. 당시 이 부분은 뒤에 등장할 정돈된 에세이, 보고서, 발표형 보고서 작성을 위한 필수적인 세부단계 설명 부분보다 짧게 제시되었다.

이 편에서는 이 두 장의 내용이 거의 같도록 재편성했으므로 제7장은 주제 선정으로 시작해 초본 작성을 위한 장기 계획 수립, 초안 작성, 도서관 및 온라인을 통한 각종 자료수집법까지 보고서 작성의 모든 준비 과정을 짚어보고 넘어간다.

간략하지만 도서관에서 주로 사용하는 국회도서관 분류법을 이 책에서도 언급할 것이고 여러분에게 효율적인 온라인 자료조사법을 설명해 "이 링크 재미있네."라며 신드롬에 빠져 시간을 낭비하지 않도록 조언해줄 것이다.

제8장에서는 여러분의 사전 자료조사가 완전하진 않더라도 어느 정도 되었을 것이라는 가정 하에 초안 작성, 퇴고, 검토, 각주 작성법부터 부록 및 참고문헌 정리까지 실제 보고서 작성 과정 및 방법에 대해 알아보고 같은 내용을 서면 보고서나 발표용 보고서로 작성하는 데 알아두어야 할 몇 가지 키워드에 대해서도 간략히 설명할 것이다.

효과적인 시험공부법

제9장에서는 수업시간별 퀴즈, 중간고사 및 기말고사 공부법의 차이를 포함해 시험 준비 전반에서 해야 할 것과 하지 말아야 할 것을 짚어보고 벼락치기가 왜 큰 효과가 없는지, 부득이 벼락치기를 해야 한다면 그나마 큰 효과를 볼 방법에 대해서도 알아볼 것이다. 마지막으로 시험 유형(객관식, T/F, 에세이, 오픈 북 등)에 따른 전략적 공부법, 제대로 정답을 추측하는 법, 초반에 풀어야 할 문제 유형, 맨 마지막에 풀어야 할 문제 유형까지 설명할 것이다.

현명한 학습진단법

'진짜 미국식 공부법'은 지금까지 출간된 공부 관련 서적 중 가장 포괄적이고 쉽게 이해하도록 쓰였고 공부법에 대한 기본부터 단계별 접근법까지 누구나 쉽게 따라 하고 각자의 공부법을 개선하고 다듬는 데 도움을 줄 것이다.

지금 여러분이 대학이나 대학원에서 고전 중이라면, 이 책은 구세주가 되어줄 것이다. 대학 진학 예정인 고등학생이라면, 이 책으로 공부법을 다듬을 좋은 기회다. 대학에 진학할 생각이 없거나 고등학교를 최대한 빨리 그만두고 다른 길을 찾을 계획이더라도 이 책의 '제대로 공부하는 법'은 여전히 큰 도움이 된다.

사회생활 도중 오랜만에 학교수업을 다시 듣기 시작한 성인 독자라면, 이 책에서 배울 수 있는 공부 팁과 기술을 어디서도 찾기 힘들 것이다.

성적이 정말 좋지 않다면? 여러분의 지능은 별로 중요하지 않다. 정말 중요한 것은 얼마나 "제대로" 공부하느냐다.

2% 타고난 재능을 지닌 특별한 경우를 제외하면 이 책의 '제대로 공부하는 법'은 연령, 성적과 상관없이 모두에게 큰 도움이 될 것이다.

여러분이 평균적인 점수를 받는 학생이라면 분명히 향상될 것이다. 매번 커트라인을 겨우 넘는 학생이라면 여러 면에서 굉장한 효과를 볼 것이다. 훌륭한 공부 습관이 있지만 학교를 떠난 지 오래되었다면, '진짜 미국식 공부법'은 여러분의 훌륭한 공부 습관을 다시 환기시켜 주는 유익한 교재가 될 것이다.

한편, 이 책을 읽는 자신이 앞에서 말한 2%에 들더라도 큰 도움이 될 많은 기술들을 이 책에서 찾을 수 있으리라 생각한다.

이 책의 대상별 사용법

이 책을 처음 집필할 당시, 대상인 고등학생뿐만 아니라 다른 많은 독자들도 큰 도움을 얻었음을 알게 되었다.

정말 놀라운 점은 '진짜 미국식 공부법'을 구매한 상당수 독자가 바로 성인이라는 점이다. 이것은 많은 성인들이 사회생활 이후 학업으로 복귀하면서 이 책에서 큰 도움을 얻었다는 의미다. 어쩌면 그 중 일부는 학창시절 선생님들이 가르쳐주지 않았든 선생님들의 가르침을 제대로 배울 생각이 없었든 "지금" 이 책에서 공부 기술을 배움으로써 자신의 커리어에 큰 도움이 될 것이라고 판단했을 수도 있다.

다른 상당수 독자는 자녀교육을 고민하는 학부모들이다. 그들의 질문은 대부분 다음과 같다.

"우리 아이가 어떻게 책을 읽게 할까?"

"우리 아이가 어떻게 지각하지 않게 할까?"

"내 아이의 암기력을 어떻게 높일까?"

"우리 아이의 성적을 어떻게 올릴까?"

이런 이유들로 잠시 독자들의 유형 특성을 짚고 넘어가자.

⊕ 고등학생

독자 여러분이 고등학생이라면 이 책의 기본 포맷(비교적 짧은 단어와 문장, 재치 넘치는 대제목과 소제목, 여러 단어들)을 통해 더 편안히 읽을 수 있을 것이다.

하지만 동시에 이 책을 미리 접하지 않고 학기를 시작했다는 불편한 진실과 마주칠 것이며 진행 중인 현재 학기는 좋든 나쁘든 앞으로의 생활에 큰 영향을 미칠 것이 분명하다. 중요한 점은 여러분이 아직도 '제대로 공부하는 법'을 모른다는 사실이다! 더 이상 시간 낭비하지 말고 이 책에 등장하는 '제대로 공부하는 법'과 모든 공부 스킬 통달을 최우선 순위에 두자.

⊕ 중학생

축하드린다! 중학생인 여러분은 이 책의 '제대로 공부하는 법'을 적기에 접했다고 할 수 있다. 고등학교 진학 전인 중학교 1~3학년 기간은 의심할 여지 없이 모든 공부 기술에 통달해야 할 중요한 시기다. 이 책의 모든 공부 기술에 통달한 후 진학한다면, 고등학교 생활은 더 편하고 훨씬 긍정적이고 성공적일 것이다.

⊕ 대학생

만약 18~25세의 대학생이라면 고등학교 시절 통달하지 못했던 공부기술 1~2가지를 이 책에서 제대로 익히기 위해 노력하길 바란다. 통달하지 못했던 공부기술이 그 이상의 것들이라면 대학에 진학한 여러분이 대학생활을 어떻게 성공적으로 보낼지 의문이다. 공부법을 전혀 모르는 여러분이 어떻게 대학에 진학했는지 의문이라는 말도 된다. 그럼에도 불구하고 처음부터 새로 공부법을 시작하고자 한다면 내가 해줄 조언은 앞에서 고등학생들에게 해준 조언과 같다. '제대로 공부하는 법' 파악을 최우선 순위에 두라는 것이다.

⊕ 비 대학생

독자 여러분이 25세, 45세, 65세 또는 85세에 고등학교, 대학, 대학원에 진학하는 경우라면 '제대로 공부하는 법'이 어느 누구보다 필요하다고 할 수 있다! 공부환경에서 떠난 지 오래되었을수록 자신이 잊은 것들이 무엇인지조차 기억 못할 가능성이 클 것이다. 잊어버리지 말았어야 할 것들을 기억하지 못할 가능성이 분명히 있다. 빨리 공부습관을 만드는 데 "너무 이른" 때는 없다고 강조해왔듯이 "너무 늦은" 때도 없다고 말하고 싶다.

부모의 역할

"교육은 노이로제와 마찬가지로 가정에서 시작된다."

– 밀턴 사피어스테인 –

내가 출연하는 라디오나 TV쇼에서 부모들로부터 처음 받게 되는 전화는 "우리 아이가 학교에서 더 잘할 수 있도록 부모로서 도와줄 방법이 없을까요?"라는 진심어린 걱정들로 미루어 공부법을 익히기 위해 노력하는 학생들뿐만 아니라 그들 이상으로 노력하는 부모들도 많을 것이라고 생각한다. 그런 부모들을 위해 몇 가지 조언을 여기 적는다.

⊕ 숙제할 공간을 만들어 주어라

집중하는 데 방해되지 않을, 밝고 숙제에 필요한 도구가 갖추어진 장소를 만들어 주어라.

⊕ 숙제할 일과를 만들어 주어라

연구 결과에 따르면, 하루 일과를 정해둔 자녀가 훨씬 더 잘 정리

정돈하고 성공할 확률이 높다.

⊕ 숙제를 최우선 순위에 두어라

말 그대로 숙제가 최우선임을 인지시켜라. 데이트 전, TV시청 전, 밖에 나가 놀기 전 언제든지 말이다.

⊕ 독서를 습관화하라

자녀에게는 당연한 얘기지만 부모들에게도 해당되는 얘기다. 자녀들은 부모의 '행동'을 따라 하지, 부모가 '지시하는 행동'을 자연스레 하진 않는다. 부모가 하는 행동을 자녀에게는 하지 말라는 경우도 결과는 비슷하다. 따라서 부모 여러분이 24시간 드라마 '브레이킹 배드'를 처음부터 끝까지 시청하면서 정작 자녀들에게 책 좀 읽으라고 말하는 것이 얼마나 어불성설인지 알 수 있을 것이다.

⊕ TV를 꺼라

그것이 힘들다면 TV를 언제 얼마 동안 시청하는 것이 적절한지 정확히 선을 긋는 것이 중요하다. 사실 실행하기 가장 힘든 조언임을 나도 잘 알고 있다. 질풍노도기를 힘들게 헤쳐 나온 내 딸아이 때문에 너무 잘 안다.

⊕ 담임선생님과 대화하라

자녀들이 무엇을 더 공부해야 하는지 알아보라. 학교 담임 선생님과 한 번도 대화해보지도 않고 자녀에게 무엇이 필요한지 어떻게 알 수 있는가? 심지어 담임 선생님이 추구하는 방식과 전혀 다른 방식으로 자녀를 도와줄 계기가 될 수도 있다.

⊕ 격려해주고 동기를 부여해주어라

하지만 자녀들에게 숙제하라고 잔소리하진 말라. 절대로 통하지 않는 방법이다. 당신의 의견이 강해질수록 자녀들은 더 빨리 당신에게 귀 기울이지 않을 것이다.

⊕ 자녀의 학업을 점검하라

하지만 자녀의 학업을 점검하다가 숙제를 직접 해주는 함정에 빠지진 말라. 자녀의 숙제를 검토해주는 것이 숙제를 도와주는 훌륭한 예다. 하지만 자녀의 숙제를 당신의 생각대로 완전히 고쳐버린다면 자녀는 그 숙제로부터 아무것도 배우지 못할 것이다. 단 한 가지, 숙제는 자신이 하는 것이 아니라 엄마나 아빠가 대신 해주는 것이라는 사실을 빼곤 말이다.

⊕ 자녀가 목표를 달성했다면 칭찬해주어라

하지만 쉬운 결과물에 대한 과도한 칭찬은 금물이다. 자녀들은 과도한 칭찬임을 당신이 생각하는 것보다 쉽게 알아차릴 수 있다.

⊕ 자녀에게 현실을 일깨워주어라

학교 밖 사회는 자녀의 성적에 별 관심 없다는 사실, 오히려 자녀가 무엇을 알고 무엇을 할 수 있는가를 통해 사람을 평가한다는 사실을 미리 배우고 알게 된다면 앞으로 자녀가 살아가면서 흘릴 많은 눈물(아마도 부모인 여러분의 눈물)의 예방접종 역할을 할 것이다. 여러분의 작은 천재들에게 삶은 그리 공평하지 않다는 사실을 미리 조심스럽고 상냥하게 알려주고 이 사실을 극복하는 데 필요한 다양한 자원들을 일깨워주는 것이 중요하다.

⊕ 자녀가 성공하기 위한 과학기술을 접하게 해주어라

자녀가 몇 살이든 분명히 그들은 컴퓨터에 능해야 하고 학교와 방과후 활동에서 살아남기 위해 인터넷을 할 수 있는 환경이 있어야 한다.

⊕ 다시 한 번 TV를 꺼라!

⊕ 자녀의 휴대폰, 각종 메시지와 문자 알림을 차단하라

숙제하는 동안 말이다. 물론 자녀들은 문자메시지, 채팅, 각종 앱 알림들이 수학 숙제를 하는 데 아무 방해가 안 된다고 하소연할지도 모른다. 이런 호소에 동조하는 부모들이 있다면 숙제할 최적의 장소가 TV 앞이라는 사실도 인정한다고 할 수 있다.

뭔가 배울 준비가 되었는가?

지금 여러분이 손에 쥐었거나 E-book 리더기로 읽고 있는 이 책은 제8판으로 개정되었고 수많은 학생과 학부모, 심지어 선생님들을 25년 이상 도와왔다. 특정 부분에서 세부적인 도움이 필요할 경우, 이 책 론 프라이의 '진짜 미국식 공부법'의 5개 세부 소제목이 여러분을 도와줄 것이다.

학습 공간을 평가하라.
출발선을 확인하라.
선생님을 파악하라.
모든 수업에 적극 참여하라.
의심되면 질문하라.

이 책이 성공적으로 출간되도록 애써주신 모든 분들께 감사를 표한다. 때때로 배움은 고통스럽고 지루한 과정이 될 수 있지만 당연시되면 안 된다. 나는 '진짜 미국식 공부법'이 여러분의 모든 공부 과정을 매우 쉽게 만들어줄 것이라고 장담하진 못한다. 그렇지 않을 것이고 그렇게 될 수 있기 때문에. 하지만 '진짜 미국식 공부법'은 여러분의 앞길을 밝혀주고 방향을 제시해주고 앞으로의 공부 여정에 여러 자원을 충분히 공급해줄 것이다.

일부 수업의 첫 시간에 곧바로 읽고 들은 것을 모두 완벽히 소화하지 못하는 경우가 있을 것이다. 2~3번 반복해 읽고 들어도 이해하지 못할 수도 있다. 그런 경우, 천천히 매우 천천히 배워나가야 한다. 하지만 그 사실이 뭔가 잘못하고 있음을 의미하는 것은 당연히 아니다. 여러분이 문제가 아니라 그 과목 자체가 '모든 학생들'이 천천히 배워야 하는 것일 수도 있다. 내게 특히 어려웠던 과목은 물리, 화학이었다. 매우 어려운 교과서나 자녀들에게 아무 동기도 부여해주지 않는 선생님도 해당 과목을 어렵게 만드는 요소가 될 수 있다.

또한 여러분은 앞으로 살아가면서 불가피하게 일부 특정 과목을 전혀 사용하지 않을 것이라고 단정할지도 모른다. "도대체 삼각함수(물리학, 프랑스 문학, 유럽 역사 또는 여러분이 생각하는 불필요한 모든 과목)을 왜 배워야 하는지 모르겠어."라며 온갖 투정을 부리고 있을 것이다. "절대로 이 과목을 써먹지 않을 거야."

하지만 앞으로 10년은 고사하고 당장 다음 주에 필요할, 필요하지 않을 것들, 여러분이 사용하고 기억하고 있을 것에 대해 전혀 모른다. 내 개인적인 경험에 따르면, 놀랄 만큼 "쓸모 없는" 정보와 지식의 양은 내 경력에 매우 중요한 역할을 해왔다.

따라서 배울 수 있는 것들은 일단 배워두는 것이 좋다. 지금 배우는 과정 자체를 즐긴다면 살아가면서 알고 있어야 할 것들에 대해 걱정할 필요가 없을 것이라고 장담한다.

염치없지만 내 저서 '진짜 미국식 공부법'이 현재 출시된 책들 중 최고라고 단언한다. 물론 다양한 공부 관련 책들이 시중에 나와 있지만 안타깝게도 대부분 원래 전달하려던 메시지를 제대로 전달하지 못하고 있다고 생각한다.

이 책들 중 하나는 단 6페이지에만 시간관리 기술에 대해 서술하고 26페이지에 걸쳐 수면, 운동, 영양(샘플 메뉴 포함)의 중요성에 대해 설명하고 있다.

나는 너무나 분명한 것들에는 시간을 낭비하면 안 된다고 생각한다. 즉, 공부를 포함해 무엇이든 피곤하고 배고프고 아프고 취한 상태라면 평소보다 어려울 것이 당연하다. 따라서 상식을 갖추길 바란다. 가능하면 건강한 식생활을 하고 필수 수면시간을 지키고 건강을 유지하고 음주를 피하자. 앞에서 언급한 이유들 때문에 성공하는 데 방해를 받고 그 상황을 혼자 해결하지 못한다면 훌륭한 책이나 전문가의 도움을 받길 권한다.

또 다른 책은 독자들에게 너무 기본적인 질문들을 던진다. 즉, "언제 공부해야 할까?", "어디서 공부해야 할까?", "얼마 동안 공부해야 할까?" 그리고 너무나 분명한 해결책을 제시한다. 그것은 "최대한 일찍", "아무 방해 요소가 없는 곳", "한 번에 1시간이 안 넘게"다.

공부세계에는 옳고 그름으로 양분되는 대답은 많지 않은 것으로 알고 있다. 당연하지만 모든 객관식 시험에 무조건 "옳은" 방법도, 노트 필기에 무조건 "옳은" 방법도 없다. 따라서 그것이 있을 것이라는 생각을 버리는 것이 좋다. 특히 자신에게 가장 적합한 방법을 안다면 더더욱 그런 생각을 버리는 것이 좋다. 자칭 전문가들이 여러분이 시도하는 방법을 잘못된 것이라고 주장한다고 자신에게 맞는 그 방법을 바꾸면 안 된다. 어쩌면 그 주장을 펴는 그 전문가의 방법이 잘못된 것일 수도 있다.

두 말할 필요 없이 모두에게 맞는, 단일화된 엄청난 공부 '원칙'을 찾아내기 위해 내 책을 읽으면 안 된다. 그것이 목적이라면 그 '원칙'을 절대로 찾을 수 없을 것이다. 사실상 그 원칙은 없기 때문이다. 다만, 이 책을 통해 수많은 기술, 팁, 비결, 다양한 책략 중 자신에게 맞는 것과 맞지 않는 것을 알게 될 것이다. 그 중 원하는 것을 골라 자신에게 맞게 변형, 적용시켜 진정한 맞춤식 공부법을 만들어야 한다. 여러분에게 맞는 공부법을 만들어내는 것은 저자인 내가 아니라 '여러분'이기 때문이다.

여기까지 이 책에서 여러분이 배울 것들을 충분히 말한 것으로 생각된다. 자, 이제 실질적으로 배워보는 시간을 가져보자.

론 프라이

진짜 미국식 공부법

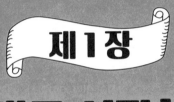

제대로 시작하기

"지금 당신이 어떤 사람인지,
어떤 사람이 되고 싶은지 파악하라."

▽

핀다로스

Start off Right

이어지는 두 장의 다음 항목들에서 여러분을 도와주겠다.

- 현재의 공부 기술 수준을 점검해 어느 영역에 노력을 쏟아야 할지 확인하기
- 자신에게 적합한 공부환경과 학습 스타일 확인하기
- 자신이 "좋아하는" 수준과 "잘하는" 수준에 따라 과목들을 정리하기

성적 유지하기

지금부터 이 책에서 다룰 주요 공부 기술을 설명할 것이다. 즉, 독

해, 이해, 암기력 증진, 시간관리, 노트 정리(교과서에, 수업시간에, 도서관에서, 인터넷 강의를 들으면서), 수업 참여, 연구 및 보고서 작성, 시험 준비까지. 그런 후, 여러분이 각 공부 기술들에 대한 자신의 현재 상태를 스스로 점검하게 할 것이다. 즉, 특정 공부기술에 통달했거나 거의 통달한 수준인 경우는 'A'(매우 우수), 보통 수준으로 통달한 경우는 'B'(우수), 해당 기술을 제대로 실행하지 못하거나 아예 모르는 경우는 'C'(미달 또는 취약)이다.

우선 맛보기로 전반적인 수준을 테스트해보자. 다음 28개 질문에 답해 자신의 상태를 체크해보자. 자신에게 해당한다면 'Y', 그렇지 않다면 'N'에 체크하자.

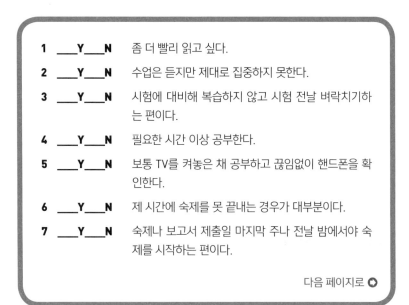

1 ___**Y**___**N** 좀 더 빨리 읽고 싶다.

2 ___**Y**___**N** 수업은 듣지만 제대로 집중하지 못한다.

3 ___**Y**___**N** 시험에 대비해 복습하지 않고 시험 전날 벼락치기하는 편이다.

4 ___**Y**___**N** 필요한 시간 이상 공부한다.

5 ___**Y**___**N** 보통 TV를 켜놓은 채 공부하고 끊임없이 핸드폰을 확인한다.

6 ___**Y**___**N** 제 시간에 숙제를 못 끝내는 경우가 대부분이다.

7 ___**Y**___**N** 숙제나 보고서 제출일 마지막 주나 전날 밤에서야 숙제를 시작하는 편이다.

다음 페이지로 ◐

8	___Y___N	모든 책을 같은 속도, 같은 방식으로 읽는다.
9	___Y___N	필요한 정보를 인터넷에서 제대로 찾는 경우가 없다.
10	___Y___N	너무 과중한 숙제 때문에 정신적으로 부담을 느끼는 편이다.
11	___Y___N	제 시간에 독서 숙제를 못 끝낸다.
12	___Y___N	수업시간에 항상 잘못된 정보를 필기하는 편이다.
13	___Y___N	중요한 숙제나 시험일을 자주 잊곤 한다.
14	___Y___N	너무 긴장해 원래 실력보다 시험을 못 치곤 한다.
15	___Y___N	특정 지문을 이해하기 위해 2~3번 다시 읽어야 한다.
16	___Y___N	특정 챕터의 독서를 마친 후, 기억나는 정보가 별로 없는 편이다.
17	___Y___N	선생님이 가르치는 모든 내용을 필기하지만 무슨 내용인지 이해하지 못하는 편이다.
18	___Y___N	공부 시작 약 15분이 지나면 지루해지거나 산만해진다.
19	___Y___N	숙제나 보고서 작성 시, 전문용어 사전을 활용하는 데 대부분의 시간을 쓴다.
20	___Y___N	항상 잘못된 정보를 공부하는 것 같다.
21	___Y___N	어떤 형태의 달력도 제대로 사용하지 못한다.
22	___Y___N	시험공부를 하지만 막상 시험에 들어가면 공부한 내용이 전혀 기억나지 않는다.
23	___Y___N	성공적인 학교생활을 해내기에는 시간이 부족하다고 생각하지만 친구들과의 교제는 계속 즐기고 있다.
24	___Y___N	교과서 요점을 제대로 파악하지 못한다.

다음 페이지로 ○

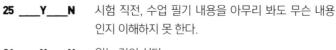

25	___Y___N	시험 직전, 수업 필기 내용을 아무리 봐도 무슨 내용인지 이해하지 못 한다.
26	___Y___N	읽는 것이 싫다.
27	___Y___N	주관식 시험에서 답변을 논리정연하게 정리하지 못한다는 이유로 감점처리 당하곤 한다.
28	___Y___N	컴퓨터에 많은 시간을 보내지만 대부분 쓸데 없다.

각 답변들이 의미하는 바는 무엇일까? 여러분이 'Y(예)'라고 대답한 문항들이 아래와 같다면:

- 2, 5, 18번의 경우, 집중하는 법에 중점을 더 두어야 한다.
- 1, 8, 15, 16, 24, 26번의 경우, 독해력 및 이해력이 부족하다.
- 3, 14, 22번의 경우, 올바른 시험공부 방법과 시험에 대한 긴장감을 줄일 방법을 익혀야 한다.
- 4, 6, 10, 11, 13, 21, 23번의 경우, 정리기술이 부족하다.
- 7, 19, 27번의 경우, 보고서나 에세이 '작성법'에 많은 시간을 투자하지만 이를 위한 올바른 연구 및 정리 방법을 모른다.
- 9, 28번의 경우, 컴퓨터 스킬을 익히고 온라인상 적절한 정보를 효율적으로 찾아내는 방법을 배워야 한다.
- 12, 17, 20, 25번의 경우, 수업 도중 교과서상 정보를 노트 필기하는 더 좋은 방법이 필요하다.

얼마나 많은 '예' 답변을 받았는가보다 얼마나 많은 '예' 답변이 특정 영역에 몰려 있는가가 중요하다. 즉, 답변들이 몰린 영역이 바로 도움이 필요한 영역이다. 물론 '예' 답변이 10개 이상인 경우, 1개 이상 영역에 문제가 있다는 의미일 것이다.

이번에는 현재 여러분의 공부 상태를 더 세부적으로 확실히 알아보자. 38페이지에는 내가 열거한 주요 공부기술들이 있다. 다음 장으로 넘어가기 전, 종이 한 장을 꺼내 각 영역(독해 및 이해, 시험 준비까지)에 대해 스스로 점수를 매겨보자. A에는 2점, B에는 1점, C에는 0점으로 환산해본다.

예를 들어, 여러분이 생각하는 초반 자기평가 영역 점수가 17점 이상이면 A, 13~16점이면 B, 12점 이하면 C를 준다. 이것이 바로 현재 여러분의 공부습관에 대한 자기평가 점수다.

이제 각 영역들을 다시 살펴보며 '매우 우수', '우수', '보통'이 주는 진정한 의미에 대해 알아보자. 각 영역들을 읽으며 '나의 시작점'에 점수를 매겨보자. 물론 자신에 대해 솔직히 대답해야 한다. 이 평가점수는 여러분이 이 책을 다 읽은 후, 자신이 얼마나 달라졌는지 측정하는 기준점이 될 것이다. 잘 보관해두었다가 이 책을 다 읽은 후, 처음 수준과 비교해보자.

다음에 나오는 평가점수에는 옳거나 틀린 정답이 없다는 것을 기억해야 한다. 다음의 점수는 앞으로 여러분의 진척 상황을 측정하고 개선이 필요한 영역들을 확인하기 위한 시작점일 뿐이다.

나의 시작점

초반 자기평가	A ☐	B ☐	C ☐
독해 및 이해	A ☐	B ☐	C ☐
기억력 증진	A ☐	B ☐	C ☐
시간관리	A ☐	B ☐	C ☐
교과서 노트 필기	A ☐	B ☐	C ☐
수업 시간 노트 필기	A ☐	B ☐	C ☐
도서관 노트 필기	A ☐	B ☐	C ☐
온라인 상 노트 필기	A ☐	B ☐	C ☐
수업 참여	A ☐	B ☐	C ☐
보고서 작성	A ☐	B ☐	C ☐
시험 준비	A ☐	B ☐	C ☐
공부 스킬 수준 총점	A ☐	B ☐	C ☐

독해 및 이해

속도, 이해, 기억은 독해의 중요한 3대 요소다. 그 중 이해와 기억은 특히 밀접한 관계가 있다. 즉, 이해와 기억을 증진시키기 위해서는 오히려 느린 속도를 감수하는 것이 나은 경우도 있다. 독해 및 이해 기술을 테스트하기 위해 론 올슨이 쓴 '미국의 역사: 21세기 여명을 통한 재건(U.S. History: From Reconstruction Through the Dawn of the 21st Century by Ron Olson)'에서 발췌한 다음 지문을 읽어보자.

다 읽었다면 책을 덮고 읽은 요점을 종이 위에 적고 다시 한 번 읽어보며 여러분이 적은 요점과 지문을 비교해보자. 자신이 읽은 것을 얼마나 잘 이해하고 핵심사항을 얼마나 잘 기억하는지 알 수 있을 것이다.

제1차 세계대전은 수많은 미국인들이 전쟁에 대한 환멸을 느끼게 했고 그로 인해 미국은 고립주의에 빠졌다. 영국과 프랑스는 새로운 침략자(아돌프 히틀러)의 요구사항을 묵인하기 시작했다. 변화된 단일 민족국가에 대한 유럽의 무관심과 침략자에 대한 유화정책은 결국 전 세계적인 폭력사태로 이어졌다. 1930년 말까지 미국 시민의 70%가 제1차 세계대전에서의 미국의 역할을 실수라고 느꼈다.

미국은 전쟁중립법을 통과시켜 전쟁 중인 국가에 군수품을 판매, 수송할 것을 법적으로 거부했고 오직 현금거래 정책만 유효화시켰다. 당시 미국은 수입원이 필요했지만 그로 인해 또 다른 전쟁에 연루되는 것을 꺼렸기 때문이다. 전 세계에서 전체주의 지도자들이 활개치며 전쟁 공포는 수많은 이들을 두려움에 떨게 했다.

전체주의 지도자들은 국제안보를 크게 위협했고 미국은 또 다른 세계분쟁 참전 가능성을 더 이상 무시할 수 없게 되었다. 전쟁에 대한 공포와 파괴로 5천만 명에 달한 사망자 수는 제2차 세계대전의 참혹한 결과를 가져왔다.

유럽과 일본의 심각한 인구 감소와 부의 감소, 6백만 명 유대인 대학살,

원자폭탄 개발과 첫 사용, 소비에트연합의 동유럽 지배, 독일 분단, 일본 군 포로수용소, 국제연합(UN) 창설은 이 전쟁을 그 어떤 역사적 사건과 전혀 다르게 보이게 만들었다.

더 이상 미국의 고립주의는 불가능했다. 제2차 세계대전은 미국 내의 인종간 불평등을 재조명하는 시발점이 되었고 여성들에게는 새로운 기회를 주었으며 남부와 서부가 성장하는 기회가 되었다.

제2차 세계대전 승전으로 국제경제적 라이벌들이 몰락하면서 미국은 세계경제에서 독점적 우위를 점했고 연방정부 범위를 확장시키고 군수 대기업들과 과학적 결속을 맺기 시작했으며 이것은 전후 미국을 형성하는 데 크게 기여했다.

점수 매기는 법: 여러분이 위의 지문을 끊지 않고 계속 읽고 읽은 내용을 정확히 요약해 2분 안에 주요 인명, 통계수치들을 기억할 수 있다면 자신에게 A를 주자. 만약 지문을 읽고 이해하는 데 약간 어려움이 있지만 4분 안에 전반적인 과제를 해낼 수 있다면 B를 주자. 4분 안에 과제를 해낼 수 없거나 자신이 읽은 내용을 제대로 기억하지 못 하거나 주요 내용들을 제대로 적을 수 없다면 C를 주자.

기억력 증진

테스트 1: 다음 숫자를 10초 동안 본다. 책을 덮고 여러분이 기억할 수 있는 숫자를 최대한 적어본다.

> 7620495820049736

점수 매기는 법: 12개 또는 그 이상 숫자를 순서대로 정확히 기억했다면 A, 8~11개를 기억했다면 B, 7개 이하는 C를 주자.

테스트 2: 내가 지어낸 다음 12개 넌센스 단어들은 '의미'가 있다. 60초 동안 단어들을 공부한 후, 각 단어들의 철자와 의미를 정확히 기억해본다.

Capulam	찻잔	**Maghor**	밥그릇
Armarek	커튼	**Jerysh**	완장
Zynder	콧노래 부르다	**Opockal**	안전한
Thromph	목걸이	**Stapnor**	간호사
Booleric	간식	**Yeffer**	적시다
Cwassul	종이자루	**Fravitous**	배고픈

모두 공부했다면 이제 책을 덮고 12개 단어의 철자와 의미를 종이

위에 써보자. 단, 위 리스트에 나열된 순서대로 단어를 적을 필요는
없다.

점수 매기는 법: 9개 또는 그 이상 각 단어들의 철자와 의미를 정
확히 나열했다면 A를 준다. 5~8개 단어의 철자와 의미를 정확히 나
열했거나 9개 이상 철자를 정확히 썼지만 각 단어들의 의미를 다르
게 적었다면 B를 준다. 4개 이하 단어를 외웠다면 C를 준다.

Narmer	Anedjib
Hor-aha	Semerkhet
Djer	Qu'a
Djet	Sneferka
Merneith	Horus Bird
Den	Hotepsekhemwy

테스트 3: 다음은 실제 이집트 파라오들의 통치 순서에 따라 이름
을 나열한 것이다.

3분 안에 시각적, 연계적 스토리를 만들어 정확한 철자와 순서대
로 위 이름들을 외울 수 있는가?

점수 매기는 법: 자신이 지어낸 이야기가 얼마나 이상한지와 상관
없이 위 12명의 파라오 이름 중 9개의 정확한 철자를 순서대로 나
열할 수 있다면 A를 준다. 6~8개는 B를 준다. 5개 이하는 C를 준다.

Hotepsekhemwy가 복잡하다는 것은 저자도 인정하지만 여러분에게 Djer, Djet, Den, Qu'a도 주었으니 형평성에는 맞다고 생각한다.

시간관리

공부시간 활용에 대한 여러분의 효율성은 2가지 척도에 의해 측정할 수 있다.

❶ 과제를 각 부분으로 분할하는 능력(독해, 필기, 개요 작성, 글쓰기)

❷ 분할된 각 부분들을 효율적인 방식으로 처리하는 능력

점수 매기는 법: 자신의 공부시간을 현명하게 효율적으로 사용한다고 느낀다면 A를 준다. 가끔 공부시간이 부족하다면 B를 준다. 잘 모르겠다면 C를 준다.

명료하고 효과적인 노트 필기

노트 필기의 4가지 상황: 집에서 교과서를 공부할 때, 수업 도중, 도서관에서, 온라인상에서 각각 다른 노트 필기법을 요구한다.

집에서 교과서를 공부할 때: 집에서 교과서로 자습할 경우, 여러분은 교과서가 전달하려는 핵심내용을 확인하고 자신만의 언어로 새

로 재구성해 새로 배운 내용들을 자기 것으로 소화해야 한다. 교과서를 읽어나가면서 간략한 필기를 별도 노트나 교과서 여백에 적거나 공부 관련 내용을 형광펜으로 칠하거나 밑줄 긋는다. 그런 후, 이해 안되는 궁금증과 자신의 해답을 스스로 찾아봄으로써 자습 내용을 확실히 마스터했음을 알 수 있을 뿐만 아니라 끝내 해답을 찾지 못한, 다음 수업시간에 선생님께 질문할 것을 미리 알아볼 수 있다.

수업 중: 수업 '준비'는 수업 '참여'의 중요한 핵심요소다. 수업시간 전에 내용을 예습함으로써 수업 중 선생님의 설명과 핵심내용에 제대로 집중해 터득하게 된다. 주제 및 단문 필기 접근법을 사용하거나 자신만의 필기법이나 기호법을 이용해 학습 내용을 암기하는 데 도움이 될 만한 것들을 필기하자. 여러분의 필기는 가르치는 선생님의 수업 패턴에 맞추어야 한다. 이렇게 작성한 노트 필기는 수업시간이 끝난 후, 가능하면 다시 한 번 빨리 복습한다. 필기를 복습할 때는 미처 못 적은, 빈 부분을 채워 넣거나 수업을 들은 후, 자신의 생각을 적는다.

도서관과 온라인상에서: 도서관에서 필기하는 것은 교과서를 보며 필기하거나 온라인상 자료를 필기하는 것과 무엇이 다를까? 도서관 책들은 언젠가는 다시 반환해야 한다는 점과 책에 형광펜으로 밑줄 친 경우, 도서관 사서가 여러분에게 눈치를 줄 것이라는 점이다. 또한 웹상 모든 웹페이지를 출력하거나 온라인 자료에 직접 밑줄 칠 수 있게 만드는 마법 형광펜이 없는 한, 그 자료 내용이 도서관 책,

신문기사, 학술지, 웹페이지에 있다면 여러분이 찾은 자료로부터 직접 노트 필기할 수 있는 효율적인 시스템이 필요하다.

물론 공공도서관이나 학교 도서관이 어디에 있는지 관심조차 없다면 보고서 숙제가 주어졌을 때 도서관에서 제공하는 많은 자료들을 이용하는 것 자체에 어려움을 겪을 것이다.

마찬가지로 효율적인 인터넷 사용 개념이 가수 카일리 제너의 최신곡을 검색하거나 매시간마다 자신의 인스타그램에 포스팅하는 것을 의미한다면 여러분은 제2차 세계대전 중 일본군 포로수용소에 대한 15장 분량의 보고서를 작성하는 데 상당한 어려움을 겪을 것이다.

점수 매기는 법: 여러분의 노트 필기 기술은 교과서의 핵심내용들을 제대로 요약하기에 충분한가?

선생님의 수업과 토론수업의 핵심내용들을 정확히 짚어낼 수 있는가?

지역 도서관에 본인 이름의 개인 열람실이 있는가?

몇 분 안에 자신에게 주어진 보고서 관련 주요 웹사이트 12개 이상을 즉시 찾아낼 수 있는가?

여러분의 노트 필기 기술로 교과서를 완벽히 이해하고 수업에서 앞서 나가며 다양한 매체로부터 필요한 자료들을 찾아내 세부내용의 틀을 잡아 훌륭한 보고서를 작성할 수 있다면 자신에게 A를 준다. 위에 언급된 내용 중 일부가 부족한 것 같다면 B를 준다. 여러분에게 보고서란 친구 도움부터 청해야 하는 것이라면 C를 준다.

수업 참여

대부분의 선생님들은 수업 도중 얼마나 많은 깜짝 퀴즈나 보고서 숙제를 냈는지와 상관없이 학생들의 최종성적을 산출할 때 학생의 수업참여도를 고려한다. 또한 여러분이 모든 보고서와 퀴즈에서 상위점수를 받은 학생이더라도 수업시간만 되면 조용해지는 학생들의 점수가 생각보다 낮다는 것을 알 수 있다.

점수 매기는 법: 여러분이 항상 모든 수업 준비(최소한 모든 수업자료들을 읽고 각종 수업과 프로젝트를 마무리해 제시간에 제출하는 것)를 하고 토론수업에 적극 참여하고 자신의 지식을 알리고 모르는 것들을 제대로 배우기 위해 수업 관련 질문들을 자주 한다면 자신에게 A를 준다. 앞에서 말한 요소들 중 하나라도 제대로 못하고 있다면 B를 준다. 자신의 수업이 진행되는 교실이 어디인지 모른다면 C를 준다.

시험답안 작성 및 발표용 보고서 준비

토마스 에디슨에게 양해를 구하고 말하면 서면이나 발표형 그 어떤 종류와 형식의 보고서도 그 준비는 90% 노력(연구)과 10% 영감(작문 실력)이라고 할 수 있다. 즉, 훌륭한 보고서 작성을 위한 능력은 작문 실력에 통달하기보다 앞에서 말했던 다른 기술들에 통달하는 데 더 많이 좌우된다는 것이다. 여러분이 독서광이거나 지역 도서관을 잘 알거나 온라인 정보검색의 베테랑이거나 노트 필기를 잘하거나 매우 복잡한 주제를 잘 세분화해 훌륭한 보고서를 단계적으로 쓸 실력을 갖추었다면 훌륭한 보고서를 작성할 준비가 되었다고 할 수 있다.

점수 매기는 법: 도서관 및 온라인 노트 필기법, 시간관리, 독해 부분에서 이미 A를 주었다면 여기서도 자신에게 A를 준다. 전반적으로 자신의 보고서가 훌륭하지만 뭔가 부족하다고 느낀다면 B를 준다. 만약 보고서 작성에 대한 여러분의 개념이 관련 온라인 정보를 그대로 복사해 짜깁기해 각 자료들의 요약본만 따온 것이라면 C를 준다.

시험 준비

적절한 시험 준비의 핵심요소는 시험 범위와 시험 유형을 아는 것이다. 주간 퀴즈나 각 단원/챕터 쪽지시험은 가장 최근 배운 범위 안에서 시험을 치른다. 중간고사와 기말고사는 그보다 훨씬 넓은 범위

(이전까지 배운) 안에서 시험을 치른다. 객관식, 주관식, 수학문제 풀이 및 과학실험 실습 테스트들은 서로 다른 준비 과정과 시험기술을 요구한다.

자신이 어떤 시험을 치를 것인지 아는 것만으로도 시험 준비는 훨씬 쉬워진다. 시험에서 선생님이 물어볼 예상문제들을 생각해보는 것도 쉬워진다. 주기적으로 교과서와 수업 필기를 복습해 선생님이 어느 부분을 강조하고 어느 부분에서 문제를 낼지 짐작할 수 있다. 마지막 팁으로 만약 자신이 선생님이라면 질문할 만한 예상문제들을 최소 10개 이상 준비하자.

점수 매기는 법: 선생님이 출제하는 시험문제보다 어려운 문제를 여러분 스스로 만들 수 있고 실제 시험에서 고득점을 받는다면 A를 준다. 시험 범위를 알지만 필요한 만큼 시험 준비를 못한다고 생각한다면 B를 준다. 대수학은커녕 운전면허시험조차 합격하지 못했다면 C를 준다.

자신의 총점

각 영역에서 모든 점수를 매긴 후, A에 2점, B에 1점, C에 0점을 다시 부여한다. 여러분의 총점이 17점 이상이라면 '매우 우수'(총점 A), 13~16점은 '우수'(총점 B), 12점 이하는 '보통'(총점 C)을 준다. 이렇게 산정된 새 점수를 38페이지의 '전반적인 공부 기술' 표에 기입한다.

이 책의 남은 장들을 읽기 전, 자신에게 주었던 평점과 비교해 새 점수가 여러분을 얼마나 더 세밀히 평가했는지 느껴지는가? 새 점수가 생각보다 많이 낮다면 여러분의 생각과 달리 이 책을 아직 책꽂이에 넣을 때가 아니라는 의미다. 여러분의 기존 평점이 새 점수보다 낮다면 여러분의 생각보다 더 유리한 위치에 있다는 의미다!

그럼 이제부터는?

공부라는 게임판에 자신의 능력을 진솔하게 평가했다는 사실은 여러분에게 큰 긍정적인 요소다. 자신의 강점과 약점 특히 자신이 개발하거나 개선해야 할 영역을 알면 어느 부분에 노력을 집중해야 할지 알 수 있다. 저자인 나는 물론 이 책을 끝까지 다 읽으라고 강력히 권하지만 방금 전 끝낸 이 간단한 테스트는 여러분 자신이 깊이 공부해야 하는 장들과 이 책을 다 읽은 후에도 장기적인 지속적 관심이 필요한 특정 기술을 확인하는 데도 큰 도움을 줄 것이다.

진짜 미국식 공부법

제 2 장

계획 수립

"지식이 제대로 소화되려면
강한 식욕을 느끼며 먹어야 한다."

▽

아나톨 프랑스

Develop your Plan

만약 전 과목에서 낙제점을 받고 있다면 '진짜 미국식 공부법'이 기적적으로 여러분을 상위권 학생으로 만들어줄 것이라고 장담할 수는 없다. 그 경우, 뭔가 매우 잘못되어 있거나 많이 부족할 것이다. 하지만 이 책에 제시된 공부 기술들을 연마하는 데 시간을 투자한다면 여러분의 현재 성적이나 쏟는 노력의 양과 상관없이, 의심할 여지없는 긍정적 경험을 약속한다.

여러분 중 일부는 어쩌면 공부시간을 더 늘릴 필요가 없을지도 모른다. 그 대신 더 효율적으로 공부하는 법, 시간을 경제적으로 활용하는 법, 더 스마트하게 공부하는 법을 배우는 것이 더 효율적일 수도 있다. 즉, 더 적은 시간을 투자해 더 나은 결과를 가져올 수도 있다는 말이다.

어떤 종류의 배움도 일정한 훈련이 필요하다. 또한 수많은 훈련 중에서도 자기훈련이 가장 어렵다. 하지만 '진짜 미국식 공부법'이 제시하는 단원 공부에 시간을 투자하고 가장 중요한, 배운 단원들을 매일 연습하는 데 시간을 투자한다면 분명히 더 좋은 성적과 더 많은 성공을 거둘 수 있을 것이다.

만약 학교 공부에 매우 적은 시간이나 아무 시간도 투자하고 있지 않다면 지금보다 훨씬 많은 시간과 노력을 기울여야 할 것이다. 얼마나? 여러분이 생각하는 그 이상. 얼마나 오래? 여러분이 원하는 결과를 얻을 때까지. '진짜 미국식 공부법'을 통해 더 스마트해지고 이 책에 등장하는 기술들에 더 쉽게 적응할수록 지금까지 숙제에 투자했던 시간보다 더 적은 시간을 투자하게 될 것이다. 하지만 여러분의 점수 반등 폭이 클수록 즉, B에서 A보다 D에서 A로 올라가길 원한다면 공부에 더 많은 시간을 투자해야 한다. 그렇다고 너무 낙담하진 말자. 생각보다 놀랄 만큼 빨리 긍정적인 결과를 볼 수 있을 테니.

공부습관 만들기

만약 학교 성적이 별로이고 공부하는 데 꾸준한 시간을 투자하고 있다면 바람직하지 않은 공부습관을 가졌을 가능성이 크다. 그 습관이 언제 어디서 생겼는지는 모르지만 분명한 것은 잘못된 행동이 습관화된 것이라고 보면 된다.

희소식이 있다! 나쁜 습관은 쉽게 버릴 수 있고 비교적 쉽게 좋은 습관으로 바뀔 가능성이 있다. 다음은 그 대책이다.

- 습관은 완전히 없애기보다 '바꾸는' 것이 훨씬 쉽다. 따라서 나쁜 공부습관을 완전히 없애려고 하지 말고 그것을 보완해줄 바람직한 습관을 익히자.
- 연습은 '습관'이라는 엔진에 기름칠해주는 엔진오일과 같다. 특정 행동을 많이 할수록 더 깊이 습관화될 것이다.
- 공부습관을 개선하고 학교 성적을 끌어올리겠다고 친구와 가족들에게 말하자.(단, 이 방법은 '일부'에게만 통한다. 그 일부란 어느 정도 주변 압박이 동기부여로 작용하는 사람이다.)
- 성과를 통한 동기부여 작용을 매번 지속적으로 받기 위해 로버트 프로스트의 말처럼 '잠들기 전, 가야 할 몇 마일'만큼 긴 차트는 아니더라도 진척 상황을 매번 차트 형태로 보여주자. 여러분 방의 벽이나 휴대폰 속에 '오늘 성공한 일' 리스트를 매일 적는 것도 효과적이다.

다음 장을 시작하면서 이 책에 등장하는 모든 것은 특정 작업에 유용한 특정 기술에 집중하고 있다. 즉, 작문, 노트 필기, 시험치르는 법, 독해 등이다. 따라서 지금이야말로 특정 작업에 국한되지 않고 성공적인 공부법과 관련된 전반적인 공부법을 다룰 절호의 시간이다.

하룻밤 만에 이루어지는 것은 없다

공부법을 배우는 것은 장기 프로세스다. 공부법 여정을 시작하면 여러분이 발견할 수많은 이정표, 도로, 가로수길, 표지판에 놀랄 것이다. 심지어 원했던 것 이상 더 나은 학생이 된 후에도 반드시 또 다른 표지판, 우회로, 멋진 가능성으로의 여정을 발견할 것이다.

'진짜 미국식 공부법'을 통해 배우는 여정을 일생의 과정으로 여기고 새로운 여러 방법론을 배워가면서 현재 자신이 하는 것들을 고칠 준비를 하자.

이런 마음가짐은 전반적인 공부전략을 다루는 작업이므로 특히 시작부터 중요하다고 할 수 있다. 하루에 얼마나 공부해야 할까? 각 과목 사이의 시간 간격은 얼마나 두어야 할까? 휴식시간은 어느 정도로 정해야 할까? 이 질문들에 대한 여러분의 정답은 이 책을 읽기 전, 공부 기술과 공부습관이 얼마나 있는지, 얼마나 많이 향상시켜야 하는지, 이 과정에 얼마나 관심이 있는지, 공부 이외 타 활동에 얼마나 참여하고 있는지, 어떤 시간대를 말하는지, 전반적인 건강 상태는 어떤지, 기타 다양한 개별 원인들에 따라 크게 달라질 수 있다.

여러분의 공부 순서는 어떤가? 가장 어려운 것부터? 가장 쉬운 것부터? 가장 오래 걸리는 것부터? 가장 짧게 걸리는 것부터? 한 과목에서 다른 과목으로 바꾸는 것이 더 편한가 아니면 한 과목이 끝날 때까지 집중하는 것이 더 편한가?

여러분의 공부전략은 어떤가? 여러분의 고등학교 역사 선생님은 미국 남북전쟁의 여러 전투와 전투일자, 활약했던 장군들의 이름만 외우라고 할 것이다. 반면, 여러분의 대학 교수님은 각 전투 자체, 각 전투가 전쟁 판도에 미친 영향, 각 전투가 전 세계 판도의 영향을 받은 점이나 영향을 미친 점 등에 대한 심도 있는 이해를 요구할 것이다. 여러분의 선생님이나 교수님이 강조하는 내용에 따라 여러분이 공부하는 방식은 분명히 달라져야 한다.

여러분이 수행할 작업 자체가 스케줄에 엄청난 영향을 미칠 수도 있다. 예를 들어, 내가 목차를 정리하기 위해 앉아 있을 때는 비교적 아무 방해요소가 없는 긴 시간이 필요하다. 최소 1시간, 길면 3시간 가량이 목차를 내가 원하는 대로 정리하고 전체 목차에 따라 생각을 정리하는 데 충분한 시간이다. 머리 속의 생각을 글로 구체화하기, 문제 제기 영역, 예시나 삽화를 제시해야 할 부분 파악하기 등이다. 결과적으로 회의나 약속시간 전 30분만으로는 이 작업을 시작할 엄두조차 안날 것이다.

앞에서 내가 하고 싶은 말은 무엇일까? 내가 제시한 질문들에 대한 이상적인 정답은 없다는 것이다. 완벽히 "옳은" 정답은 없다. 이것은 앞으로도 내가 계속 강조할 부분이다. 즉, 자신에게 맞는 기술을 찾아내 지속하라. 잘 맞던 기술이 제대로 안 맞기 시작하거나 제 역할을 못한다면 변화시켜라.

이 책에 제시된 공부 기술 중 절대적인 것은 없다. 따라서 이 책에 등장하는 공부 기술들을 자신의 상황과 성향에 맞게 적용, 변형시키는 것은 필수불가결하다고 말하고 싶다.

첫 행에서 선택하라

시험 문제에 답을 적기 전, 시험을 망치지 않을 핵심은 문제의 지문을 제대로 읽는 것이다. 이것은 1시간 안에 6개 문제 중 3개만 선택해 답해도 되는 서술형 문제에서 6개 모두 답하느라 받을 수도 있는 낮은 점수(좌절이나 창피는 물론)를 면하게 도와줄 수 있다.

시험만 "문제 지문을 제대로 읽어라"에 해당하는 것이 아니다. 많은 선생님들은 과제 제출, 보고서나 프로젝트 준비, 실험 결과 보고서 제출 등에 대한 자신만의 규칙이나 방식이 있다. 이와 같은 선생님만의 규칙을 따르는 것도 매우 중요하다. 물론 그 방식을 따르지 않았을 때 엄청난 좌절감을 겪는 것도 같다.

실제로 내가 고등학교 1학년일 때 개인용 컴퓨터는 흔치 않았고 타자치는 법을 모르는 학생이 부지기수였고 한 선생님은 제출된 과제가 수기로 작성되었다는 이유로 낙제점을 주기도 했다. 당시 나를 정말 화나게 했던 것은 제출된 과제 내용이 매우 훌륭했다는 것과 선생님이 마음만 먹으면 충분히 읽고 좋은 점수를 줄 수도 있었다는 것이다.

학교생활을 계속하다 보면 좋든 싫든 선생님이나 교수님 특유의 규칙으로 고생하는 경우가 늘 것이다. 내가 해줄 수 있는 최고의 조언은 마크 트웨인의 명언을 곱씹어 보자는 것이다.

"학교가 여러분의 교육을 방해하는 요소가 되지 않게 하라."

자신이 한 것에 자부심을 느끼고 선보여라

여러분은 500자 에세이 숙제에 쓰인 총 단어 수를 세어본 후, 내용과 상관없이 500자라는 마법의 숫자를 채우자마자 황급히 에세이의 결론을 내리는 사람을 알고 있는가?

선생님이 각 페이지마다 줄그어 지운 여러 단어와 이 페이지에서 저 페이지로 이어지는 화살표를 따라 힘들게 에세이를 검토하고 있음에도 자신의 난해한 손글씨가 완벽할 정도로 읽기 훌륭하다고 믿는 학생을 알고 있는가?

아니면 한 페이지 안에서 2~3번은 옳은 철자, 4~5번은 틀린 철자를 적어내는 사람은?

선생님도 인간이다. 선생님도 숙제 외적 영향을 받을 수밖에 없다. 2개 보고서 내용이 비교적 같다면 선생님은 2개 보고서의 외적 요소를 통해 점수를 결정할 것이고 이것은 생각보다 큰 영향을 미칠 수도 있다.

명심해야 할 것은 많은 선생님이 틀린 문법이나 철자, 전반적인 형태에 따라 감점하는 경향이 있다는 것이다. 즉, 눈에 보일 정도의 신경과 자부심으로 작성한 보고서나 과제에는 더 높은 점수를 주는 경향이 동시에 있다는 말이다.

선생님의 특이점과 약점에 적응하라

선생님들은 각자 학생들에 대한 기대치, 기준, 융통성, 담당과목에 대한 접근법 등에서 기준이 다르다. 선생님들의 이런 '특이점'에 맞추기 위해 노력하는 것은 분명히 중요한 일이다. 선생님들이 가진 노트 필기, 수업 참여도, 보고서 및 프로젝트의 기준은? 선생님들이 좋아하는 것과 싫어하는 것은? 선생님들의 채점 방식과 시험 출제 방식은?

선생님들의 다양한 특성들을 인지하는 것은 각 수업시간에 적응하는 데 확실히 도움이 된다. 물론 언젠가는 이 가정이 일어날 것이라는 말은 절대로 아니다. 깊은 구덩이를 파야 한다고 가정해보자. 지금 시각은 밤 11시이고 공부할 최적의 시간을 놓친 상태이고 내일 아침까지 영어, 역사, 독해 숙제가 남아 있다.

여러분의 영어 선생님은 최대한 수업 참여를 요구하고 이것은 수업 총점에서 큰 부분을 차지한다. 시험점수와 별 상관도 없다. 이 선생님의 취미는 준비가 안된 학생들만 호명하는 것처럼 보이며 신기할 정도로 그런 학생들을 정확히 찾아내는 재주가 있다.

한편, 역사 선생님은 수업 도중 토론보다 수업이 끝날 무렵 던지는 몇 가지 단편 퀴즈에 학생들이 답변하는 것을 선호한다. 절대로 다른 이유로 수업 도중 학생들을 부르지 않는다.

이런 상황에서 2개 숙제 중 하나를 끝낼 수 있다면 어떤 숙제를 선택해 마무리하겠는가?

공휴일에 태풍과 해일이 동시에 일어나는, 말도 안 되는 날을 제외하고 이런 상황에서 영어수업 준비가 전혀 안 된 채 갈 생각을 할 수 있을까?

제5장에서 잘못된 계획 수립이 잘못된 결과로 이어지는 습관이 되지 않도록 하는 방법을 말하겠지만 상당수 학생들이 숙제나 보고서 작성, 시험공부를 할 때 선생님들의 성향을 전혀 고려하지 않고 있다고 확신한다.

마찬가지로 여러분 중 특별한 유대감을 나누는, 여러분의 인생에서 여러 좌절과 시련을 피하는 데 도움을 주고 시행착오를 줄여줄 선생님(멘토와 멘티 관계)이 있는 학생이 거의 없다고 확신한다. 왜 멘토를 찾아야 할까? 살아가면서 친구나 부모님이 줄 수 있는 것 이상 다양한 도움(꼭 학교에 대한 것뿐만 아니라 인생에 대한)이 필요할 것이기 때문이다. 멘토는 여러분에게 인생의 관점과 조언, 도움을 줄 수 있는 존재들이다.

의욕을 불태워보자

동기부여 요소는 내재적, 외재적 요소가 있다. 각 차이점은 무엇일까? 보컬수업을 들었다고 가정하자. 필수 과목으로 반드시 수강해야 하지만 여러분은 노래가 너무 좋아 수강한 것이다.

아울러 생물학 수업도 들었다. 개구리 해부는 정말 끔찍하고 개구리가 외골격이 있는지 내골격이 있는지, 뼈가 전혀 없는지는 관심조차 없지만 필수 과목이기 때문에 수강했다.

첫 번째 경우, 여러분은 내재적 요소의 동기부여를 받았다고 할 수 있다. 즐길 수 있을 것 같다는 생각에 보컬수업을 수강한 것이다.

두 번째 경우, 외재적 동기부여 요인이다. 생물학에는 전혀 관심도 없지만 수강에 대한 보상은 외적 요인이다. 즉, 졸업할 수 있다는 것이다.

외재적 동기부여는 목표를 향해 나아가는 과정에서 지루하거나 싫증나는 일들을 어떻게든 해 나아가는 데 도움을 준다. 최종목표에 대한 선명한 이미지는 강력한 동기부여가 된다. 어느 학생은 영화 메이크업 아티스트라는 자신의 꿈과 전혀 상관없거나 원치 않는 수업 수강을 위해 약간의 동기부여가 필요할 때마다 영화 메이크업 아티스트가 된 자신의 미래 모습을 상상하곤 한다.

5~10년 후의 자신의 모습을 상상해보자. 그것이 힘들다면 자신에 대한 동기부여에 큰 어려움을 겪는 것은 불 보듯 뻔하다.

특정 롤 모델도 효과적인 동기부여 요소가 될 수 있다. 내 딸 린제이는 초등학교 1학년 때 제2차 세계대전 이전, 미국 남부에서 가난한 흑인으로 태어난 윌마 루돌프에 꽂힌 적이 있다. 윌마는 4살 때 소아마비로 5년 동안 한쪽 다리에 보조기를 찼고 다시 정상적으로 걸을 수 없다는 진단을 받았다. 린제이는 윌마가 자신에 대한 용기와 자신감으로 4번의 올림픽에서 메달을 획득했고 그 중 3번은 금메달이라는 사실을 통해 세계에서 가장 빨리 달리는 여성으로 기록된 사실에 매료되었다.

이후 26세가 된 내 딸은 자신에게 어떤 문제(윌마에 비하면 사소한)가 생길 때마다 "윌마가 할 수 있다면 나도 할 수 있을 거야."라는 점을 떠올렸다. 자신의 롤 모델을 떠올려보자. 없다면? 지금이라도 찾아보자!

⊕ 목표 피라미드를 만들자

자신의 목표를 시각화하는 즉, 목표간 관계를 시각화하는 손쉬운 방법 중 하나는 목표 피라미드를 만드는 것이다. 그 방법이 여기 있다.

- 빈 종이의 가운데에 교육을 통해 이루고자 하는 궁극적 목표를 적는다. 3년, 5년, 10년 후, 여러분은 어디에 있고 싶은가? 이 부분은 여러분의 최장기 목표이자 피라미드의 정점이다.
- 최상의 바로 아래에는 중기 목표들, 자신의 최종목표를 이루는 데 필수적인 요소나 단계들을 적는다.
- 그 아래에는 여러 단기 목표들을 적는다. 즉, 비교적 단기에 성취 가능한 점진적 목표들을 적는다.

학교를 다니며 자신이 성취한 목표들에 따라 앞에서 적은 목표 피라미드를 조금씩 고친다. 목표를 향해 나아가다 보면 최초 설정했던 커리어와 전혀 다른 방향으로 전진하거나 장기 목표로 향하는 다른 방식을 선택해 중기 목표를 바꿀지도 모른다. 단기 목표는 말할 필요도 없이 바뀔 것이고 심지어 하루에도 몇 번씩 바뀔 것이다.

목표 피라미드를 만드는 과정은 작은 일일 목표나 주간 목표들이 중장기 목표로 어떻게 이어지는지 보여주며 반대로 중장기 목표들은 일일 목표와 주간 목표들에 더 많은 에너지와 열정을 쏟도록 동기부여해준다.

목표를 생활의 일부로 어떻게 설정하면 좋을까? 도움이 될 몇 가지 팁을 소개한다.

- 목표를 설정할 때는 현실적으로 생각하라

  너무 높거나 낮은 목표를 설정하지 말고 성취 과정에서 바꿔야 할 때가 다가와도(단순한 변경이 아닌) 너무 걱정하지 말라.

- 현실적인 기대치를 생각하라

  적성에 안 맞는 과목을 당장 마스터하겠다고 다짐하지 말고 더 나은 이해 수준에 목표를 맞춘다.

- 너무 쉽게 포기하지 말자

  가끔 너무 현실적이 되는 경우가 있다. 생각보다 어렵다는 이유로 쉽게 포기하는데 목표를 너무 높게 설정하고 생각대로 안 된다고 너무 낙심하지 말고 너무 낮게 설정해 자신의 잠재력에도 못 미치는 경우가 없도록 하자. 자신에게 적합한 길을 선택하는 것이 중요하다.

- 자신의 능력을 향상시켜줄 최고의 기회에 집중하자

  예상치 못한 성공은 자신감을 높여주는 힘이 되고 생각 이상의 성취동기가 될 수도 있다. 그 부분이 자신이 생각했던 부분 이외 타 부분이나 분야더라도 말이다.

- 자신의 성취도를 관찰하며 목표를 계속 수정하라

일일, 주간, 월간, 연간으로 자신이 어떻게 해왔고 어디로 나아가고 싶은지 물어보자.

- 눈에 잘 띄는 벽에 목표 피라미드를 붙여 놓아라

  벽이 아니라면 컴퓨터나 휴대폰 배경화면으로 해두자. 보고 느끼고 매일 목표대로 살아나가라.

⊕ 보상요소를 인위적인 동기부여 요소로 사용하라

보상요소를 사용하는 방식은 공부할 때 동기부여의 필요 정도에 달려 있다. 내적 동기부여가 된 작업은 외부 동기부여 요소가 많이 필요하지 않지만 대부분의 학교활동들은 약간의 보상으로도 더 동기부여되는 경우가 많다. 학교활동이 지루하거나 어려운 경우, 더 빈번한 보상빈도를 만들어 에너지나 결심이 줄지 않도록 한다. 보상 정도는 작업 난이도와 상응해야 한다. 1시간 동안의 독서 후, 15분 동안 간식시간을 갖는다. 길고 복잡한 보고서의 아웃라인을 마친 후에는 영화 한 편 정도 시청할 시간을 자신에게 주는 것도 훌륭한 보상이다.

정리왕이 되는 4가지 방법

목표 설정과 정리정돈을 생활의 일부로 만들면서 성공에 큰 변화를 가져올 4가지 방법을 소개하겠다.

⊕ 작은 변화가 엄청난 결과를 가져온다

매우 작은 행동 변화는 아무 변화도 못 가져오지만 수백 가지 작은 행동 변화와 그 효과는 놀랄 만한 결과를 가져온다.

이 법칙을 자신의 사고방식과 행동양식에서 자동적인 일부로 만들자. 이 법칙은 성공과 실패, 생산성과 좌절, 행복과 절망 사이의 작은 차이점을 이해하는 데 큰 도움을 준다. 작은 변화들은 하찮아 보이지만 수많은 작은 변화들은 큰 성공으로 이끌 수 있다.

⊕ 파레토 법칙

빌프레도 파레토(Vilfredo Pareto)는 20세기 이태리의 토지소유권을 연구한 경제학자이자 사회학자다. 그는 80% 이상의 토지를 20% 미만이 소유하고 있다는 것을 알아냈다. 토지가 아닌 부를 포함한 다양한 대상의 소유 비율을 그가 연구하자 앞에서 말한 비율이 다른 부분에서도 똑같이 적용되고 있음을 알아냈다. 즉, 20% 미만이 80% 이상의 각종 대상들을 소유한다는 사실이다.

이 '80대20 법칙'이 공부에도 그대로 적용된다는 것이 흥미롭다. 만약 20%의 공부활동이 80%의 결과를 낳는다면 반대로 나머지 80%의 공부활동은 20%의 결과만 낳는다는 것이다.

파레토 법칙을 우선순위 결정에 적용하려면 "어떤 활동이 나의

20%일까?"라고 자신에게 끊임없이 물어봐야 한다. 즉, 어떤 노력이 자신이 원하는 결과에 별 도움이 안 되는지 확인해야 한다는 것이다.

⊕ '자투리 시간'을 활용하라

매일 새로운 날들을 열어주는 작은 기회의 창을 발견하는 법을 배운다면 훨씬 더 생산적이 될 수 있다. 이 기회의 창은 예고하고 오지 않으므로 세심히 찾아보지 않으면 눈치 못 챌 수도 있다. 차 안에서 교통체증에 갇히거나 줄을 서있거나 오랫동안 뭔가를 기다리는 이 '자투리 시간' 동안 무엇을 해야 할까?

자투리 시간이 생기자마자 알아차리고 미리 계획한 행동을 즉시 시작하면 된다. 무엇을 할지 모른다면 시간만 낭비할 것이다! 여기 자투리 시간 활용법을 제시한다.

- 이메일이나 문자 메시지 답장하기
- 쇼핑목록 적기
- 달력에 스케줄이나 해야 할 일 업데이트하거나 재확인하기
- 책상 정리정돈하기
- 수신 메일 정리하기
- 보고서의 일부나 전체 퇴고하기
- 잡지나 학술지 읽기

- 신문 읽기
- 생각하기(다가오는 과제, 지금 작성 중인 보고서, 곧 다가올 여러 프로젝트에 대해)
- 휴식하기!

또한 저자는 여러분이 반드시 읽어야 하거나 읽고 싶은 책 한 권을 어디든 항상 갖고 다니길 강력히 권한다. 그냥 흘려 보낼 수도 있던 시간이 책 한 챕터를 끝낼 시간이 될 수도 있다. 운전을 많이 한다면 오디오 북을 항상 휴대하는 것도 좋다.

⊕ 휴대폰을 숨겨라!

만약 노트북, 태블릿 PC, 스마트폰, 인터넷과 함께 성장한 세대라면 이런 도구를 학교에서 효율적으로 사용하는 법에 대한 조언이 필요할 것이다. 물론 이 부분에 대해서는 이후 장들에서 지속적으로 말할 것이다.

하지만 지속적인 휴대폰 사용의 단점과 소셜미디어의 지나친 성장과의 공존의 어두운 면은 분명히 있다.

불과 10여 년 동안 스마트폰은 현대인의 생활의 일부로 자리 잡았다. 버스, 지하철, 식당, 극장, 개인적인 평온함과 고요한 오아시스처럼 여겨졌던 수많은 장소에서의 스마트폰의 출현은 대부분에게 점점 짜증나고 방해되는 물건이 되고 있다.

하지만 스마트폰 자체의 침투력은 둘째 치고 스마트폰을 수많은 학생들에게 매우 위험한 주의분산 요인으로 만드는 것은 소셜미디어와 각종 앱의 출현이다. 내 딸 세대의 최대 관심사인, 지금 친구들이 무슨 생각을 하고 무엇을 하고 싶은지 알려고 하는 것을 바꿀 수 있다는 데 매우 회의적이다. 그로 미루어 내가 소셜미디어 팬이 되기에는 사회적이지 않은 것은 분명한 것 같다.

뉴욕타임스에 의하면, 학생들은 실제 스마트폰 통화시간을 제외하고 평균 3시간 동안 스마트폰을 쳐다보는데 학생들에게 분명한 위험요소라고 할 수 있다. 하루 중 1/8을 더 효율적인 데 사용할 수는 없을까?

지금 당장 알아야 할 뭔가가 발생할 경우에 대비해 시도 때도 없이 휴대폰을 계속 확인하는 습관은 효과적인 시간관리 관점에서 분명히 비생산적이다.

또한 휴대폰에서 각종 문자, 이메일, 앱 알림이 계속 포스팅된다면 과제에 집중하기는 불가능할 것이다.

따라서 앞에서 말한 다양한 기술진보의 산물인 도구들을 더 잘 공부하고 더 나은 결과를 낳기 위해 사용하고 공부할 때만큼은 휴대폰을 꺼두고 눈에 안 띄는 데 숨겨놓자!

당신은 얼마나 완벽한가?

우등생들은 자신들의 작업에 관심을 기울이고 목표 달성에 필요한 노력을 지속적으로 기울인다.

반면, 완벽주의자들은 관심이 너무 큰 경향이 있다.

물론 선생님들이 "완벽하구나!"라고 말할 수 있는 "완벽한" 100점 만점이나 A⁺를 받는 것은 분명히 가능하지만 현실세계에서 항상 "완벽히"는 불가능하다.

도대체 여러분과 그것이 무슨 관계이길래 내가 말하는 걸까? 이미 A⁺를 받을 수 있는 보고서를 2시간 동안 다듬거나 "완벽한" 단어를 찾기 위해 30분이나 투자하거나 "흠잡을 데 없이 완벽히" 훌륭한 보고서를 거듭 퇴고하는 데 1시간을 쓰는 것이 아니라면 여러분과 상관없는 이야기다. 즉, 완벽 추구는 분명히 멋진 성향이지만 필연적으로 너무 쉽게 학업과 삶에 부정적인 영향을 미칠, 조절 불가능하고 멈추기 힘든 욕구로 변질될 수 있다.

이 완벽의 악마와 싸우고 있다면 '수확체감의 법칙'을 자주 떠올려라. 매 단계 성공할 때마다 점점 더 적은 수확물을 가져다 주며 최초의 노력이 가장 큰 수확물을 선사한다. 결국 엄청난 노력이 보잘것없는 결과를 가져온다는 결론에 이를 수 있다. 이것은 완벽주의자뿐만 아니라 평소 간단한 템플릿이나 정형화된 보고서 형식을 사용한다는 생각을 비웃는 사람들에게도 해당한다. 여러분이 항상 혁신적이고 눈부실 정도로 완벽하고 창의적이어야 하는 것은 아니다. 새로운 멀티미디어가 접합된, 상호소통이 가능한 책 형태의 보고서를 만들어내야 하는 것도 아니다. 6페이지 분량의 훌륭한 A⁻ 보고서에 만족하고 A⁺를 받은 혁신적인 보고서가 실제 가치보다 불필요할 정도로 많은 시행착오와 시간이 필요하다는 생각은 절대로 틀린 것이 아니다.

영화를 보거나 독서하거나 다른 보고서를 진행하는 대신 이미 A⁺를 받을 만한 보고서를 다시 퇴고하는 데 몇 시간을 더 투자하거나 이미 완벽한 수업 필기를 다시 받아 적어 정리하려고 노력하는 것이 더 좋다면 그렇게 해도 되지만 여러분이 쏟으려는 추가적인 노력의 가치가 과연 있을까? 물론 가끔 그럴 수도 있지만 일반적으로 그렇지 않다는 사실을 잊지 말자.

공부환경 만들기

다음 장에서는 여러분 자신의 공부환경을 분석하도록 체크 리스트를 만들어 놓았다. 거기에는 여러분이 언제 어디서 어떻게 공부하는지도 포함되어 있다. 자신이 어떤 환경에 최적화되어 있는지 확인해보고 가능하면 기타 환경에서 공부하는 것은 피하자. 1개 이상 질문에 대답할 수 없다면 잠시 시간을 내어 자신을 테스트해본다.

나의 이상적인 공부환경

정보를 어떤 식으로 가장 잘 받아들이는가:

1 ☐ 언어적으로(발표형으로) ☐ 시각적으로

수업시간에 반드시:

2 ☐ 수업 필기에 집중해야 한다. ☐ 수업 자체를 듣는 데 집중해야 한다.

3 ☐ 앞자리에 앉아야 한다. ☐ 뒷자리에 앉아야 한다. ☐ 창가나 출입문 쪽에 앉아야 한다.

공부를 가장 잘하는 장소는:

4 ☐ 집 ☐ 도서관 ☐ 기타 장소: _____

공부를 가장 잘할 때는:

5 ☐ 매일 밤; 주말에는 거의 안 함 ☐ 주로 주말 ☐ 일주일 내내

6 ☐ 아침 ☐ 저녁 ☐ 오후

7 ☐ 저녁식사 전 ☐ 저녁식사 후

공부를 가장 잘하는 방식은:

8 ☐ 혼자 ☐ 친구와 함께 ☐ 그룹으로

9 ☐ 약간의 압박이 있는 경우 ☐ 마감일에 닥치지 않고 미리미리

10 ☐ 음악과 함께 ☐ TV 앞에서 ☐ 조용한 방 안에서

11 ☐ 시작 전, 그날 밤 공부할 내용을 모두 계획하고 시작한다.

☐ 한 과목을 붙잡고 하나씩 끝낸다.

휴식시간이 필요하다:

12 ☐ 약 30분마다 ☐ 1시간마다 ☐ 2시간마다 ☐ _____시간마다

이 표의 대부분의 내용은 충분히 이해할 것이다. 특정 환경이 필요하다고 느끼는 것은 중요하지 않다. 다만, 특정 환경을 선호한다는 것을 아는 것이 중요하다. 다음은 각 항목들의 평가 대상에 대한 설명들이다.

❶ 시각보다 '청각'을 선호한다면 교실수업이나 토론수업에 아무 어려움이 없을 것이다. 오히려 교과서를 보고 공부하기보다 선호할지도 모른다.(이 경우, 자신의 독서 실력이나 교과서를 읽는 데 시간을 더 들여 청각에 치우친 경향을 어느 정도 보완해야 할지도 모른다.)

자신이 '시각적' 인간이라면 교과서를 읽으며 공부하는 것이 더 쉬울 것이므로 수업시간에 더 집중하기 위해 노력해야 할 것이다. 나중에 복습용으로 잘 정리한 노트 필기는 매우 중요한 요소일 것이다. 또한 노트 필기할 때 시각 선호 경향을 반영하는 편이 좋다. 남들의 흔한 노트 필기보다 그림 그리거나 차트를 사용하거나 수업 자체를 시각화하는 방법을 배우자.

❷ 2번은 1번과 관련된 부분이다. 자신이 청각적 인간이라면 수업 자체에 집중하고 시각적 인간이라면 나중 복습용으로 노트 필기에 신경써야 한다.

❸ 3번은 다양한 이유가 있다고 할 수 있다. 자신은 교실 뒤에서는 칠판을 제대로 보기 힘들거나 수업 내용을 제대로 들을 수 없거나 수줍음이 많아 일부러 앞쪽에 앉아 수업이나 토론수업에 적극

참여하거나 수업 도중 질문하기 위해 앞자리에 앉고 싶을 수도 있다. 사방이 꽉 막힌 답답한 환경이 싫거나 공포를 느낀다면 창가를 선호할 수도 있다. 반면, 창가에 앉으면 공상에 빠지는 경우가 많아 일부러 교실 안쪽에 앉으려는 것일 수도 있다.

❹ 자신의 생활환경이나 스케줄 한계를 감안해 공부를 가장 효율적으로 한다고 느껴지는 장소가 대부분 공부시간을 투자하는 장소가 되어야 한다.

❺ 효율적인 공부시간 결정은 해야만 하는 숙제 분량이나 1년 중 시기의 영향을 받는다. 일반적으로 정해진 스케줄에 따라 하루하루를 보내겠지만 이것도 시험 기간, 보고서 마감일, 특별 과제 등의 영향을 받기도 한다.

❻ 여러분 중 일부는 오전, 오후 스케줄이 이미 짜여 부득이 주말에만 시간이 나는 경우가 있을 것이다. 중고등학생이라면 말이다.

하지만 대학생이거나 대학과 같이 자신이 원하는 시간표를 직접 짜 수강할 수 있는 고등학교를 다닌다면 이 요소를 강의(수업) 시간표를 짜는 데 고려해야 한다.

예를 들어, 아침시간에 공부가 잘 된다면 수업들을 최대한 오후시간에 수강하자. 그것이 불가능하다면 오전시간 늦게라도 맞춰보자.

저녁시간에 공부가 잘 된다면 아침시간에 수업을 듣고 오후시간에 타 활동들을 하도록 비워두거나 수업을 오후시간에 맞추어 저녁시간에 어느 정도 낮잠을 자거나 전날 밤 늦게까지 공부할 수 있도록 한다.

❼ 배고플 때 뭔가를 하려면 짜증부터 나는 경우가 있다. 배에서 '꼬르륵' 소리가 날 때 공부가 제대로 안 된다면 일단 뭘 좀 먹자!

❽ 우리는 대부분 혼자 공부하는 데 자동적으로 익숙하도록 성장해 왔다. 친구들과 공부하며 잡담, 문자 주고받기, TV시청 등 잡다한 행동들을 많이 하겠지만 친구 1~2명이나 훨씬 많은 그룹 공부가 학업 성적에 미치는 긍정적 효과를 무시하진 말자. 스터디 그룹에 대해서는 마지막 장에서 다룰 예정이다.

❾ 약간의 압박 속에서 최상의 성과를 낼 수 있다고 여러 프로젝트와 보고서, 시험공부를 마지막 순간까지 미룰 필요는 없다. 압박 속에서 최상의 성과를 낸다는 말의 진정한 의미는 돌발적인 프로젝트나 깜짝 시험이 발표되었을 때 큰 정신적 공황과 비슷한 충격에 빠지지 않는다는 것이다.

반대로 압박 속에서 공부를 잘 못한다고 충격적인 돌발 상황을 항상 피해야 한다는 의미는 아니다. 오히려 그런 상황에 더 잘 대비되어 있다면 불가피한 깜짝 퀴즈나 프로젝트가 생겨도 당황하지 않을 것이다.

❿ 저자처럼 여러분 중 일부는 음악이나 배경소음이 없으면 잘 집중하지 못할 수도 있다. 반대로 TV 앞에 앉거나 휴대폰을 손에 쥐고 공부가 도저히 안 되는 학생들도 있을 것이다.

대부분 위 두 경우의 중간쯤일 것이다. 즉, 음악을 들으며 독서하고 노트 필기까지 가능하지만 시험공부나 어려운 과목을 공부할 때만큼은 완벽한 고요가 필요한 경우다. 어느 경우에 속하는지 모른다면 지금이 바로 자신을 테스트해볼 적기다.

⓫ 프로젝트를 끝내고 다음 프로젝트로 넘어가는 두 번째 선택지를 선택했다고 해서 자신이 프로젝트를 하나씩 마치기 전, 그날 밤 공부 스케줄의 전반적인 윤곽을 잡지 못한다는 뜻은 아니다. 공부 시작 전, 전반적인 공부 스케줄 윤곽을 잡는 것은 어디까지나 권유일 뿐이다. 즉, 한 가지를 제대로 끝내기 전, 다음 작업으로 못 넘어가는 유형일 뿐이다. 마찬가지로 여러분과 다른 유형들은 프로젝트 진행 도중 다른 작업과 교차작업이 가능한 유형일 뿐이다.

⓬ 양질의 공부시간 극대화를 위해 휴식시간을 갖는 것은 전혀 잘못이 아니다. 5분마다 휴식하거나 휴식시간이 공부시간보다 많지 않다면 말이다. 하지만 휴식시간 전, 일반적으로 최소 약 1시간 동안 공부를 지속하도록 집중력을 향상시키자. 과다한 프로젝트는 다소 긴 '시작하기'나 '윤곽 잡기' 시간이 필요하다. 마찬가지로 공부 모드로 돌아올 때까지 너무 긴 휴식시간 전에 공부한 내용을 복습할 시간이 필요할 것이다.

스터디 그룹: 친구 좋다는 게 뭐야?

자신만의 스터디 그룹을 만들겠다면 자신과 생각이 맞는 소수 학생들을 찾아 노트 필기를 나누고 서로 질문을 던지며 함께 시험공부를 해야 한다. 당연한 얘기지만 효율적인 스터디 그룹이 되려면 그룹 전원이나 일부는 자신의 수업을 최대한 많이 듣는, 공유 멤버여야 한다.

자신보다 공부를 잘하는 친구를 찾되 격차가 너무 크면 안 된다. 너무 똑똑한 친구를 택하면 지나친 열등을 느끼고 낙담할 가능성이 있는 반면, 자신보다 공부를 너무 못하는 친구를 택하면 자신이 가장 똑똑하다는 자부심을 즐기며 공부할 수는 있지만 스터디 그룹의 본질을 잃게 된다. 즉, 자신의 의욕을 불태워줄 다른 친구들을 곁에 두는 것이다.

스터디 그룹은 다양한 형태로 만들어질 수 있다. 각 구성원들은 주요 수업들을 책임지고 맡은 수업의 세부 노트 필기와 토론수업을 준비한다. 보충자료 검토가 권장되지만 필수사항이 아니라면 해당 과목을 맡은 학생이 보충자료를 모두 검토해 세부 요약본을 준비해야 한다. 또는 각 수업에 대한 노트 필기는 전적으로 학생들이 책임지지만 그룹 구성원이 특별 토론모임의 역할을 수행해 수업의 핵심사항을 재점검하고 함께 문제들을 풀어나가며 서로 질문하고 함께 시험공부를 할 수도 있다.

1~2명의 학생만 여러분과 함께 공부하고 싶어하더라도 그들과의 협업은 매우 소중하고 특히 중요한 시험 준비 때 빛을 발한다.

⊕ 자신만의 스터디 그룹 만드는 법

- 가능하면 4~6명 이내로 구성하라고 조언하고 싶다. 그룹의 집합지식과 지혜가 극대화되며 원하는 만큼 구성원들이 참여할 기회를 보장해주어야 하기 때문이다.

- 스터디 그룹 멤버들은 절친이 될 필요는 없지만 적대적이 되어서도 안 된다. 다양한 경험을 지닌 멤버들과 공평한 협업이 가능한 그룹이어야 한다.

- 그룹 구성원들은 여러분과 비슷한 공부 실력을 갖추고 스터디 그룹에 열심히 할 준비가 되어 있고 스터디 그룹을 진지하게 생각하는 학생들로 구성하기 위해 노력해야 한다. 이를 통해 지속적으로 동기부여되고 어느 정도 난관을 만날 수 있기 때문이다. 가능하면 여러분이 '스타'가 되는 그룹은 피하자. 안 그러면 첫 시험을 준비하면서 제풀에 지칠 것이다.

- 기본적으로 그룹 멤버로는 동등하지 않은 관계를 유발시키는 사람들은 영입하지 않는다. 즉, 상호 애정 표현으로 공부에 방해가 될 이성친구 조합이나 한 학생이 다른 학생을 위해 일해주거나 억압적 상하관계의 상급생과 하급생은 피한다.

- 처음 스터디 그룹을 만들 때 정말 스터디 그룹인지 친목단체인

지 분명히 해두자. 후자라면 스터디 그룹이 아니라고 생각하고 전자라면 아무 맥락 없이 자신의 친구를 초대해 매주 1시간마다 그룹 토론시간에 자신이 가장 좋아하는 팟캐스트 관련 잡담을 늘어놓으면 안 된다는 것을 명심한다.

• 저자의 개인적 선호도는 담당 과목을 각 학생들이 정하는 것이다. 해당 학생은 추가 권장독서 과제를 완벽히 해놓고 뛰어난 노트 필기와 해당 과목의 전반적인 사항을 알고 있으며 타 구성원의 질문에 대한 답변 준비가 되어 있고 필요하면 다양한 연습용 퀴즈, 중간고사, 기말고사 문제들을 출제해 자신이 맡은 과목을 완벽히 숙지해야 한다.

물론 해당 과목을 담당하지 않은 타 학생들도 모든 수업을 듣고 자신만의 노트 필기, 독서, 숙제를 해야 한다. 하지만 해당 과목을 담당한 학생은 적어도 스터디 그룹 내에서는 해당 과목의 '대체 강사'가 될 만큼 노력해야 한다.

• 정기적으로 정기 미팅과 과제를 스케줄로 철저히 만들고 스터디 그룹의 엄격한 규칙 제정도 고려하자. 스터디 그룹을 진지하게 여기지 않는 학생들은 조기 퇴출시킨다. 열심히 만들어낸 자신의 결과물을 적은 노력으로 누군가가 가져가는 것은 아무도 원치 않을 것이다.

• 모든 구성원의 스케줄과 각종 분쟁으로 스터디 그룹이 와해되기 전, 이것을 제지, 조정할 수 있는 그룹 리더를 선출한다.

- 스터디 그룹을 어떤 방식으로 만들든지 최대한 일찍 각 구성원의 요구사항과 소임을 명확히 정하라. 다시 말하지만 1~2명이 타 구성원의 노력을 손쉽게 차지하지 못하게 하는 것이 가장 중요하다.

어디서 공부해야 할까?

도서관이라고 답한 경우: 대부분의 도서관들은 대규모 열람실부터 조용하고 특별 칸막이로 분리된 학습용 열람실까지 다양하다. 내가 대학을 다닐 때 가장 좋아했던 '집 밖의 집'은 우리들 중 4~5명만 아는 것 같은 작은 방이었다. 그곳에는 무척 안락한 의자들과 은은한 조명, 전축, 헤드폰과 500여 장의 클래식 레코드 판이 있었다. 음악학도들에게는 맞춤형 공부 장소일 것이다!

집이라고 답한 경우: 물론 집은 주요 공부 장소로 가장 편하지만 가장 효율적인 장소는 아니다. 안타깝게도 주의가 가장 산만해지는 장소이기 때문이다. 동생이나 어린 자녀들이 도서관의 작은 열람실에서 공부하는 여러분을 쉽게 찾기 어려울 것이라고 생각해보자.

친구 집, 이웃집, 친척 집이라고 답한 경우: 대부분 거의 불가능한 선택사항이겠지만 자신의 차선책이 될 1~2곳을 갖는 것도 좋은 방법이다.

빈 교실이나 강의실이라고 답한 경우: 대학생이나 사립고 학생들에게는 분명히 좋은 선택사항이다. 의외로 많은 학생들이 생각하지 못한 장소라는 점에서 매우 흥미롭다. 공립학교더라도 빈 교실에서 자습해도 되는지 선생님께 여쭤보는 것도 좋은 방법이다. 고등학교 수준을 포함해 많은 운동부들이 오후 6시나 그 이후까지 연습할 때가 많아 대부분 잠긴 상태에서도 허락받아 사용할 수 있는 교내 공간이 분명히 있을 것이다.

직장이라고 답한 경우: 여러분이 아르바이트하는 학생이든, 파트타임으로 학교를 다니는 직장인이든 근무시간 동안 모두 떠난 후(상사가 여러분을 얼마나 믿는가에 달렸지만), 빈 사무실 사용을 요청할 수도 있을 것이다. 여러분이 중고등학생이고 부모님, 친구, 친척이 근처에서 일한다면 허락받아 그들의 직장에서 공부할 수도 있을 것이다.

최적화된 공부 장소로 어느 공간을 골랐든 오직 '공부' 공간으로 만들자. 여러분의 침대, TV 앞, 식탁 위 등 여러 "나쁜" 선택지들을 가려내는 근거가 될 것이다.

공부 장소를 오직 숙제(수면, 놀이, 식사를 하지 않는)만 하는 공간으로 만든다면 그곳에서 보내는 시간은 더 생산적이 될 것이다.

또한 저자는 여러분의 룸메이트가 데이트 상대를 갑자기 데려오거나 최선의 공부 장소를 사용할 수 없을 경우에 대비해 차선의 공부 장소를 마련해두길 권한다.

언제 공부해야 할까?

저자는 하루 중 공부해야 할 주기적 시간계획 수립을 권한다. 일부 전문가들은 매일 같은 시간에 같은 작업을 하는 것이 진행 중인 작업 종류와 상관없이 가장 효율적이라고 주장한다. 일부 학생들도 하루 중 특정 시간대를 오직 공부만 위해 따로 떼놓는 것이 훨씬 쉽다고 말한다.

시간대에 대한 여러분의 개인 선호도와 상관없이 가장 효율적으로 공부하는 시간대는 다음 요인들을 통해 결정되어야 한다.

- 최상의 컨디션일 때 공부하라

  공부가 가장 잘 될 때는 언제인가? 최상의 결과물을 내는 것은 하루 중 언제인가? 사람들마다 다를 것이다. 정오 때까지 쥐 죽은 듯 가만 있다가 밤이 되어서야 공부가 잘되거나 자정 무렵부터 억지로 공부하면 새벽녘까지 깨어 있지만 피곤하고 집중이 안 되는 유형일 수도 있다. 이것 하나만 기억하라.

  집중 = 효율성

- 자신의 수면 습관을 고려하라

  습관은 매우 강력한 요소다. 항상 아침 7시에 알람을 맞춰 놓는다면 알람이 울리기도 전에 눈을 뜰 것이다. 밤 11시에 잠자리에 드는 데 익숙한데 새벽 2시까지 안 자고 공부하려고 한다면 그 3시간 동안 고생만 하고 제대로 해놓은 것도 없을 것이다.

- 할 수 있을 때 공부하라

  물론 정신이 가장 말짱할 때 공부하는 것이 맞지만 공부 때는 외적 요소의 영향도 받는다. 최상의 상태에서 공부하는 것이 가장 바람직하지만 항상 가능하진 않으니 상황만 되면 언제든 공부하자.

- 학습 난이도를 고려해 시간을 할애하라

  공부나 작업 자체가 스케줄에 엄청난 영향을 미칠 수도 있다. 책을 비교적 천천히 읽는 유형이라면 100페이지에 달하는 톨스토이의 책을 30분 안에 읽으려고 애쓰진 말자.

- 가장 쉬운 작업들은 차선의 컨디션일 때 하자

  창의력 수준이 바닥이고 전혀 기력도 없고 동기부여도 안 된 상태라면 가장 어려운 과제를 손댈 생각은 말자. 하루 스케줄을 완전히 반대로 하는 타 직장인들처럼 되진 말자. 그들은 에너지가 가장 충만한 아침시간에 신문을 읽고 이메일을 확인하고 업계 관련 잡지를 훑어보고 정작 하루의 맨 마지막 시간에 어두워지면 그제서야 이사회에 보여줄 발표자료를 작업하기 시작한다. '내일'로 예정된 이사회 미팅 말이다.

- 수업시간 직후, 공부시간을 정하라. 그것이 어렵다면 바로 직전

에라도 공부시간을 정하라.

상당한 자유시간이 있는 공강 시간의 대학생이나 대학원생들에게 해당한다. 놀랄 것도 없이 수업시간에 대한 기억력은 수업 직후이므로 그때 여유시간을 갖고 필기를 검토하고 파워포인트 슬라이드를 재점검하고 그날 과제를 완료하는 것이 수업 직후 시간을 가장 효율적으로 보내는 것이다. 수업 직전에 공부하는 것도 훌륭한 차선책이다. 특히 그날 과제를 마무리할 시간이 필요할 때 매우 적합하다.

학습 공간을 평가하라

기본적인 공부 장소를 어디로 정했든 공부 장소를 어떻게 조성하는가가 집중력에 영향을 미치며 이것을 간과하면 공부시간의 질을 심각하게 침해할 수 있다. 당장 책상 앞이나 공부 장소에 앉아 다음에 따라 공부환경을 평가해보자.

- 1~2가지 공부만 할 특별 장소가 있는가? 편하기만 하면 때때로 어디서든 공부하는 편인가?
- 공부 장소는 기분을 좋게 해주는 곳인가? 아니면 워낙 음울한 분위기여서 꺼려지는 곳인가?

- 조도는 어떤가? 너무 밝거나 침침하진 않은가? 전체적으로 밝은 곳인가?
- 공부에 필요한 도구들이 모두 손에 잡히는 곳에 있는가?
- 공부 장소에서 공부 외에 다른 것을 하는가? 식사? 수면? 공부 외 독서? 낮잠을 자는 장소에서 공부한다면 공부해야 할 순간에도 낮잠을 택한 자신을 발견할 것이다.
- 공부 장소는 사람들이 많이 지나다니는 곳인가? 얼마나 자주 방해를 받는가? 외부 방해요인이나 소음을 피하기 위해 문을 닫을 수 있는 환경인가?
- 공부 장소에서 가장 많은 시간을 언제 보내는가? 하루 중 언제 거기서 공부하는가? 최상의 컨디션일 때 공부하는가 아니면 불가피하게 피곤하고 덜 생산적인 상태에서 공부하는가?
- 학습용 파일과 폴더, 각종 수업자료들이 잘 정리되어 있고 책상 주위에 있는가? 효율적인 정리 시스템이 있는가?

공부에 집중하기

독서와 암기 대신 노트에 낙서하거나 빈둥빈둥 시간만 때울 때가 많다면 다음 솔루션을 시험해보자.
- 편안한 작업환경을 만들자

책상, 의자 조명의 사이즈, 스타일, 위치는 공부 집중도에 직접적인 영향을 미치는 요소들이다. 시간을 들여 자신에게 완벽한 공부 장소가 되도록 디자인하는 것도 좋다. 당연한 얘기지만 주의를 분산시키는 여자친구 사진, 라디오, TV, 휴대폰 등이 공부 장소에 있으면 안 된다.

기억하자. 휴대폰과 같이 주의를 분산시키는 요소들은 의도적으로 쳐다보지 않거나 답장하지 않으려고 애쓰기보다 아예 없애는 것이 쉽고 효율적이다.

- 조명을 밝게 하자

공부 장소의 조명 위치와 조도를 천천히 시험하며 자신에게 맞고 편안하고 깨어 있으면서도 집중할 수 있는 최적의 상태인지 확인하자.

- 규칙을 세우자

가족, 친척, 특히 친구들에게 자신의 공부가 얼마나 중요한지 알리고 해당 시간 동안 그 누구의 방해도 받지 말자.

- 필요하다면 휴식하자

휴식을 갖기 전, 장시간 공부해야 한다는, 그럴 듯하지만 잘못된 조언을 억지로 따르진 말자. 필요하다면 언제든지 휴식하자.

- 공부 상징물들을 선택해보자

공부와 관련된 모자, 목도리, 책상 위 소형 인형 등을 선택해 공부할 때가 되면 그 모자를 쓰거나 목도리를 두르거나 소형 인형이 잘 보이도록 책상 위에 놔둔다. 즉, 공부할 시간이 되었다는 의미다! 이 상징물들은 공부할 기분으로 만들어주고 룸메이트, 친구, 가족들에게 지금 공부 중임을 알려줄 것이다.

이렇게 설정한 공부 상징물들은 공부 이외 타 요소와 연관짓지 말라. 야구경기를 보러 가는데 공부 모자를 쓰고 가거나 친구들과 전화로 수다 떠는 사이에 공부 인형을 책상 위에 올려놓는 행동은 금물이다. 여러분의 공부 상징물이 공부가 아닌 다른 것과 연관되는 순간, 공부를 도와주는 요소는 효율성을 잃기 시작할 것이다.

⊕ 피곤과 지루함 극복하기

"인간은 지루함을 느낄 수 있는 유일한 동물이다."

–에릭 프롬–

여러분은 이제 공부할 최상의 공간을 선택했고 이곳에서는 아무도 방해할 수 없을 것이다. 그런데 왜 자꾸 졸고 있는 자신을 발견할까? 여러분의 에너지와 의지가 동시에 멀리 사라졌을 때 해야 할 팁들이 여기 있다.

- 낮잠을 자라. 유레카

  공부하기에 너무 피곤하다면 재충전할 수 있도록 잠시 낮잠을 자자. 낮잠효과가 극대화되도록 시간은 짧게 잡자. 보통 20분이 가장 이상적이며 40분을 넘으면 안 된다. 40분이 넘으면 더 깊은 수면 단계에 빠져 낮잠 잔 후, 자기 전보다 더 피곤한 상태로 깰 것이다.

- 뭔가를 마시자

소량의 카페인은 도움이 된다. 한 잔의 커피나 차, 탄산음료다. 단, 카페인의 '각성효과'는 일정 수치가 넘으면 오히려 줄어 이전보다 더 피곤한 부작용을 부른다!

- 실내 온도를 낮추자

바깥에 이글루를 짓고 공부할 필요는 없지만 너무 따뜻한 방 안도 불가피하게 행복한 공상에 빠지게 할 수 있다. 여러분의 보고서는 전혀 진척되지도 않았는데 말이다.

- 운동을 하자

밖에 나가 좀 걷거나 부엌 주변에서 반복적으로 까치발을 들거나 팔 벌려 뛰기를 몇 번 해보자. 가벼운 운동만으로도 즉시 각성효과를 가져올 수 있음을 기억하자.

- 공부 스케줄을 바꿔보자

공부시간 선택권이 항상 자신에게 있다고 생각하고 정신이 맑고 신체 상태가 가장 효율적일 때 공부하자.

어린 자녀들과 공부하기

이 책의 독자들 중 상당수는 자녀들을 키우며 학교에 다닐 것이 므로 꼬마 병정들을 데리고 공부하는 데 도움이 될 방법들을 제시 한다.

- 자녀들과 함께 할 수 있는 다양한 활동을 준비하자

  여러분이 학교나 직장에서 바쁠수록 자녀들은 귀가한 당신과 더 많은 시간을 보내고자 할 것이다. 자녀들과 함께 보낼 시간을 미리 계획해둔다면 자녀들이 기타 시간에 알아서 놀기 쉬워질 것이다. 특히 여러분이 어떤 일에 몰두하는 동안 자녀들에게도 몰두할 작업을 준다면 말이다.

- 자녀들을 여러분의 공부 계획의 일부로 만들자

  여러분의 자녀들은 계획표를 매우 좋아한다. 그렇다면 자녀들 을 공부 계획의 일부로 참여시키면 어떨까? 오후 4시부터 6시 까지 '엄마의 공부시간'을 정해 놓는다면 특히 그 공부시간 이외 시간에 자녀들을 우선순위에 두고 공부시간 동안 자녀들이 할 수 있는 즐거운 활동들을 생각해둔다면 자녀들은 어느덧 엄마 의 공부시간에 익숙해질 것이다. 여러분의 공부시간이 왜 중요 한지, 여러분의 공부가 자녀들에게 결국 어떻게 긍정적으로 작 용할 것인지 자녀들에게 설명해주면 자녀들을 여러분의 '공부

팀'의 일원이 되도록 동기부여해줄 것이다.

- TV를 최대한 활용하자

  물론 여러분 중 상당수는 이 방법으로 많은 문제를 겪고 있겠지만 차악이라고 보면 된다. 이것은 내 딸과 저자인 나도 매일 그게 아니면 매 시간마다 다투는 문제다. 또한 DVD 대여, DVR, TiVO 서비스, 온라인상 다운로드로 성적, 폭력적 콘텐츠가 제한된 건전한 프로그램들을 틀어줄 수도 있다.

- 상황에 맞는 공부 계획을 세우자

  앞에서 말한 여러 방법들이 자녀들이 여러분의 공부를 방해하지 않도록 완전히 막는 것은 아니다. 방해를 어느 정도 막을 수는 있겠지만 자녀들이 여러분 곁에 완전히 없지 않는 한, 방해가 완전히 사라지진 않을 테니 방해요소를 완전히 배제하고 계획을 세우려고 하지 말라. 오히려 자녀들을 어느 정도 고려해 공부 계획을 세우자. 즉, 자녀들과 함께 놀아주기 위해 5분간의 휴식을 자주 가져야 한다는 의미다. 자녀들은 자신들을 향한 주기적인 관심이 있다면 여러분의 공부시간을 존중해줄 가능성이 크다.

- 도움을 청하자

  때때로 여러분의 배우자는 자녀들과 함께 저녁식사나 영화를 보러 나갈 수 있다. 내 말을 믿어도 된다. 이 부분이 어느 정도 확립되면 자녀들은 여러분에게 공부하라고 오히려 먼저 청하기도 할 것이다. 친척들도 주기적으로 자신들의 집에서 자녀들을 돌보아줄 수 있다. 자녀들의 놀이 상대가 되어줄 친구들을 집으로 초대할 수도 있다. 물론 여러분의 자녀들이 그 친구들 집으로 다음 날 놀러 가도 좋다고 허락하면서 말이다. 또한 학교 다니는 다른 부모들과 번갈아가며 자녀들을 돌보아줄 수도 있다. 전문 보육시설들도 자녀들의 학교나 전문시설에서 가능하다는 것을 잊지 말자.

당신의 특별한 재능은 무엇인가?

모든 과목을 엄청 잘하거나 우수한 경우는 드물다. 대부분 특정 과목들을 타 과목들보다 약간 잘할 정도다. 일부는 단순히 한 과목을 다른 과목들보다 좋아할 것이다. 그리고 우리는 이런 특정 과목 선호가 해당 과목에 대한 태도를 바꾸지 못한다고 생각한다. 다른 사람들은 타 과목을 평이하게 하는 반면, 특정 과목에 선천적 재능을 가지고 태어난 경우도 있다.

예를 들어, 숫자나 공간 개념은 매우 쉽게 느껴지는 반면, 음악과 언어에는 재능이 전혀 없는 경우가 있다. 또는 외국어 학습은 '식은 죽 먹기'인데 '피타고라스 정리' 이해와 그것을 배워야 하는 이유에 대해 관심이 전혀 없을 수도 있다. 일부는 손재주가 뛰어난 반면, 간단한 손작업조차 엄청난 중노동이며 그 결과물은 항상 창피한 수준일 것이다.

이에 대한 나의 조언은 여러분이 좋아하고 쉽게 달성할 수 있는 작업들에 투자하는 시간을 그렇지 않은 작업들에 투자하라는 것이다. 이렇게 만든 공부시간의 새로운 균형을 통한 실력 향상은 엄청날 것이다.

그리고 좋아하거나 싫어하는 과목에 대해 생각해본 적이 없다면 이번 장 마지막에 등장한 차트를 이용해 자신의 선호도를 파악해보자. 더 잘하거나 못하는 과목을 확인하는 데 큰 도움을 줄 것이다. 성적표가 그것을 말해줄 것이다! 이 리스트를 이용해 스케줄을 재정립해 선천적인 재능을 최대한 활용하고 그 과목에서 뺄 수 있는 추가 시간을 노력이 더 필요한 과목에 투자해보자.

당신에게 선택권이 있다면

모든 대학생과 일부 고등학생들은 자신의 스케줄, 선호도, 비선호도, 목표 등에 따라 원하는 과목을 선택해 수강할 수 있다. 성급히 이런 자유를 누리기 전, 이 책과 함께 일정한 상식을 갖추고 이 자유에 다가가는 방법을 배워보자. 그것을 도와줄 몇 가지 팁들이 있다.

- 가능하면 자신이 수강하려는 특정 과목을 선택하기 전, 교수들의 명성을 어느 정도 고려하자. 특히 해당 과목이 2개 이상 세션으로 나뉜 원론이나 기본 강의라면 말이다. 교수들의 명성이나 소문은 교내에서 곧 쉽게 들릴 것이고 그 교수의 강의가 얼마나 어렵고 수강할 가치가 있는지, 불면증을 치료할 신약 수준의 졸음을 몰고 오는 강의인지도 알 수 있을 것이다.

- 가능하지 않거나 부적절한 상황이더라도 여러분의 일간, 주간 스케줄과 맞출 수 있는 강의들을 선택하기 위해 노력하자. 자신의 스케줄에 맞추기 위해 전공을 바꾸진 말자! 각 강의마다 30분이나 1시간의 공강시간을 두자. 이 공강시간은 복습과 수업 후 필기, 잠시 도서관을 방문하거나 온라인 사이트를 방문하는 데 최적의 시간이다.

- 수강하고 싶지만 스케줄이 여의치 않다면 추후 수업 전반을 설명하는 첫 번째 수업을 수강하자. 첫 시간에 듣는 전반적인 개요를 통해 교수님의 개인적 성향을 알 수 있을 것이다.

- 어려운 과목과 쉬운 과목을 번갈아 수강하자. 공부는 긍정적 강화 과정이다. 일정한 격려 요소는 반드시 필요하다.

- 너무 늦거나 이른 시간의 강의는 피하자. 특히 그 시간대가 공강 시간을 많이 만든다면 더더욱 피하자.

- 개인적인 공부 속도를 정하고 지키자. 공부 다이어트에 참여 중이라고 가정하고 다이어트의 제1원칙을 지키자. 즉, 과식하지(공

^{부하지)} 말자.

많은 사람들은 목표를 이루지 못하고 좌절한다. 재능이 없거나 남들보다 동기부여가 덜 되어서가 아니라 과다한 정보와 압박에 부딪쳤기 때문이다. 자신을 너무 밀어붙이지 않고도 성공할 수 있다!

과목 영역 평가

가장 좋아하는 분야/과목을 적어보시오:

_____

_____

_____

_____

가장 싫어하는 분야/과목을 적어보시오:

_____

_____

_____

_____

가장 높은 점수를 받은 과목을 적어보시오:

_____

_____

_____

_____

가장 낮은 점수를 받은 과목을 적어보시오:

_____

_____

_____

_____

제 3 장

목표를 갖고 독서하기

"어떤 책은 맛보기용이고 어떤 책은 삼키기 용이고
어떤 책은 씹고 소화시키기 위한 것이다."

▽

프란시스 베이컨

Read with Purpose

나는 독서광이다.

하지만 내가 항상 독서를 즐겨왔다는 사실은 고등학교나 대학의 치명적인 교과서 독서과제를 맡는 데 전혀 도움이 안 되었다. 여러분은 학생으로서 불가피하게 엄청난 양의 매우 난해한 과목들의 독서과제를 위해 몇 시간을 투자해야 할 때가 분명히 있을 것이고 이 과제 대상은 반드시 재미있는 책이 아닌 경우가 많을 것이다.

여러분은 소설, 단편선, 시집을 좋아하지만 특정 과목용 교과서 독서과제 수행에 어려움을 겪고 있을지도 모른다. 긴 분량을 다 읽고도 금방 잊거나 얌전히 앉아 뭔가를 읽는 것 자체를 싫어하는 유형일 수도 있다. 여러분의 학생 유형과 독해력 수준과 상관없이 제3장에서는 독서과제 극복에 도움을 줄 것이다. 이번 장에서는 여러분이 읽어야 할 것과 읽지 않아도 되는 것, 전반적인 독서시간 절약법, 주제와 중요 세부사항 찾는 법, 읽은 것을 더 많이 기억하는 법을 배울 것이다.

킨들, 코보스, 누크 속에서

킨들, 코보스, 누크 등 초기 E-book 리더기들은 디지털화된 책을 읽는 데 핵심 기능이 맞추어진 채 일부 부가기능이 있는 정도였다. 오늘날 E-book 리더기는 관련 디지털 기능들을 그 안에 내포한, 사실상 태블릿 PC에 가깝다. 이들은 터치스크린, 스타일러스 펜, 탈부착식 키보드 기능을 추가했다. 결과적으로 이제 E-book 리더기를 이용해 노트 필기를 하고 밑줄을 긋거나 형광펜으로 칠할 수 있으며 다양한 색상도 사용하고 디지털 도서 자체에 필기할 수 있게 되었다.

여러분의 관심사가 로맨스, 공상과학, 만화책에 국한되어 있더라도 인쇄본보다 디지털 서적을 선호한다면 더 심오한 타 문학책을 읽는 데도 큰 어려움이 없을 것이다.

확실히 전부는 아니지만 많은 교과서, 잡지, 저널, 신문들은 이제 디지털로 이용가능한데 디지털화된 이 자료들을 다루거나 이용하는 데 약간 불편할 수도 있다.

이번 장의 각종 팁과 조언들을 독서과제에 적용만 하면 선호하는 포맷이 무엇이든 사용가능하다는 점을 기억하자. 즉, 인쇄본, 디지털본, 필요하다면 오디오본이다.

독서 목표를 정하자

여러분의 독서 목표는 무엇인가? 특정 장을 단순히 읽기만 하고 "좋았어, 이 독서과제는 다 끝냈군."이라고 말하는 것은 무의미하다. 그럴 바엔 잠자리 머리맡에 책을 두고 자는 동안 머리 속에 책 내용이 서서히 스며들길 바라는 것이 나을지도 모른다.

책을 읽는 목적은 기본적으로 6개 요소가 있다.

❶ 특정 메시지를 파악하기 위해
❷ 중요한 세부사항을 찾기 위해
❸ 특정 질문에 답하기 위해
❹ 자신이 읽은 것을 평가하기 위해
❺ 자신이 읽은 것을 실생활에 적용하기 위해
❻ 재미를 위해

교과서의 힌트를 사용하라

대부분의 교과서나 전문지식을 다루는 책(소설을 제외한 대부분)에는 더 많은 지식을 독서로 얻도록 정보의 집합을 보여주는 특별한 장이 있다. 이 자료에 익숙해지면 독서 경험이 더 풍부해지고 독서 자체가 더 쉬워질 것이다. 어느 부분을 찾아봐야 할지 소개하겠다.

책 제목이 적힌 장 바로 뒤는 보통 책 내용을 각 장 형태로 표시한 '목차'다. 일부 책들은 놀랄 만큼 상세히 각 장의 핵심사항이나 다루는 주제들을 나열하는 형식으로 목차를 정리하고 있다.

표지, 목차, 일부 책의 감사의 말씀 다음 부분인 서론은 일반적으로 책의 정보들을 묘사한다. 이 서론에서 책의 특이점을 짚어주는 저자들도 있다.

소개 부분은 서론을 갈음하거나 서론 다음에 이어지며 저자나 특정 유명인의 명성을 빌리기 위해 저자가 부탁한 사람들이 쓴다. 대부분의 소개 부분에는 훨씬 상세하고 전반적인 책의 내용 정보들이 있다. 독자들이 이 부분을 정확히 이해하도록 각 장간 요약이 실리기도 한다.

주석이 책 전반에 보이는 경우도 있다(문장이나 명언 약간 위쪽의 숫자: 'jim dandy'⁴). 이 주석은 책 페이지 하단에 상세한 설명이 적혀 있거나 책 맨 뒤에 해당 주석들에 대한 설명을 모아둔 특별한 페이지가 있는 경우가 있다. 주석은 해당 명언이나 정보 출처를 밝히거나 더 상세한 설명을 덧붙이거나 논지에서 벗어난 정보를 제공할 때 사용되므로 추가 정보를 얻기 위해 언급된 출처를 찾아보는 습관을 길러야 한다.

책의 내용들이 방대하고 난해한 용어들을 포함한 경우, 친절한 저자들은 해당 용어들이 정의된 축약 형태의 용어사전을 포함하기도 한다.

보통 맨 마지막의 '참고문헌'도 저자가 해당 책의 집필을 위해 참고한 정보의 출처나 추가로 읽으면 좋을 서적 목록을 담고 있다. 이 부분은 보통 각 주제에 맞추어 알파벳 순으로 정리되어 있으며 여기서 특정 주제 관련 정보를 더 쉽게 찾아볼 수 있다.

각 책들이 다루는 정보 관련 보충 정보나 예시들을 포함한 부록들도 책 뒷부분에 실리기도 한다.

일반적으로 책 맨 마지막에 실리는 것은 색인이다. 책에서 언급된 각종 성명, 주제, 제목과 같은 참조사항을 페이지 숫자와 함께 정리한 것이다.

앞에서 말한 대부분의 책들에서 제공되는 다양한 도구들을 사용하는 습관을 들인다면 분명히 공부가 더 쉬워질 것이다.

필요하다면 다른 교과서를 찾아보자

수많은 저자나 편집자가 해당 분야의 전문가, 심지어 전설로 불려도 난해한 용어를 이해하기 쉽게 풀어 쓰는 것이 강점이 아닐 수도 있다. 가끔 여러분은 너무 어려운 책의 독서과제를 받고 제대로 읽는 건지, 거꾸로 읽는 건지, 아래위로 잘못 든 건 아닌지 의심스러울 때가 있을 것이다. 특정 챕터, 섹션이나 책 자체가 이해하기 불가능한 수준이라면 자신이 이해할 수 있는, 같은 분야의 다른 책을 찾아 읽는 것도 좋다. 선생님에게 다른 책 추천을 부탁드리면 자신의 수준에 맞는 책을 찾는 수고를 덜 수 있다. 선생님에게 왜 처음부터 더 쉬운 책을 과제로 내주지 않았냐고 원망부터 하진 말자.

도저히 이해할 수 없다면 어쩌면 저자가 해당 주제를 제대로 설명하지 못하기 때문일 것이다. 여러분의 잘못이 아닐지도 모른다는 것이다! 수많은 학생들이 진땀을 흘리고 한탄하며 수업을 포기하고 자신이 멍청하다는 생각에 전공까지 바꾸기도 한다. 실제 문제는 여러분이 아니라 필요 이상으로 어려운 책이었을 수도 있는데 말이다.

물론 다른 책을 찾아 읽는 것은 이 책에서 내가 약속한 해결책보다 더 많은 노동력을 투입해야 하는 것으로 보이지만 너무 따분한 책을 붙잡고 있다면 시간 낭비임을 잊지 말자.

다른 책을 참고해 주제를 이해하는 데 도움이 되었다면 원래 책을 이해하는 것이 더 쉬울 것이다. 다른 책을 읽을 것을 가정하고 그 책을 쓴 것처럼 말이다.

챕터 속의 힌트를 사용하라

여러분의 과제를 재빨리 훑어보며 먼저 답하고 싶은 질문부터 찾아보자. 여러분의 독서과제를 시작하기 전, 다음 독서과제 요소들을 고려하자.

각 장의 제목과 굵은 제목과 소제목은 각 주제의 세부사항을 알려주고 일부 책에서 각 문장의 도입부나 굵은 글씨로 시작되는 도입부는 저자가 주장하는 요소를 더 상세히 설명해준다.

따라서 독서과제를 각 장들의 처음부터 끝까지, 굵은 글씨의 제목과 소제목부터 훑어보자.

각 장 말미의 요약 부분을 찾아보자. 저자가 조명하려는 핵심을 알면 책을 읽는 동안 저자가 내린 결론들을 찾는 데 도움이 될 것이다.

대부분의 책들 특히 과학책들은 도표, 그래프, 수치화된 표, 지도, 다양한 시각요소들이 포함된 경우가 많다. 이 시각요소들을 잘 관찰해 문맥을 어떻게 뒷받침하며 어떤 점을 강조하는지 알아보고 필기해두자.

일부 책에서는 이야기가 전개되며 핵심용어나 핵심정보들이 강조된다. 강조된 이 핵심용어나 핵심정보의 정의를 알아보는 것이 그 책을 읽는 핵심목표일 수도 있다.

일부 저자들은 핵심사항들을 질문으로 시작하거나 각 장의 마지막에 질문을 던지는 집필 형식을 취한다. 각 장을 읽기 전, 이 질문들을 읽고 시작하면 해당 장을 읽으며 더 주의해 관찰할 부분을 알 수 있을 것이다.

3가지 독서법

특정 독서과제에서 원하는 것과 어떤 책을 읽느냐에 따라 3가지 독서법이 있다. 각 방법을 언제 쓸지를 안다면 독서과제를 더 쉽게 해나갈 수 있을 것이다.

❶ 특정 정보 탐색하기는 독자가 특정 질문이나 특정 주제가 언급된 부분만 찾아 읽는 것이다.
❷ 비판적 독서는 통찰적 분석을 요구하는 생각이나 개념을 이해하는 데 사용된다.
❸ 미적, 유희적 독서는 순수한 즐거움이 목적이지만 저자의 스타일이나 능력이 마음에 들어 읽는 것이다.

미리 읽기의 중요성

모든 독서과제를 시작하는 가장 효과적인 방법은 페이지를 빠르게 넘기며 앞에서 말한 여러 힌트들을 찾아보며 책에 담기 정보에 대한 개요를 파악하고 주의 깊이 한 줄씩 읽으며 한 단어씩 의미를 파악하고 강조하거나 밑줄을 긋거나 자신의 노트, 컴퓨터나 자신이 읽는 책에 필기하는 것이다.

잠시 짧은 여담을 던지겠다. 저자가 아는 대부분의 지인들은 '훑어보기'와 '살펴보기'의 의미를 혼동하는 경우가 많다. 이 두 용어의 정확한 의미를 짚어보자.

'훑어보기'는 재빨리 표면적으로 읽는 것이다.

'살펴보기'는 주의 깊이 읽지만 특정 주제나 특정 영역만 읽는 것이다.

즉, 책을 훑어보는 것은 강조된 부분들만 읽지만 책 전체를 살펴보는 것이다. 책을 살펴보는 것은 세부를 보지만 여러분이 찾으려는 특정 부분을 찾을 때까지 읽는 것이다. 살펴보기는 가장 빠른 독서법이다. 세부적인 부분을 읽지만 찾으려는 특정 정보를 찾을 때까지 여러분이 읽는 모든 정보를 일일이 이해하거나 기억하지 않기 때문이다.

분명히 여러분은 훑어보기를 통해 끝낼 수 있는 독서과제를 가장 많이 받을 것이다. 책을 읽기 전, 답을 찾는 질문을 파악해 필요한 정보만 파악하며 빠르게 읽어나갈 수 있을 것이다.

세포핵 기능 파악을 목표로 과학책을 읽고 있다고 가정하자. 세포의 각 설명 부분을 빠르게 읽어나가며 세포의 역할을 훑어볼 수 있을 것이다. 여러분은 무엇을 찾고 있는지 알고 있으며 세포 각 부분의 역할을 설명한 부분이 버젓이 있다. 이제 이 책을 읽을 준비가 된 것이다.

답을 찾는 질문을 미리 알아내는 것 즉, 책을 읽는 목적을 알면 특정 장을 훑어보고 답을 알아낼 수 있다. 이것은 책에 담긴 모든 단어 하나하나를 고통스럽게 읽어나가는 것보다 엄청난 시간이 단축될 것이다.

훑어보기나 미리 읽기는 특정 정보 찾기는 아니며 매우 소중한 단계다. 책 개요 훑어보기는 따라야 할, 다음과 같은 매우 간단한 절차가 있다.

- 제목이나 머리말은 질문 형태로 바꾸어보자. 이 질문이 바로 책을 읽는 목적이 된다.
- 책을 읽기 위한 중요한 사실들을 알아보는 데 큰 도움을 주는 모든 부제, 시각자료, 그래프들을 확인하자.
- 각 문단의 서론, 요약, 장 말미의 여러 질문들을 주의 깊이 읽어보자.

- 각 문단의 첫 문장을 읽어보자. 일반적으로 대부분 문단의 주제가 포함되어 있다.
- 이 절차들로 얻은 것을 평가하자. 각 장 말미의 질문에 답할 수 있는가? 이 책의 내용으로 토론수업을 한다면 충분히 참여할 수 있는가?
- 훑어보기에서 배운 내용을 요약한 짧은 요약본을 적어보자.
- 자신의 평가 내용을 토대로 더 심도 있는 독서가 필요한지 결정하자.

일반적인 방법으로 책을 한 글자씩 천천히 읽고 있다면 공부시간 낭비일지도 모른다. 현명한 독자라면 위의 방식으로 어느 부분을 읽어야 하고 어느 부분을 훑어 읽을 수 있는지 구별할 수 있을 것이다.

특정 세부사항이나 특정 사실을 찾는다면 훑어보기는 독서시간을 대폭 줄이는 간편하고 중요한 지름길이 될 것이다. 더 심도 있는 독서가 필요할 때도 이런 방식으로 해나가면 전반적인 책의 토대를 이해하고 더 빨리 더 쉽게 더 의미 있게 읽을 수 있을 것이다.

훑어보기와 살펴보기 중 무엇을 택하든 여러분은 저자가 전달하려는 메시지를 더 잘 소화할 능력을 갖추었다고 할 수 있다.

⊕ 단어도 힌트가 될 수 있다

제목, 소제목, 첫 문장, 저자가 제공하는 다양한 힌트로 장을 분명히 재빨리 이해하고 각 장의 일부 단어도 중요 핵심을 집어내고 중요하지 않은 정보를 가려내는 데 도움을 줄 수 있다.

글을 읽는 도중 "이처럼", "게다가", "더욱이", "더 나아가"와 같은 접속사가 나오면 이후 내용은 새로운 내용이 아님을 알 수 있다. 앞 내용을 이미 안다면 이 접속사들의 뒤는 속도를 더 내 읽거나 건너뛰어도 상관없다.

반면, "반면에", "그럼에도 불구하고", "그러나", "그보다", "하지만" 등의 접속사가 나오면 잠시 속도를 줄이자. 다음 내용은 방금 전 읽은 내용과 대조되거나 새로운 면을 조명하는 새로운 정보를 줄 것이기 때문이다.

마지막으로 "결론을 짓는" 접속사인 "결론적으로", "그러므로", "따라서", 결과적으로", "이것을 요약하면" 등을 눈여겨보자. 특히 각 장에서 가장 중요한 부분만 체크할 시간밖에 없거나 시험을 앞두고 복습한다면 더더욱 주목하자. 이 부분은 지금까지 저자가 설명한 모든 것을 예쁜 선물상자로 포장해 여러분에게 선물하는 부분이다. 예상하지 못한 이 선물은 모든 장을 일일이 뜯어보는 수고를 덜어줄 것이다.

⊕ 이제 세부사항을 돌아보자

더 심도 있는 독서가 필요하다면 다시 초반부로 돌아가자. 장, 절, 무엇이든 한 부분을 천천히 읽어보자. 여러분이 읽는 부분이 다음 5

가지 질문에 답할 수 있는 것인지 읽으면서 자문해보자.

❶ 누가? 문장이 특정 인물이나 특정 그룹에 초점을 맞춘다. 주제문은 이 인물을 밝힌다.

❷ 언제? 문장이 주로 시간에 관한 이야기를 다룬다. 주제문은 "~때"라는 단어와 함께 시작하기도 한다.

❸ 어디서? 문장이 특정 장소나 특정 지역을 다룬다. 주제문은 여러분이 읽는 문장이 어디서 일어났는지 설명한다.

❹ 왜? 특정 신념이나 특정 사건이 발생한 원인을 설명하는 문장이 그 답을 가진 경우다. 주제문은 그것이 사실인 이유나 그 사건이 발생한 원인을 설명한다.

❺ 어떻게? 문장이 특정 대상이 어떻게 작동하고 어떤 방식으로 완료되었는지 설명한다. 주제문은 묘사된 부분의 방식을 설명한다.

다음 활동을 끝내기 전까지 다음 장으로 넘어가면 안 된다.

- 주제를 이해하는 데 필수적이라고 느끼는 모든 핵심용어의 정의를 적는다.
- 주제를 명확히 하는 데 필요하다고 느끼는 질문을 던지고 그 답을 적는다.
- 자신에게 답이 없는 모든 질문을 적고 다시 읽기, 추가조사나 다른 학생이나 선생님에게 질문하기를 통해 그 답을 찾는다.

- 답이 없는 질문이 여전히 자신에게 남아 있더라도 다음 장으로 넘어가 독서과제가 모두 끝날 때까지 앞의 3가지 활동을 계속 해나가자.

전문서적 도전하기

지금까지 여러분은 다양한 독서능력 향상법을 배웠다. 이제 전체 학생의 약 3/4이 세균덩어리처럼 피해 다니는 물리학, 삼각법, 화학, 미적분학 등 고도의 전문서적 때문에 겪는 어려움을 배울 시간이다. 기타 독서법 이상으로 이 과목들은 논리적이고 체계적인 접근법과 단계별 독서법을 요구하고 내부에 존재하는 체계를 찾아 이해하는 기술을 요구한다.

책의 기본적인 전개 방식을 알아내는 기술은 저자의 생각흐름을 따라가게 해주고 저자의 생각흐름은 이 책에 대한 이해와 암기에 필수요소다.

왜 그럴까? 대부분의 전문서적의 전개 방식은 각 개념들이 이해 블록을 쌓는 것과 같다. 특정 부분이나 특정 개념을 이해하지 못하면 그 다음 부분이나 연관 개념을 이해하지 못할 것이다.

대부분의 전문서적들은 다양한 생각, 용어, 공식, 이론으로 가득 차 있다. 각 장들은 단 몇 페이지 안에 방대한 정보를 압축해놓은 정보집합체와 같으므로 이 책들은 매우 신중히 읽어야 한다.

이런 전문서적을 읽는 독서과제로부터 최대한 정보를 얻으려면 책의 체계 개념 이용법을 사용하는 것이 좋다. 기본적인 5가지 요소를 여기 소개한다.

❶ 정의와 용어
❷ 예시
❸ 분류와 목록
❹ 대조의 사용
❺ 원인- 결과 관계

전문지식이 실린 책을 읽을 때는 반드시 맨 처음부터 시작해야 한다. 해당 분야에서만 쓰이는 전문용어를 이해해가며 읽어야 하기 때문이다. 일상적으로 사용되는 용어들은 다양한 의미를 내포한 경우가 많은데 일부는 문맥에 따라 완전히 대조되기도 한다. 이런 일상 용어들은 전문서적에서는 특정 정의를 가리키기도 한다.

예를 들어, 외부 압력으로 고체의 외형이 변한 후, 다시 원래 외형으로 돌아오는 능력인 탄력성 정의는 라스베거스, 라스팔마스 어디서나 같은 의미로 사용된다. 이런 특정 용어는 과학자들이 각 분야가 요구하는 정확한 의미로 외부와 의사소통하게 해준다.

용어 정의의 길이는 제각각이다. 한 문장으로 정의내릴 수 있는 반면, 한 문단이나 제대로 된 의미 전달을 위해 장 전체를 사용하기도 한다.

또한 특정 수학연산을 가리키는 핵심용어들을 찾아보자. 책에서 "점차 증가한다", "합쳐진다", "함께", "더한다", "총합은" 등이 나오면 덧셈이고 "감소한다", "뺀다", "더 적게", "차이난다" 등이 나오면 뺄셈이고 "곱", "증가한다", "몇 배만큼", "몇 배" 등이 나오면 곱셈이고 "매 ~", "비율로", "몫", "퍼센트" 등이 나오면 나눗셈을 해야 한다.

다른 저자와 소통하는 도구로 예시가 있다. 전문서적들은 새로운 외부지식들로 자주 채워지므로 대부분 이해하기 어렵다. 이 책들은 추상적이므로 그 자체만으로는 이해하기 어려워 많은 저자들은 예시를 사용해 추상적 개념을 구체적 실례로 제시해준다. 이런 예시들은 난해하고 복잡한 이론들을 이해하는 데 필수적이다.

다른 책들과 달리 전문서적은 작은 지면에 방대한 지식을 압축해 싣기 위해 축약 형식의 전개 방식을 선호한다. 전문지식을 다루는 책들이 저자의 개인적 경험에 대한 일화나 농담을 늘어놓는 경우는 거의 없다.

세 번째로 자주 사용되는 전개 도구는 분류와 목차다. 분류는 공통 주제가 상위개념 아래에 나뉘는 절차다. 특히 전문서적에서는 광범위한 세부사항들을 나누기 위해 저자가 분류 방식을 사용하는 것을 쉽게 볼 수 있다.

난해한 정보 전달을 위해 사용되는 네 번째 전개 도구는 비교와 대조다. 많은 책들은 복잡한 개념을 해당 개념과 비슷하거나 반대되는 개념을 가져와 함께 초점을 맞추기 위해 이 도구를 사용한다. 비교를 통해 글에서는 앞에서 짚어본 개념이나 독자가 더 쉽게 이해할 만한, 비슷한 개념과 설명하려는 것을 연관짓는다. 대조를 통해 두 개념간 차이점과 특징에 초점을 더 맞춘다.

정보 전달을 위해 책이 사용하는 마지막 도구는 원인-결과다. 이것은 과학적 연구의 근간이 되는 질문이라고 할 수 있다. 과학은 결과를 관찰하는 데서 시작된다. 즉, 무엇이 일어나고 있는가? 눈이 내리고 있다. 그 다음 단계는 그 원인 연구다. 눈은 왜 내리는가? 이 원인-결과 관계를 찾아가는 과정은 흔히 과학적, 전문적 글쓰기의 근간이 된다.

원인-결과 관계는 다양한 형태로 사용될 수 있다. 결과가 먼저 제시되고 뒤따라 원인이 제시될 수도 있다. 결과가 다양한 원인들에 의해 발생하는 경우가 될 수도 있다. 즉, 원인이 연쇄작용하는 경우다. 또한 하나의 원인이 다양한 결과를 발생시키기도 한다.

⊕ 계획을 갖고 독서하자

다른 종류의 책들보다 전문서적은 반드시 계획을 갖고 읽어야 한다. 단순히 과제 대상이 된 전문서적들을 읽고 끝내려는 계획만으로 접근하면 안 된다는 말이다. 그런 마음가짐으로 전문서적들을 읽는다면 각종 이론, 개념, 용어, 예시들의 바다 속에 빠져 혼란스럽고 좌절감만 느낄 뿐이다.

여러분의 계획은 다음 가이드라인을 참조해 세워야 한다.

- 제시된 개념을 이해하는 데 필수적인 용어들을 배우자. 저자가 사용하는 용어의 정확한 의미를 이해하면 각 페이지, 각 장 간에 흐르는 저자의 생각을 쉽게 파악할 수 있다.

- 책의 전개 방식이나 형태를 파악하자. 대부분의 장들은 해당 주제들을 위한 개요를 형성하는 패턴이 있기 마련이다. 어떤 책들은 이론 설명으로 시작하고 예시를 주고 관련 예제를 주고 요약하는 형태를 취한다. 이런 책의 패턴은 목차나 제목, 소제목에서 자주 파악할 수 있다.

- 저자의 관점을 이해하기 위해 장을 훑어보자. 책을 읽는 목적을 구체적으로 확인하기 위해 자문해보고 여러분의 접근법을 도와줄 각종 요약, 리뷰 질문들을 사용하자.

- 책의 전반을 진행하며 철저한 분석적 독서를 실행하자. 읽고 있는 부분에 대한 완벽한 이해가 잡히기 전까지 다음으로 넘어가지 않는다. 각 개념들은 상호연관성으로 쌓여가는 형태임을 잊지 말자.

- 자신의 철저한 독서를 결론짓자마자 재검토하자. 기억해야 할 개념과 이론들을 요약한다. 앞에서 훑어보기 했을 때 생긴 질문들에 대해 답해본다. 다양한 문제들을 풀어보고 가능하면 배운 공식들을 적용해본다.

전문지식을 다루는 글들은 방대한 정보로 가득 차 있으므로 이런 종류의 글을 읽을 때는 최고의 집중력을 발휘해야 한다. 그렇다고 빠르게 읽어야 한다는 뜻은 아니다.

훌륭한 독자라면 이런 종류의 글은 최고 수준의 이해를 위해 천천히 읽어야 한다는 것을 잘 알고 있을 것이다. 즉, 모든 정의를 숙지하고 모든 공식을 이해할 수 있고 모든 예시들을 잘 생각해봐야 한다.

전문서적을 읽는 것이 어렵거나 전문지식이 필요한 문제를 풀 때는 다음 '팁'을 사용해보자.

- 가능하면 책에 나오는 공식과 숫자를 글로 '번역'해보자. 자신의 이해도를 검증하기 위해 자신이 번역한 공식과 숫자를 자신만의 언어로 다시 써보자.
- 자신이 시각적 학습자가 아니더라도 그림은 어느 정도 도움을 줄 수 있다. 특히 귀찮은 수학문제는 그림이나 다이어그램으로 바꿔보자.
- 실제로 문제를 풀기 전, 답을 예측해보자. 정확한 근사값에 접근하게 해준다.
- 문제를 갖고 놀아보자. 보통 정답에는 접근법이 다양하거나 해당 문제를 푸는 동등한 수준의 정답이 여러 개인 경우가 있다. 정답을 찾았다면 다른 것도 찾아보자.
- 자신의 계산을 검산하고 싶다면 거꾸로 계산해보자. 단순한 수

학적 오류를 찾아내는 쉬운 방법이다.

- 지금 자신에게 던져진 질문이 무엇인지, 어떤 원리가 적용되어야 하는지, 어떤 정보가 중요하고 중요하지 않은지 생각해보자.
- 다른 사람을 가르쳐보자. 다른 사람에게 수학적, 과학적 개념을 설명하려는 것은 자신이 무엇을 제대로 알고 무엇을 제대로 모르는지 금방 집어내게 해준다.
- 신체의 뼈 이름, 여러 화학공식, 단순한 과학적 정의 등 단순 암기해야 하는 긴 목록이라면 플래시카드를 만들어보자.

오래된 방법이지만 앞에서 말한 것과 같은 목록 암기에 효과적일 것이다. 비슷한 개념으로 이해하기 힘든 단어나 외국어, 문장 번역체 등에도 도움이 된다. 암기에 도움이 되는 다른 기술들은 다음 장에서 다루겠다.

미적(유희적) 독해

"위대한 책은 독자들에게 수많은 경험과 즐거운 기진맥진을 선사해야 한다. 독서하면서 수많은 삶을 살기 때문이다."

-윌리엄 스타이런-

대부분의 소설들은 전달한다. 일단 초반부에는 등장인물과 배경이 소개되고 절정부에서 갈등과 역경이 해소된다. 도움이 되는 방향보다 더 혼란스런 방법으로 관련 용어들이 문학시간에 사용되곤 한다. 다음은 중요 용어들에 대한 정의다.

줄거리: 이야기의 순서나 단계다. 도입부부터 절정부까지 이야기가 이르는 과정이다. 문학 이해력은 이 줄거리 파악 능력에 달려 있다.

등장인물: 이야기의 중심인물이나 캐릭터다. 주인공과 그의 연인, 악당, 주변 등장인물들이다. 이야기 주인공이 어떤 인물인지 파악하고 주인공이 고난을 어떻게 극복하고 주변인물들과 대응하는지 이해해야 한다.

테마: 이야기의 중심 메시지나 주제다. 작가가 줄거리와 등장인물들을 다루어 독자들에게 전달하려는 가치관이나 생각이다.

배경: 이야기가 진행되는 시간과 공간이다. 역사적 소설이나 타 문화권 소설이라면 특히 중요하다.

관점: 누가 이야기를 전달하는가? 등장인물이 자신의 과거사를 전달하는가? 아니면 등장인물, 배경, 줄거리에 대한 제3자의 관찰사항을 해설하는가?

여러분이 내디뎌야 할 첫걸음은 이 개념들에 친숙해져 소설이나 단편집 속에서 파악하려고 노력하는 것이다. 책을 읽기 시작했다면 미적 관점에서 접근해보자. 이 책을 읽으면 기분이 어떤가? 등장인물들에 대해 어떻게 생각하는가? 좋아하는가? 싫어하는가? 그들에게 자신을 투영할 수 있는가?

두 번째로 책을 읽는 동안 줄거리 속에서 벌어지는 사건을 잘 파악하자. 줄거리 파악과 등장인물의 성장 모두 포함한다. 각 장으로 진행되는 소설은 줄거리 진행 상황을 한두 문장으로 적을 수 있고 새로운 등장인물이 소개되면 그에 대해 메모할 종이를 준비하면 도움이 될 것이다.

⊕ 얼마나 빨리 이해할 수 있는가?

"책을 너무 빨리 또는 너무 천천히 읽으면 아무 것도 이해할 수 없다."

-블레즈 파스칼-

너무 느린 독서 속도를 걱정하는가? 그러지 않아도 된다. 느린 독서 속도가 반드시 더딘 이해를 의미하진 않기 때문이다. 중요한 것은 뭔가를 이해하고 기억한다는 사실이고 다른 것들처럼 연습하다 보면 독서 속도는 빨라질 것이다.

수치화된 수준을 원한다면 300개 단어로 구성된 다음 지문(수잔 섬스키 저 '제3의 눈을 깨워라'에서 발췌)을 처음부터 끝까지 시간을 재가며 읽은 후, 다음 기준에 따라 자신의 수준을 측정해보자.

30초 이내	매우 빠름
31~45초	빠름
46~60초	상위 수준 보통
61~89초	보통
90~119초	느림
120초 이상	매우 느림

기원전 8세기경에 쓰인 호머의 '오디세이'에서 제3의 눈에 대한 풍자를 찾아볼 수 있다. 트로이전쟁 후, 영웅 오디세우스는 고향 이타카로 귀향하던 도중 괴물 키클롭스의 고향인 시실리 섬에 상륙해 거기서 잔혹하고 야만적이고 이마 한가운데 큰 눈이 박힌 거인, 폴리페모스(포세이돈의 아들)를 만난다. 오디세우스와 그의 선원들은 동굴에 갇히고 폴리페모스는 그들 중 6명을 골라 잡아먹을 생각이었다. 오디세우스는 거인을 속여 술에 취하게 만든다. 심신이 약해진 폴리페모스는 잠들고 오디세우스는 불에 지핀 몽둥이를 그의 눈에 찔러 넣어 눈을 멀게 한다.

오디세우스와 남은 그의 선원들은 그 섬에서 간신히 탈출해 살아남을 수 있었다.

인도에서 '차크라'는 말 그대로 '바퀴'다. 제3의 눈인 차크라는 이마 한가운데서 볼 수 있고 키클롭스의 제3의 눈 위치와 일치한다.

놀랍게도 그리스어 키클롭스는 '바퀴와 같은 눈'이라는 의미다.

이것을 염두에 두고 폴리페모스 신화에 대한 해석이 가능할 것이다.

첫째, 폴리페모스의 눈을 찌르는 것은 제3의 눈의 위축과 신성한 지혜의 상실을 의미할 수도 있다. 다른 하나는 제3의 눈의 개안으로 얻은 신성한 재능을 올바로 사용하지 않으면 자신을 파괴에 빠트릴 위험이 있다는 의미일 수도 있다.

고대 그리스인들은 솔방울 모양의 기관을 사상 영역의 입구로 믿었다. 플라톤(기원전 428~348년)과 히포크라테스(기원전 460~377년)는 제3의 눈(엔케팔로스)을 '지혜의 눈'이라고 믿었다. 플라톤은 차크라를 영혼이 신체와 소통하는 예리한 신체 부위라고 믿었다. 그는 골수나 척수를 영혼의 본질이고 차크라는 이 정신적 수액을 통해 정신적 에너지를 발산한다고 믿었는데 플라톤은 이것을 '근본의 정수'라고 불렀다.

플라톤은 제3의 눈을 모든 차크라들을 위한 통제의 중심으로 보았다.

훌륭한 독자라면 빠름 또는 매우 빠름을 결과로 받고 위 지문의 중심생각을 쉽게 요약할 수 있을 것이다.

⊕ 무엇이 독해 속도와 이해력을 낮추는가?

• 큰 소리로 소리내 읽거나 읽으면서 입술을 움직이는 경우
• 기계적으로 독서하는 경우 즉, 단어를 따라가기 위해 손가락을 이용하거나 읽으면서 좌우로 머리를 움직이는 경우
• 책과 안 맞는 독해법을 사용하는 경우
• 독해하기에는 단어 실력이 부족한 경우

⊕ 독해 속도를 높이려면

- 주의력과 집중력을 극대화한다.

- 외부의 방해요소를 차단한다.

- 어수선하지 않고 편안한 환경에서 읽는다.

- 특정 단어나 문장에 얽매이지 말고 전체 개념 이해를 위해 반드시 이해해야 할 핵심단어들을 사전에서 찾아본다.

- 모든 세부사항 이해보다 전반적인 개념 이해를 위해 노력한다.

- 읽으면서 입술을 움직이는 것(육성화)을 발견한다면 펜이나 다른 물건(무독성, 무당분)을 입술에 물고 읽어보자. 읽는 동안 물고 있던 것이 입에서 떨어지면 입을 안 움직이는 연습을 더 해야 한다는 뜻이다!

- 자신이 아는 단어의 폭을 넓히자. 독해에 적합한 단어 수준에 못 미쳐 독해가 느리거나 읽는 내용을 제대로 이해하지 못 하는 것일 수도 있다.

- 더 많이 더 자주 읽어라. 독서는 연습해야만 향상되는 습관이다.

- 특정 단어나 문장을 반복해 읽지 말라. 연구 결과에 따르면, 1분에 250개 단어를 읽는 평균적인 학생들은 다시 읽기를 페이지당 20번이나 했다. 가장 느리게 읽는 독자들은 다시 읽기를 가장 많이 한다.

⊕ 이해력을 높이려면

- 연계학습이 되도록 노력해야 한다. 이해력은 기존 지식에 새로운 지식이 더해져 만들어진다.
- 독서 도중 특정 부분을 복습하고 다시 생각해본다. 중요 개념을 제대로 이해했는지 자신을 테스트해본다.
- 특정 개념이 제대로 추가되지 않으면 자신이 내린 결론을 버리고 되돌아가 다시 읽고 대안이 될 만한 결론 도출을 위해 노력한다.
- 읽은 것을 요약해 자신만의 언어로 노트에 다시 써본다.

가장 중요한 것은 자신에게 알맞은 편안한 속도로 읽는 것이다. 저자는 빠른 속도로 독해할 수 있지만 개인적으로 문학작품을 읽을 때는 더 천천히 읽는 것을 선호한다. 저자가 사용하는 단어 하나하나를 이해할 수 있기 때문이다. 이해하기 힘든 내용은 저자도 천천히 읽을 수밖에 없다. 나는 신문이나 유명 잡지 등은 모든 세부사항 파악보다 신속한 중요 정보 파악을 위해 매우 빨리 읽는 편이다.

독해 속도가 형편없이 느리다면 속독학원을 다녀야 할까?

속독은 여러 이점이 있다. 즉, 상당수 느린 독자들은 독서량이 부족한 경우가 있다. 그들에게 독서는 지루하고 따분하기 때문이지만 속독만이 훌륭한 독자가 되는 정답은 아니다.

속독학원을 다녀 별 문제가 되진 않을 것이라고 믿지만 계속 독해 연습을 한다면 자연스럽게 독서 속도를 올릴 수 있을 것이다.

읽은 것 더 많이 기억하기

다음 장에서는 여러분이 읽은 것을 더 잘 기억하는 기술을 추가로 세부적으로 설명할 예정이지만 일단 여기서는 일반적인 팁 중 도움이 될 만한 것을 제시하겠다.

암기해야 할 내용을 읽을 때마다 제대로 암기할 수 있도록 다음 6단계를 사용하자.

❶ 읽고 있는 책이나 매체를 평가하자. 자신의 독서 목적을 확인하자. 자신이 읽고 있는 것에 대한 흥미 정도를 파악하고 내용이 얼마나 어려운지 파악해보자.

❷ 자신의 독서 목표에 따라 적합한 독서법을 택한다.

❸ 중요 내용들을 확인하고 해야 할 것들을 기억하자. 자신의 독서 목적이 여러분이 기억해야 할 것들을 결정하고 암기해야 할 세부 사항들을 연결해주는 상관관계를 확인하자.

❹ 필기하자. 자신만의 언어로 주제 관련 개요를 다시 적어보자. 개요도나 다이어그램, 개념나무를 이용해 각 관계나 패턴 표현에 사용하자. 핵심내용들을 적어보는 것도 암기력을 강화하는 효과

적인 방법이다.

❺ 복습하자. 반드시 암기해야 할 것들에 대한 퀴즈를 내보자. 자신
이 읽을 내용을 다시 상기해야 할 때까지 최소 3번 자신의 필기
복습 시스템을 만들자. 첫 번째 복습은 독서를 마친 직후에 해야
하고 두 번째 복습은 며칠 후에, 마지막 재점검은 시험과 같은 내
용을 직접 사용해야 할, 중요할 때 해야 한다. 이 과정은 벼락치
기하지 않도록 도와줄 것이다.

❻ 사용해보자. 독서를 통해 얻은 지식을 써먹을 기회를 찾아보자.
스터디 그룹이나 토론수업은 여러분이 얻은 지식을 좋은 데 써먹
을 소중한 기회다. 그룹 토론 참여는 암기 내용을 획기적으로 향
상시켜줄 것이다.

⊕ 강조하기나 밑줄 긋기

자신이 읽는 책 속의 핵심단어나 핵심문장의 강조나 밑줄 긋기는
더 나은 기억의 효과적인 방법이고 복습 과정을 더 능률적으로 만들
어줄 것이다. 단, 적당한 선을 유지하자. 즉, 여러분이 강조한 내용이
책 전체를 다시 읽는 것과 비교할 정도라면 강조할 내용이 너무 많
다고 보면 된다!

저자는 대학시절, 학업이 과중해지자 내가 사용하는 강조하기 방
법을 최대한 활용하기 위해 다음과 같은 규칙들을 만들어냈다.

- 내가 완전히 편하게 읽지 못하는 부분을 강조했다.
- 섹션의 주제나 테마를 요약한 단일 단어나 문장을 강조했다.
- 주로 핵심단어, 사실이나 개념에 집중하고 여담이나 다양한 예시, 불필요한 설명들은 무시했다.
- 교과서뿐만 아니라 수업 도중 했던 노트 필기도 강조하거나 밑줄 긋기해 추후 그것들을 이용해 공부할 때 더 쉽도록 했다.

강조하기나 밑줄 긋기 기술을 연마하고 싶다면 129페이지의 글(마크 베니오프, 캐런 사우스워크 공저 '더불어 사는 자본주의')을 읽어보면서 핵심문장이나 핵심단어들을 확인해보자.

⊕ 필기하라

강조하기나 밑줄 긋기의 대안으로 여러분이 읽는 책이나 교과서의 여백에 필기하면 책이 전달하는 다양한 사실들을 더 쉽게 정렬할 수 있을 것이다.

한때 저자는 책 내용을 외우는 데 도움이 될 만한 나만의 방법을 사용했다. 우선 책 내용 옆에 세로줄을 긋고 해당 부분의 중요도를 표시했다. 세로줄이 1개면 복습이 필요한 부분, 세로줄이 2개면 매우 중요, 별표는 "제대로 이해하지 않으면 시험 망침"을 의미했다. 나보다 똑똑한 친구나 선생님으로부터 추가 설명을 들을 부분에는 물음표를 표시했다. 마지막으로 동그라미 친 부분은 내 생각에 시험에 분명히 출제될 부분을 의미했다.

각 부분에 상대적 중요도를 표시하고 시험 범위에 대비하는 행동 자체는 분명히 내가 주의 깊게 해당 부분을 살펴보고 더 잘 암기하게 해주었다.

⊕ 능동적으로 읽어라

여러분이 읽은 책에서 자신에게 퀴즈를 출제해 내용을 얼마나 잘 파악했는지 확인할 것을 강력히 권한다. 그것이 어렵다면 책을 '읽기 전', 자신에게 질문을 던져보자.

저자는 학창시절, 책을 열심히 읽는 독자였지만 정형화된 독해문제를 처음에 몇 번 풀어보려고 했을 때 큰 어려움을 겪었다. 왜? 최대한 빨리 독해하려는 경향 때문이라고 생각한다.

그러던 중 지문을 읽기 전, 관련 문제를 읽고 시작하라고 누군가 내게 권했다. 짜잔! 이후 나는 독해영역에서 고득점을 받았다. 못 믿는 사람들을 위해 말하자면 SAT 언어영역 점수는 765점이었다!

미리 준비된 질문 리스트를 항상 갖고 있을 수는 없으니 이것을 보충해줄 다른 것들도 있다. 바로 각 장 도입부의 요약과 목록에 있는 개요들이다. 이 부분에 집중하자.

⊕ 내용을 정리하라

우리의 정신은 정리나 순서에 굶주려 있다. 감각을 통해 인지된 모든 정보조각들에 정리나 순서를 부가하기 때문에 착시현상이 발생한다. 책을 읽으면서 여러분의 뇌가 쉽게 받아들일 정리 방법을 생각해보자.

저자는 단일 단어와 짧은 문장들이 화살표로 연결된 원인-결과 관계를 보여주는 다이어그램을 항상 선호해왔다. 아니면 특정 사건이 발생한 '원인들'을 세모와 같은 특별한 표시로 강조해두었다.

⊕ 훌륭한 독서습관을 기르자

새벽 3시나 일생일대의 데이트를 하러 가기 직전, 읽은 내용을 제대로 기억하기는 불가능하다. 당신은 아침형 인간인가? 그렇다면 일찍 일어나 독서하자. 점심시간 지나 늦게 활동을 시작하는가? 그렇다면 저녁식사 전까지 독서를 마치자.

대부분의 기업 자선사업은 보통 다음 2가지 형태로 시작된다.

첫 번째, CEO가 특정 원인에 열정이 생겨 대상에게 개인 돈이나 회사 돈을 기부하기로 결정할 때 생긴다. 두 번째, 기업이 회사홍보나 마케팅 목적으로 자선사업이 필요하다고 판단했을 때 기업 자체 장학 프로그램이나 재단을 통해 기부금이 지급된다.

이 2가지 방법은 각각 분명히 단점이 있다. 첫 번째의 경우, 자선사업은 회사문화의 일부로 정착될 수 없으며 자선사업이 CEO의 즉흥적인 기분에 좌우될 뿐만 아니라 갑자기 중단될 수도 있으며 자선사업을 시작한 원인에 CEO가 얼마나 몰두하는가에 달려 있다. 열정적인 CEO는 자선사업으로 다양하고 멋진 일들을 할 수는 있지만 CEO 이직률이 급증한 요즘, 자선사업에 대한 열정이 CEO의 우선순위 안에 항상 들지 못할 위험이 있을 뿐만 아니라 CEO의 열정이 사업과 안 맞을 수도 있고 CEO가 기업을 떠나거나 다른 이슈들로 방향이 전환되면 자선사업이 흐지부지될 수도 있다.

두 번째의 경우, 기업은 50만 달러나 100만 달러 기부를 공표하자마자 여러 곳으로부터 기부 요청을 받을 것이다. 학교부터 노숙자 쉼터, 야외극장 기업, 지역 예술가협회와 같은 다양한 단체로부터 말이다.

기업 자선사업은 사업 계획에 따라 대중이 큰 반응을 보이므로 자선사업 프로그램은 기업 자체에게 어느 정도 의미가 있어야 하고 앞으로 기업이 나아갈 프로젝트의 형태를 간접적으로 알리기도 한다.

대중홍보를 통한 관심 끌기라는 자선사업의 동기는 냉소적 반응을 보이는 직원들이 이 자선사업에 적극 참여하지 않게 된다. 결국 자선사업은 표면적일 수밖에 없으며 기업 사정이 어려울 때 쉽게 사라질 수도 있다.

앞에 제시된 글에서 어떤 단어와 문장에 밑줄을 쳤는가? 저자는 다음과 같이 했다.

대부분의 기업 자선사업은 보통 다음 2가지 형태로 시작된다.
①첫 번째, CEO가 특정 원인에 열정이 생겨 대상에게 개인 돈이나 회사 돈

을 기부하기로 결정할 때 생긴다.② 두 번째, 기업이 회사홍보나 마케팅 목적으로 자선사업이 필요하다고 판단했을 때 기업 자체 장학 프로그램이나 재단을 통해 기부금이 지급된다.

이 2가지 방법은 각각 분명히 단점이 있다. 첫 번째의 경우,① 자선사업은 회사문화의 일부로 정착될 수 없으며 자선사업이 CEO의 즉흥적인 기분에 좌우될 뿐만 아니라 갑자기 중단될 수도 있으며 자선사업을 시작한 원인에 CEO가 얼마나 몰두하는가에 달려 있다. 열정적인 CEO는 자선사업으로 다양하고 멋진 일들을 할 수는 있지만 CEO의 이직률이 급증한 요즘, 자선사업에 대한 열정이 CEO의 우선순위 안에 항상 들지 못할 위험이 있을 뿐만 아니라 CEO의 열정이 사업과 안 맞을 수도 있고 CEO가 기업을 떠나거나 다른 이슈들로 방향이 전환되면 자선사업이 흐지부지될 수도 있다.

두 번째의 경우, 기업은 50만 달러나 100만 달러 기부를② 공표하자마자 여러 곳으로부터 기부 요청을 받을 것이다. 학교부터 노숙자 쉼터, 야외 극장 기업, 지역 예술가협회와 같은 다양한 단체로부터 말이다. 기업 자선사업은 사업 계획에 따라 대중이 큰 반응을 보이므로 자선사업 프로그램은 기업 자체에게 어느 정도 의미가 있어야 하고 앞으로 기업이 나아갈 프로젝트의 형태를 간접적으로 알리기도 한다. 대중홍보를 통한 관심 끌기라는 자선사업의 동기는 냉소적 반응을 보이는 직원들이 이 자선사업에 적극 참여하지 않게 된다. 결국 자선사업은 표면적일 수밖에 없으며 기업 사정이 어려울 때 쉽게 사라질 수도 있다.

⊕ 자신만의 도서관을 가져라

"부당하게 잊혀지는 책은 있어도 과분하게 기억되는 책은 없다."

-위스턴 휴 오든-

능동적이고 열정적인 독자가 되고 싶다면 자주 책을 접할 수 있는 것은 책 읽는 습관을 기르는 데 큰 도움이 될 것이다. 자신만의 도서관을 "가져라"라고 저자는 조언하고 싶다. 여러분의 취향은 읽는 책이나 흥미에 영향을 미칠 수 있지만 다양한 책 구비를 위해 노력해보자. 고전부터 현대소설, 시집, 전기 등 다양한 책들을 읽어보자.

여러분의 고등학교나 대학 교과서는 버리지 말고 보관해두자. 교과서의 내용들이 서로 연관성이 있다는 것을 알게 되면 분명히 놀랄 것이다. 또한 현재의 사회적 이슈를 정확히 알기 위해 매일 유익한 신문을 읽길 권한다.

제 4 장

기억력을 극대화하라

"항상 사진을 찍어라. 카메라가 없다면 자신의 마음으로라도 찍어라. 분명한 의도로 암기한 기억은 우연히 암기한 기억보다 항상 훨씬 선명하게 자리잡는다."

▽

아이작 마리온

Maximize your Memory

암기력 향상에 여러분이 투자하는 시간에 비례해 암기력도 향상될 것이라는 데 저자는 별로 동의하지 않는다. 읽은 지 불과 5분 후, 책 제목조차 기억나지 않는다면 아무리 빨리 읽더라도 시간낭비일 뿐이다. 깔끔한 정리정돈은 필수지만 숙제 제출일이나 퀴즈 시험일을 잊는다면 정리정돈이 문제가 아니다. 물론 집 열쇠, 안경, 휴대폰 같이 중요한 물건들을 사방팔방 찾느라 시간을 허비하는 것은 여러분이 공부하는 날을 가장 효율적으로 시작하는 방식이 아닐 것이다.

그 중요도에 비해 기본적인 암기 방법들은 학교, 심지어 공부기술 강의에서도 잘 가르쳐주지 않을 가능성이 큰 공부요소다. 즉, 많은 학교와 선생님들이 여러분에게 독해, 작문, 정리, 시험전략과 같은 요소들을 가르치는 반면, 암기력 향상을 도와주는 방법을 미처 생각하지 못하는 분들이 의외로 많다는 뜻이다.

유지, 상기, 인식

기억력의 본질은 방금 전 특정 사실이나 사건이 일어난 것처럼 반응하는 능력이다. 능숙하거나 훈련된 암기력 개발은 특정 사실, 공식, 경험들을 마음껏 이용해 필요하거나 원할 때 그것들을 상기할 수 있다는 의미다.

도대체 왜 우리 상당수는 차 열쇠, 안경, 휴대폰을 어디에 놔두었는지 잊을까? 그것들을 놓아두는 행동은 가장 일상적인 행동이며 삶 속에서 가장 단조로운 면의 일부이기 때문이다.

미국 월간지 '리더스 다이제스트'에 의하면, 일반인은 1년 평균 약 16시간을 열쇠를 찾는 데 쓴다고 한다. 같은 이유로 우리는 책이나 수업 도중 나온 각종 사실과 공식들을 기억하는 데 어려움을 겪는다. 학교 통학은 매일 정보홍수에 노출된다는 의미다. 그 방대한 정보를 기억할 만한 사실로 어떻게 만들 수 있을까? 그리고 도대체 내 안경은 어디 있나?

기억할 만한 이름, 날짜, 장소, 사건들은 어떤 공통점이 있을까? 바로 다른 것들과 다르다는 점이다. 뭔가 기억하게 만드는 것은 대상의 독특성이다. 즉, 우리가 겪는 일반적인 경험에 비해 얼마나 다른

가를 말한다.

그렇다면 누군가는 이름, 상징, 주기율표 원소 원자량을 어떻게 그렇게 쉽게 말할 수 있을까? 트리비아 게임 도중 이기면서도 말이다. 그것은 바로 해당 정보가 머리 속에 특정 형태로 상징성을 갖고 있거나 변환되어 있기 때문이다. 엄청난 양의 정보가 자동적으로 상징성을 갖고 원할 때 무척 쉽고 편리하게 정보를 저장하고 기억하는 사람들도 있지만 대부분 매우 특출한 암기력이 있다면 진작 어딘가에서 스카우트 제의를 받았을 것이다.

일단 우리 기억이 어떤 방식으로 작동하는지 알아보자. 여기 3가지 주요 절차(유지, 상기, 인식)와 3가지 주요 기억(시각적, 언어적, 운동감각적)이 있다.

⊕ 뭔가 매우 중요하다면

유지는 머리 속의 과거 경험 각인을 유지하는 절차이며 기억창고에 경험을 저장하는 것이다. 두뇌의 다른 동작들처럼 이렇게 유지된 기억은 필요에 따라 상기가 가능하다. 이렇게 유지되는 기억들은 머리 속에 저장된 순서대로 유지되므로 여러분의 공부는 반드시 한 가지 사실, 생각, 개념을 차곡차곡 쌓아가며 진행되어야 한다.

넓은 의미의 개념은 세부사항보다 더 쉽게 기억될 수 있으므로 넓은 의미의 개념을 마스터하고 세부사항을 공부하는 것이 더 효과적이다.

뭔가가 중요하다고 생각되면 그 대상이 더 쉽게 기억날 것이니 공부 대상을 반드시 외워야 하므로 자신에게 암시할 때 공부 대상이 여러분의 장기기억 창고에 더해질 가능성은 높아진다.

기본적으로 유지는 이해한 것에 대한 산물이다. 이것은 얼마나 빨리 읽고 얼마나 장대한 기본 골격을 세우고 교과서에 얼마나 많은 형광펜으로 색칠했는가와 상관없다. 책을 읽고 그 속의 메시지를 파악해 기억하는 것이야말로 높은 수준의 기억 유지를 위한 기본 요소다. 1분에 1천 개 단어 속도로 책을 읽는다고 해서 읽은 것을 반드시 기억하거나 기억할 것이라는 의미는 아니다. 독서습관 개선에 열중하다 보면 독서 속도는 책을 이해하는 데 부차적인 요소임을 깨달을 것이다. 교실 안에 있는 그 누구보다 여러분이 빨리 책을 읽을 수는 있지만 읽은 것을 한 문장으로 요약할 수 없다면 결국 시간만 낭비한 셈이다. 친구들보다 1~2시간 더 걸렸더라도 여러분이 저자의 의도를 정확히 파악했다면 여러분이 읽은 것을 제대로 이해하는 데 쓴 시간들은 수업시간과 앞으로 여러분의 삶 속에서 큰 보상으로 돌아올 것이다.

⊕ 내 혀끝에 달려 있다

상기는 머리 속에 유지하고 있는 것들을 밖으로 다시 꺼내는 절차다. 상기는 반복 절차를 통해 더 강화되는 속성이 있다. 첫 독서를 마친 직후의 상기는 가장 비효율적이다. 이것이 바로 읽은 것을 나중에 복습하는 것이 중요한 이유다. 뭔가를 상기하는 능력은 여러 요소의 영향을 받는다.

- 우리는 대부분 관심 있는 것들을 더 쉽게 상기하는 경향이 있다.
- 상기 정도를 선택적으로 결정하자. 모든 정보가 똑같이 중요한 것은 아니다. 가장 중요한 정보를 상기하는 데 집중하자.
- 자신을 공부하는 것들에 대응시키자. 기존에 알고 있는 것들을 새로운 정보와 연계시키면 내용 상기가 더 쉬워진다.
- 소리를 내든, 머리 속을 통하든, 여러분이 기억하려는 것을 반복하자. 여러분이 상기하려는 것들을 말하는 자신만의 새로운 방법을 찾아보자.
- 단일 개념보다 방대한 개념을 상기하려고 노력하자.
- 의미 있는 방법으로 상기할 수 있는 새로운 정보를 사용하자. 나중에 그 정보를 상기하는 데 도움이 될 것이다.

⊕ 우리 어디선가 만나지 않았나요?

인지는 새로운 대상을 보고 그 실체와 의미를 파악하는 능력이다. 친숙함은 인지의 핵심요소다. 여러분은 이전에 그 정보를 어디선가 "본 적이 있는 것"처럼 느낄 것이고 다른 정보나 상황과 관련지은 후, 새로운 대상이 저장되는 데 적합한 기억 속에 자리잡게 한 후, 이것을 상기시킬 것이다.

마음만 먹으면 특정 사실들, 날짜, 전화번호를 놀랄 만큼 기억해내는 능력이 있는 친구를 부러워한 적이 있다면 대부분 선천적 능력이 아니라 공부와 연습의 결과로 얻은 능력이라는 데 위안을 삼자.

⊕ 우리가 뭔가를 잊는 이유

뛰어난 암기력 개발요소를 생각하다 보면 뭔가를 잊어버리는 이유를 설명하는 데도 이 요소들을 사용할 수 있음을 깨닫게 된다. 일반적으로 낮은 기억력의 원인은 다음 중 하나다.

- 외우려는 대상을 의미 있게 만들지 못했다.
- 선행되어야 할 대상을 배우지 않았다.
- 기억되어야 할 대상을 명확히 못했다.
- 외우려는 의지가 없다.
- 현재 배우고 있는 것을 공허함과 지루함 속에서 받아 적고 있다.
- 학습에 대한 체계적인 습관이 없다.
- 공부시간을 비체계적, 비효율적으로 쓴다.
- 터득한 지식을 써먹지 않는다.

⊕ 더 많은 기억법들

여러분이 읽은 것들을 기억하는 데 도움이 될 만한 힌트들을 여기 추가로 소개한다.

- 여러분은 '이해한 것'만 기억할 것이다. 뭔가를 읽으면서 내용의 메시지를 파악했다면 유지 단계를 시작한 것이다. 메시지를 자신만의 언어로 바꾸어보면 이 단계가 시작되었는지 알 수 있다. 그 내용의 주제를 요약할 수 있는가? 그 내용을 제대로 이해하지 못하면 내용을 기억해야 할지, 말아야 할지 정할 수 있다.

- 여러분은 '기억하기로 한 것'을 기억할 것이다. 특정 정보를 기억하기 위해 노력하지 않거나 기억할 수 없을 것이라고 믿으면 실제로 기억하지 못하는 결과로 이어질 것이다. 뭔가를 기억하려면 그 대상을 반드시 기억하고 "싶어야" 하고 대상을 기억하게 "될 것"이라고 자신을 확신시켜야 한다.

- 특정 대상에 대한 기억을 유지하려면 단순히 숙제를 끝내는 선에서 멈추면 안 된다. 배운 것을 진정 암기하려면 내용을 완벽히 배우거나 그 이상 파고들어야 한다. 이것은 사전 독서, 비판적 읽기와 여러분이 배웠어야 할 내용이 더 강하게 자리잡도록 만드는 분명한 복습 방법 갖기를 포함한다.

- 특정 패턴으로 정돈된 숫자나 생각들보다 무작위로 배열된 숫자나 생각을 기억하는 것이 훨씬 어렵다. 358-6284와 678-1234 두 전화번호 중 어느 것이 더 외우기 쉬운가? 전화번호 패턴을 인식만 하면 전자보다 후자를 기억하는 데 노력이 훨씬 덜 들

것이다. 기존 특정 구조를 파악하는 능력을 개발하고 뭔가를 기억하려고 할 때 그 구조를 상기해보자. 정보가 정리된 체계와 연결된 구조를 기억하는 데 도움이 되는, 자신만의 시스템을 갖는 것도 좋은 방법이다.

• 이미 기억 속에 자리잡은 뭔가에 새로 기억하려는 대상을 연결하거나 연계하면 큰 도움이 된다. 머리 속에서 새로운 대상을 기존 지식과 연결시켜 새로 받아들이는 지식이 이미 머리 속에 있는 특정 문맥을 부여하게 하자.

3가지 기억

기억에는 시각기억, 언어기억, 운동기억 3가지가 있다. 각각 다른 것들보다 강하거나 약할 수 있으며 시각기억과 언어기억만 두뇌와 연결되어 있다. 물론 이것은 '기억'이라고 부르는 것을 매우 축약해 분류한 것이다. 한 연구에서 사람들에게 문제를 일으키는 일상생활 속 100여 가지 이상의 기억작업이 확인되었다. 이 작업들은 서로 다른 전략이 필요했다! 이런 말을 해 미안하지만 여러분이 백자리 숫자를 암기하는 쉬운 방법을 배웠다는 사실이 남은 인생에서 이 괘씸한 안경이 어디 있는지 찾는 데 시간을 허비하지 않을 것이라고 보장하진 않는다. 이번 장의 마지막 부분을 보자.

사람들은 대부분 시각 기억력을 향상시키는 것을 가장 편하게 느낀다. 그것이 바로 수많은 기억력 향상 기술들이 '심상'을 이용하는 이유다.

　우리의 언어 기억력을 향상시키려면 리듬, 노래, 단어 교체, 연상 기호를 사용한다.

　마지막으로 여러분의 운동기억이나 몸이 기억하는 것들을 과소평가하지 말자. 운동선수와 무용가들이 자신들의 근육, 관절, 몸 구석구석 힘줄 속에 각 기억력들을 가진 것은 분명히 아닐 것이다. 손가락 움직임으로 전화번호를 기억하는 사람이 손가락에 기억력을 갖고 그 번호를 기억하는 것도 분명히 아닐 것이다.

　어떤 리스트든 언젠가 특정 리스트를 기억해야 할 때가 오면 리스트 속의 각 대상을 큰 소리내는 순간, 몸의 일부를 동시에 움직여보자. 탭 댄서라면 중요한 연도에 탭 댄스를 연계시켜 자신이 수강하는 역사 강의를 기억할 수 있을 것이다. 야구선수라면 기억해야 할 리스트를 와인드업 포지션과 연계시킬 수 있을 것이다. 모든 신체 동작은 연계만 되면 적용된다.

　여러 국가 리스트를 암기해야 한다면 각국을 특정 신체동작과 연계시키자. 보츠와나의 경우, 팔을 들어올리며 소리내 읽어보자. 짐바브웨의 경우, 고개를 한 바퀴 돌려보자. 레소토는 무릎을 굽히고 부르키나 파소는 왼손을 들자. 말라위는 발차기, 모리셔스는 머리 꼬기와 연결시키자. 오른발에 손대는 것은 키르키즈스탄, 왼발에 손대는 것은 카자흐스탄, 왼손 새끼손가락을 굽히는 것은 타지키스탄, 오른손 새끼손가락을 굽히는 것은 투르크메니스탄에 사용해보자.

이런 국가 리스트를 기억해야 한다면 몸부터 움직여보자! 좀 이상해보일 수도 있지만 지질학 수업시간 도중 다소 생소하고 격정적인 몸동작을 만들어내고 더구나 기억력에 도움이 된다면 좀 이상한 것이 대수인가?

또한 이렇게 새로 형성된 기억은 두뇌기억 대비책으로 사용할 수도 있다. 여러분이 사용했던 두뇌를 사용하는 각종 암기 방법을 잊었더라도 '운동기억'은 여전히 그 기억을 위해 열심히 작동한다는 것을 알게 될 것이다!

⊕ 잡았다! 이제 네가 술래!

이번 장 초반부에도 말했듯이 우리는 기억하려는 대상에 꼬리표나 인식법을 설정해야 한다. 우리의 두뇌가 장기기억 저장소로부터 대상들을 쉽게 꺼내올 수 있기 때문이다.

'체인 링크' 방법은 기억 대상들이 두뇌 속에 저장되기 전, 꼬리표를 다는 데 사용되는 방법이다. 이 방법은 연속적인 리스트 형식으로 기억 대상을 기억하게 도와주며 대상이 특정 사건들의 날짜 조합이거나 과학용어와 각 의미들이나 "함께" 기억되어야 할 특정 사실이나 대상이라면 사용될 수 있다.

체인 링크 방법의 기반은 익숙한 것과 익숙하지 않은 것을 함께 연관지을 때 가끔 그 연관이 매우 이상한 관계더라도 우리 기억력이 가장 잘 작동하는 데서 비롯된다. 사실 이것을 더 효율적으로 만들려면 그 연관관계가 독특하면 독특할수록 좋다.

모든 착한 아이들은 FACE(얼굴)가 있다

가장 쉬운 암기 방법 중 하나는 연속된 정보들의 앞 글자만 따 암기하는 것이다. 이것이 바로 'Roy G. Biv'(연속된 스펙트럼 속 색상들의 이름; 왼쪽부터 오른쪽으로 빨간색(Red), 주황색(Orange), 노란색(Yellow), 초록색(Green), 파란색(Blue), 남색(Indigo), 보라색(Violet))이 유명해진 이유다. 보표에 등장하는 음표를 암기하기 위한 'Every Good Boy Does Fine'도 여기에 속하고 체인 링크 방법 중 가장 간단할 수도 있는, 주요 음 사이의 음을 암기하기 위한 'FACE'도 여기에 속한다.

물론 미국의 5대호를 암기하는 효율적인 방법인 HOMES(Huron, Ontario, Michigan, Erie, Superior호)만큼 딱 떨어지는 것은 많지 않다. 체인 링크 방법으로 별자리 순서를 암기하려면 Aries(양자리), Taurus(황소자리), Gemini(쌍둥이자리), Leo(사자자리), Virgo(처녀자리), Libra(천칭자리), Scorpio(전갈자리), Sagittarius(궁수자리), Capricorn(염소자리), Aquarius(물병자리), Pisces(물고기자리)의 첫 글자를 따야 한다. 여러분이라면 ATGCLVLSSCAP에서 특정 이름이나 장소를 만들어낼 수 있겠지만 저자인 나는 도저히 불가능하다!

그 해결책은 여러분이 암기하려는 대상의 첫 글자를 사용해 다른 단어들로 바꾸어 간단하지만 더 기억하기 쉬운 문장을 만드는 것이다.

"A Tipsy Gerbil Chased Lions, Vipers and Leopards while Some Stoned Cows Ate Popcorn(술에 취한 소 몇 마리가 팝콘을 먹는 동안 술에 취한 쥐는 사자와 뱀, 표범을 좇고 있었다)"처럼 말이다.

잠깐! 방금 만든 스토리는 실질적인 별자리보다 단어가 2개나 많다. 그렇다면 별자리를 암기하는 다른 방법을 생각해보면 어떨까? 두 번째 단계로 정보를 거쳐보는 것의 장점은 과연 무엇일까?

첫째, 술에 취한 소들이 팝콘을 먹는 동안 술에 취한 쥐는 자신의 포식자들을 좇는 모습을 상상하는 것은 단순히 단어를 외우는 것보다 쉽고 재미까지 있다. 이 부분은 곧 우리가 짚고 넘어가겠지만 뭔가 상상 속의 이미지를 만들어내는 것은 암기 대상과 상관없이 뭔가를 기억하는 매우 강력한 방법이다.

둘째, 우리가 만들어낸 문장이 최소 2가지 뚜렷한 그림을 만들었으므로 이제 기억하기 더 쉬워졌다.

자! 이제 여러분 스스로 해보자. 우리가 만들어낸 문장을 외우는 것과 단순히 별자리 순서를 외우는 것 중 어느 것이 더 오래 걸리는지 직접 확인해보자.

중요한 사실: 여러분이 만들어내는 문장은 기억에 남을 만해야 한다. 이 문자들을 기억하는 데 도움이 된다면 어떤 문장이나 단어라도 상관없다. 별자리를 기억하는, 저자가 만든 2개 문장이 여기 있다.

A Tall Giraff Called Las Vegas Loved to Sip Sodas from Cans And Plate(라스베거스라고 불리는 키 큰 기린은 캔과 접시에서 음료수를 빨아먹는 것을 좋아했다).

Any Tiny Germ Could love Venus. Long Silk Snakes Could All Pray(그 어떤 작은 세균도 비너스를 사랑할 수 있었다. 긴 비단뱀은 모두 기도할 수 있었다).

위 문장들과 연결시킬, 웃기고 기억에 남을 그림을 머리 속에 그리는 것은 쉽지 않은가?

하지만 이 기술에도 한계는 있다. 외우려는 리스트 자체가 색상 스펙트럼이나 별자리 순서처럼 익숙하지 않다면 이 방법은 별 효과가 없을 것이다.

예를 들어, 수십 년 동안 의대생들이 두개골 신경들(Olfactory(후각), Optic(시각), Oculomotor(안구운동), Trochlear(활차), Trigeminal(3차신경), Abducens(외전신경), Facial(안면), Auditory(청

각), Glossopharyngeal(혀 신경), Vagus(미주신경), Accessory(부신경), Hypoglossal(설하신경))을 암기하기 위해 사용해온 기억법인 "On Old Olympia's Towering Top a Finn And German Vault And Hop(오래된 올림피아의 우뚝 솟은 위에 핀란드인과 독일인이 뛰고 도약하고 있다)"이 있다.

이 문장 속에서 'German(독일인)'의 'G'가 여러분에게 'Glossopharyngeal(혀 신경)'을 상기시켜 주는 유일한 방법은 이 리스트에 이미 들어 있는 각 단어들을 공부하거나 암기하기 위해 엄청난 양의 시간을 투자해야만 가능할 것이다.

여러분 대부분이 생소할 것으로 판단되는 것으로 다른 예시를 들어보자.

이슬람 달력에서 각 월의 이름인 Mohorran, Safar, Rabi Ⅰ, Rabi Ⅱ, Jumada Ⅰ, Jumada Ⅱ, Rajab, Shaban, Ramadan, Shaw-wal, Dhu 'I-Qada, Dhu 'l-hijjah이다.

저자가 이 달들을 외우는 방법을 여기 소개한다.

지금 나는 사막에서 사파리(Safari) 여행을 라비(Rabbis)인 조, 벤과 함께 가고 있다(휴! 이미 석 달 이름이 한 문장에 들어갔다!) 우리는 잠시 멈추어 뭔가를 먹기로 결심한다. 나는 2개의 큰 샌드위치를 들고 벤에게 보여주었지만 벤은 조가 고기를 많이 넣지 않아 화가 났다. 라비가 화를 내기에는 많이 이상한 상황이지만 "햄을 더 넣어줘."라며 벤은 조에게 울부짖었다. 내가 눈치채기도 전에 조는 벤에게 오른팔로 잽을(Right jab)을 날렸다. 다행히 우리는 숄을 걸친 큰 파란색 요정 지니가 바로 앞에 있는 라마다(Ramada) 여관을 발견한다. 하지만 벤은 여전히 조에게 화가 나 있다. 나는 네게 대결(Duel)을 신청한다. 이 비열한 놈(Cad)아. "그래! 덤벼봐!"라며 자신의 망토를 뒤로 한껏 쳐올리며 (hitched up) 조가 말한다. "그래! 나도 네게 대결을 신청한다."

기억하자. 이런 종류의 이야기를 암기하고 기억 속에서 특정 단어를 단순히 상기시키려는 것만으로는 부족하다. 이것을 써먹으려면 특정 그림을 머리 속에 그려야 한다.

낙타 위 2명의 라비들, 햄이 더 필요한 샌드위치, 조에게 오른팔로 날려진 펀치(잽), 앞에 정령이 서있는 사막 한가운데 서있는 라마다 여관. 이 각 요소들을 머리 속에 그리자. 정령의 모습은 숄을 걸친 여러분의 할머니와 비슷할 수도 있다. 햄은 초록색일 수도 있다(여러분이 닥터 수스의 팬이라는 전제 하에). 여러분의 그림을 더 쉽게 기억시키고 상기시킨다면 뭐든지 사용하자.

이번에는 여러분이 해보자. 이번에도 이해하기 약간 힘든 대상들이다. 고대 영국 12명 왕들의 이름이다.

Octavius(옥타비우스), Constantius(콘스탄티우스), Sulgenius(술지니우스), Eliud(엘리우드), Redon(르동), Eldol(엘돌), Heli(헬리), Lud(루드),

Penessil(페니실), Idvallo(이드발로), Millus(밀루스), Archgallo(아크갈로), Pir(피르), Brutus(부르투스), Maddan(마단), Hud(후드), Hudibras(후디브라스), Gorboduc(고르보더크), Porrex(포렉스), Danius(다니우스), Ingenius(인지니우스), Keredic(케레딕), Cadavan(카다반), Vortimer(보르티메르).

직접 시간을 재보자. 이런 종류의 리스트를 기억하기 위해 5분 안에 머리 속에 그림들을 만들어내고 하루 이상 그 내용을 기억할 수 있다면 강력한 암기법을 마스터할 날이 머지 않았다는 의미다.

연습 삼아 해볼 4가지 리스트를 여기 주겠다.

치즈: Samsoe(삼소), Caboc(카보크), Stracchino(스트라치노), Red Windsor(레드 윈저), Hram Sag(흐람 색), Esrom(에스롬), Vacherin(바슈랭), Wexfor(웩스포), Provolone(프로블론), Sapsago(사프사고), Crowdie(크라우디), Pultost(펄토스트), Arran(애런), Blarney(블라니), Mysost(미소스트), Islay(아일레이).

선박: Drake(드레이크), Saic(사익), Butty(부티), Shallop(샬롭), Grab(그랩), Brigantine(브리간틴), Carrack(카락), Pram(프람), Bawley(볼리), Whiff(휩), Packet(패킷), Budgerow(버지로우), Gallivant(갤리반), Dogger(도거), Geordie(조디), Randan(란단), Drake(드레이크), Monoxylon(모노실론).

특이한 과일과 채소: Yangmei(양메이), dudhi(두디), manioc(매니옥), karela(카렐라), garlic scape(갈릭 스케이프), durian(두리안), loofah(루파), cherimoya(체리모야), pummelo(푸멜로), jabuticaba(자부티카바), samphire(삼파이어), dulse(덜스), gai lan(가이 이안), santol(산톨), langsat(랑샷), atemoya(아티모야), rollinia(롤리니아), pitaya(피타야), canistel(카니스텔), kalamansi(깔라만시).

춤: Maxixe(머시셔), Cabriole(까브리올), Doppio(도피오), Saltarello(살타렐로), Estampie(에스탬피), Polonaise(폴로네스), Bergamask(베르가마스크), Ketjak(캣작), Moresco(모레스코), Tordion(토르디온), Kazachoc(카자초크), Juba(주바), Safabaude(사파보드), Zambra(잠브라), Farruga(파루가), Galliard(갤리아드), Czardas(차르다시), Bourree(부레), Matachin(마타신).

반드시 이 방법을 사용하고 여러분은 외우려는 것들을 이해하지 않아도 되고 심지어 난해한 각 단어들을 정확히 발음하지 않아도 된다. 물론 여러분이 만들어내는 이야기 속에서는 정확한 철자와 암기 순서가 중요할 수도 있다.

그 어떤 종류의 대상도 기억하기 쉽게 도와줄 체인 링크 이야기를 만들어내는 4가지 방법을 여기 소개한다.

• 가능한 선에서 자신이 만드는 체인 링크 이야기를 최대한 비정

상적으로 만들자.

- 외우는 대상을 단순히 놔두는 상상을 하지 말자. 대상이 무엇이 든 하게 만들자. 말도 안 되는 이야기일수록 좋다.

- 이야기가 기쁨, 슬픔, 신체적 고통 그 무엇이든 감정적 반응을 이끌어내도록 만들자.

- 유치원이나 초등학교 1~2학년 수업들 중 다수가 리듬을 갖고 만들어진다. 그 나이에 효과가 있던 것이라면 우리에게도 분명 히 효과가 있을 것이다!

- 이미 삼각법을 배웠다면 여러분은 삼각등식을 암기하는 쉬운 방법인 SOH-CAH-TOA(소-카토아) 대장의 예시(사인은 빗변의 대변과 같고 코사인은 빗변의 인접 변과 같고 탄젠트는 인접 변의 대변과 같다)를 배웠을 것이다.

연상기호 알파벳

지금까지 다양한 단어의 세계 속에서 기억력 증진 방법을 알아보 았다. 기본적으로 단어는 실제 물건과 연관되므로 단어를 이용하는 기억은 기억력에서 비교적 쉬운 작업에 속하며 단어와 연관되는 물 건들은 보고 만지고 듣고 냄새 맡을 수 있으므로 1개 이상 상관관계 를 가질 수 있어 기억하기 더 쉬운 편이다.

하지만 숫자는 추상적이다. 뭔가와 연관되지 않으면 숫자 자체를 기억하기는 비교적 어렵다. 대부분 한 번 들은 전화번호를 기억하는 데 큰 어려움을 겪는다. 일반적으로 전화번호는 특정 이미지나 우리의 감각을 상기시키지 않기 때문이다. 전화번호는 여러분에게 단순히 아무 상관관계도 없는 숫자일 뿐이다.

그렇다면 우리가 사용할 묘책은 숫자들을 위한 특정 상관관계를 만들어내는 것이다.

하지만 어떻게 해야 할까? 결국 숫자들이 추상적이라는 점에서 벗어나진 못한다. 그것은 마치 특정 색상들을 아무 물건과 연관짓지 않은 채 색상 자체를 외우려고 시도하는 것과 같다.

⊕ 숫자와 친해지자

숫자는 무한하지만 이것을 표시하기 위해 사용하는 시스템은 알파벳보다 사용자에게 훨씬 친근한 형태다. 숫자는 우리가 기본적으로 아는 10개 숫자로 이루어져 있다. 공이 굴러가듯 읊어보자.

> 0, 1, 2, 3, 4, 5, 6, 7, 8, 9.

연상기호 알파벳(숫자를 기억하는 데 매우 유명한 기술)의 기본은 이 숫자들을 같은 의미를 지닌, 각 숫자의 소리를 나타내는 글자나 기호로 변환하는 것이다. 이 개념을 처음 발견한 인물은 해리 로레인으로

그는 기억 관련 수많은 책을 집필한 작가다. 그의 방법은 익숙한 아라비아 숫자 10개를 일정 소리나 관련 소리집합과 연관시키는 데 기반한다.

이것이 바로 천재적일 만큼 간단한 방법이 작동하는 방식이다.

1=T, D	6=J, 가벼운 G, CH, SH
2=N	7=K, 강한 C, 강한
3=M	8=F, V, PH
4=R	9= P, B
5=L	0=Z, 가벼운 C, S

여러분은 "도대체 이게 무슨 말이야? 이걸 어떻게 기억하고 사용하라는 거야?"라고 생각할 것이다.

물론 약간 정신나가 보이지만 저자를 한 번 믿어보라. 이 속에는 굉장한 방법이 들어 있다.

숫자 1은 위에서 아래로 한 줄 긋기를 하는데 알파벳 T와 D가 더 적합한 대응 알파벳으로 혀가 입천장에서 아래로 빠르게 내려오며 발음된다. T가 발음되는 방식이 이것과 비슷하기 때문이다.

N은 2를 나타낸다. N이 두 줄 긋기를 갖고 있기 때문이다.

이제 예상하겠지만 M은 세 줄 긋기를 갖고 있기 때문에 3을 나타낸다.

4는 R로 표현된다. 영어 Four의 주요 발음이 끝부분의 "-rrrr(오어)"이기 때문이다.

고대 로마인들은 L을 50을 나타내는 데 사용했다. 왼손을 펴며 "5시입니다."라고 외치면 엄지와 검지가 L 형태일 것이다.

6을 거울에 비추면 알파벳 J를 얻을 수 있다. 특히 저자처럼 악필이라면 숫자 6이 더더욱 J처럼 보일 것이다. 따라서 J로 발음되는 모든 글자들(혀가 아랫니 안쪽을 훑으며 소리나는)은 숫자 6을 나타내는 글자로 사용할 수 있다.

2개 숫자 7을 좌우로 상하를 바꾸어 갖다 대면 무엇을 볼 수 있는가? 바로 알파벳 K다. K처럼 입 안쪽에서 발음되는 모든 글자들은 행운의 7을 나타내는 글자로 사용될 수 있다.

숫자 8을 중심으로 가운데에 수평선을 그으면 알파벳 F의 필기체 소문자와 비슷한 형태를 얻을 수 있다. 따라서 윗니를 아랫입술에 붙여 소리내는 F는 8을 나타내는 알파벳이다.

숫자 9를 거울에 다시 비추어보면 시각적으로 똑같은 알파벳 P를 얻을 수 있다. 입술을 맞대고 소리내는 B도 9를 나타내는 알파벳이 될 수 있다.

숫자 0은 쉽다. 알파벳 Z로 시작되므로 입천장과 혀 사이 공간으로 떨림을 내는 그 어떤 소리도 숫자 0으로 사용할 수 있다.

로레인은 각 글자들이 만들어내는 소리가 중요하다는 사실을 우리에게 말하려고 한다. 이것이 바로 연상기호법을 사용할 때 묵음글자나 쌍자음(2개의 TT는 결국 1개의 T와 발음이 같다)에 숫자를 연관시키지 않는 이유다. 쌍자음이 1개 자음과 발음이 다른 경우(accessory)를 제외하고 말이다.

혹시 위의 연상기호법에 사용된 알파벳이 모두 자음이라는 것을 눈치챘는가? 바로 연상기호법 사용자가 그 자음을 자신들의 기호에 따라 특정 단어를 형성하거나 기억될 만한 소리를 형성하는 데 모음을 마음대로 사용할 수 있기 때문이다. 이에 따르면, 숫자 85는 FooL(바보)이 될 수 있다. 또는 오늘 학생회관에서 만난, 다시 만나고 싶은 멋지고 예쁜 여성의 전화번호는 'normal girl(보통 여자)'이나 '243-5475(NRMLGRL)'로 바꿀 수 있다.

이번에는 원주율 소수점 아래 일곱 자리까지 외워보면 어떨까? 단순히 3.1415192 또는 'MeTric TalL PenNy(미터법을 쓰는 키 큰 페니)'라고 외울 수도 있다. 여러분의 사회보장번호(143-25-7170)도 'DooRMeN LiKe DoGS(문지기는 강아지를 좋아한다)'로 외우면 더 쉬울 것이다.

이보다 더 긴 숫자는 어떨까? 엄청난 노력을 들이지 않고 20, 30, 50개 숫자를 외우게 된다면 여러분의 이야기 문장을 더 길게 만드는 것으로 보완할 수 있는 동시에 몇몇 숫자들을 묶어 연속된 그림 속에 넣을 수도 있다.

28947750093819910150을 외워야 한다고 가정하자. 숫자가 무려 21개다! 작은 단위의 숫자조합으로 나누어 각 그룹에 맞는 그림을 만들어나가자.

289477은 NVPRGK로 나타내거나 선원(NaVy)이 버리는(PouRing) 오물(GunK) 이미지로 나타낼 수 있다.

500938은 LZZBMC이다. 이 선원은 게으르게(LaZily) 바로 옆(By) 영화관(Movie Theater)에 있다.

199101550. 극장에서는 무엇을 상영하는가? 'DeBBie Does DallaS'라는 영화를 상영하고 있다.

자, 이제 50개 숫자를 4~5개 그림만으로 어떻게 외울 수 있는지 알겠는가? 직접 해보자. 얼마나 쉬운지 알게 될 것이다.

⊕ 연상기호를 사용하는 다른 방법들

이 강력한 방법은 긴 숫자조합을 외우는 데만 사용하진 않는다. 제2차 세계대전 이후 미국 부통령들의 이름이 여기 있다.

34 해리 트루먼

35 앨번 바클리

36 리차드 닉슨

37 린던 존슨

38 휴버트 험프리

39 스피로 애그뉴

40 제럴드 포드

41 넬슨 록펠러

42 월터 먼데일

43 조지 H. W. 부시

44 댄 퀘일

45 앨 고어

46 딕 체니

47 조 바이든

연상기호법을 사용해 각 이름과 순서를 연관짓는 체인 링크를 만드는 방법을 여기 소개한다.

트루먼: MR(34) True, man(진실된 신사)를 만난다.

퀘일: RoaRing(44, 울부짖는) 메추라기를 상상한다.

먼데일: 자메이칸 Ayrdale(에어데일)이 RuNning(42, 달리는) 모습을 상상하자.

포드: 새 포드 트럭이 공중에 RiSing(40, 떠오르는) 모습을 상상하자.

⊕ 기억을 고정시킬 곳

또 다른 연상기호 방법은 Peg Word System(고정 단어 시스템)이다. 1~10까지 다른 단어를 부여하는 방법이다. 해리가 고안한 고정 단어 시스템은 방금 배운 연상기호 알파벳에 기초해 만들어 따로 외울 필요는 없다.

고정 단어 시스템

1. Tie(넥타이)

2. Noah(노아)

3. Ma(엄마)

4. Rye(호밀)

5. Law(법)

6. Shoe(신발)

7. Cow(소)

8. Ivy(담쟁이 덩굴)

9. Bee(벌)

10. Toes(발가락)

특정 리스트를 외워야 할 때 숫자와 다른 정보를 연관시켜야 하는 경우(미국 부통령과 그 순서를 연관시키기처럼), 이 고정 단어들을 숫자들과 연관시킬 수 있다. 작가 로레인은 mummy(미라, 33), cage(철장, 76), roof(지붕, 48), dozes(선잠, 100)과 같은 단어들을 이용해 전체 고정 단어 수를 100까지 늘렸다.

물론 연상기호 알파벳을 이용해 자신만의 고정 단어들을 만들어낼 수도 있지만 해리가 이미 멋지게 고안한 틀을 굳이 다시 만들 필요는 없을 것 같다. 그 대안으로 피오나 맥퍼슨 박사가 저서 '기억의 열쇠(Memory Key)'에서 언급한, 완전히 다른 기본 고정 단어들을 사용할 수 있을 것이다. 맥퍼슨 박사의 고정 단어들은 연상기호 알파벳을 사용하진 않았지만 각 알파벳의 라임을 맞추는 형식으로 똑같이 쉽게 기억된다.

---

1. **Bun**(빵)

2. **Shoe**(신발)

3. **Tree**(나무)

4. **Door**(문)

5. **Hive**(벌집)

6. **Sticks**(막대기)나 **Bricks**(벽돌)

7. **Heaven**(천국)

8. **Gate**(대문)

9. **Line**(선)

10. **Hen**(암탉)

저자가 이 책에서 계속 강조했듯이 자신에게 가장 쉬운 방법이나 고정 단어들을 명심해 사용하거나 자신만의 방식을 만들어볼 수 있을 것이다!

제 5 장

시간을 관리하라

"자신의 시간을 제대로 활용하지 못하는
사람들이 시간의 덧없음부터 탓한다."

▽

장 드 라브뤼예르

Manage your Time

 이 책을 읽는 여러분 중 상당수는 너무 많은 책임과 약속들 때문에 가끔 어려움을 겪을 것이다. 심지어 그것들에 진절머리가 나 결국 모든 것을 포기하기도 한다. 이것이 자신의 잘못에서 비롯되었음을 아직 깨닫지 못한 사람들(더 열심히 일하고 공부에 더 많은 시간을 투자했을 뿐이라면)은 언젠가 모든 것이 좋아질 것이라고 믿어보자.

 이런 이유로 여러분은 자신을 카페인의 노예가 된 밤샘인으로 자신을 치부하며 벼락치기 시험공부를 하면서 식사나 수면처럼 시간이 필요한 활동은 잊게 된다. 시간관리 기술을 터득하지 못한 채 모든 것을 하려고 덤비면(심지어 자신에게 한 것들이 너무 많을 때도) 분명히 좌절과 실패를 맛볼 것이다.

 현재 직면한 과제가 무엇이든 간단하고 따라 하기 쉬운 체계적 시스템은 여러분의 성공에 가장 중요한 요소다. 스케줄 관리, 할 일 리스트 적어보기, 기록하기 등에 쓸 시간이 없다고 습관적으로 하소연하더라도 그것에 시간을 더 투자하는 것이 최선이다.

여러분은 미리 계획을 짜고 자신의 시간을 어떻게 쓰고 작업들에 시간을 얼마나 투자할지 자각해 선택할 수 있다. 즉, 항상 시간이 부족한 상태로 있기보다 자신의 시간을 더 잘 컨트롤할 수 있다는 뜻이다.

효율적인 시간관리의 첫 번째 단계는 무엇이 중요하고 무엇이 중요하지 않은지 결정하는 것이다. 여러분이 예상하듯 다소 어려울 수 있지만 모든 것을 할 수는 없다는 사실과 바쁜 스케줄 속에서 별로 중요하지 않은 것들을 없애고 그 에너지를 더 중요한 것에 투입해야 한다는 것을 반드시 알아차려야 한다.

계획을 세울 시간은 충분하다

해야 할 일들을 어느 정도 줄인 후에도 대부분은 해야 하거나 하고 싶은 일들을 하는 데 여전히 어려움을 겪고 있다. 학교수업, 개인적인 공부시간, 직장, 방과 후 활동, 사회활동 이 모든 것을 하기란 쉽지 않다.

이번 장에서 저자가 개요를 그린 시간관리 시스템은 특히 학생들을 위한 것이다. 자신이 고등학생, 대학생, 대학원생, 전통적인 의미의 학생, 오랜만에 학교를 다니기 시작한 학생 그 누구든 상관없이 내가 제시하는 이 프로그램이 자신에게 어느 정도 잘 맞다고 느낄 것이다.

이 프로그램은 어느 정도 융통성이 있다. 사실 내 조언들을 여러분의 특정 상황과 필요에 맞추어 사용하길 권한다. 즉, 이 프로그램은 여러분이 학교 기숙사에서 살든, 룸메이트와 살든, 배우자, 자녀들과 살든 효과가 있을 것이다.

이번 장의 목적은 여러분이 무엇이 중요한지 결정 내리고 자신을 위한 목표를 설정하고 자신의 시간을 정리, 관리하고 자신이 만든 스케줄대로 설정한 목표에 이르는 동기부여와 자기훈련 개발을 도와주는 것이다.

왜 뜸 들이는가?

필요에 맞춘 조직적 시간관리 시스템은 더 적은 시간 동안 더 많은 것을 하도록 도와줄 것이다. 우선순위가 더 많은 여가시간이든, 성적 향상이든, 더 여유로운 생활이든, 방금 말한 모든 것이든 여러분의 삶과 공부의 체계적인 관리법을 배우면 목표에 다가갈 수 있다. 효율적 시간관리 시스템이 다음과 같기 때문이다.

- 우선순위인 것을 우선순위로 두는 것을 도와줄 수 있다. 시간이 많이 드는 쉬운 수업 과제를 하느라 저녁시간을 다 써버려 정작 더 어려운 수업의 중요한 시험공부를 하는 데 시간이 충분하지 않았던 적이 있는가?

- 해야 할 모든 것에 드는 시간을 확인하는 데 도움을 줄 수 있다. 이 시스템의 중요 요소는 각 작업들을 하는 데 드는 시간 예측과 실제로 그 작업들을 하는 데 드는 시간을 추적할 수 있다는 것이다. 생활 속에 이 개념이 자리잡는다면 지금까지 "잃어버렸다"고 생각한 모든 시간이 어디에 쓰였는지 드디어 확인할 수 있을 것이다.

- 뭔가 미루는 습관을 줄일 수 있다. 반드시 해야 할 특정 작업들을 현실적으로 인지하고 그것들을 달성할 시간을 충분히 배정했음을 안다면 그 일들을 미루거나 좌절하는 경우가 줄어들 것이다.

- 시간의 덫에 안 빠지게 도와준다. 시간의 덫은 공부 등의 작업을 시작하기 전, 급히 꺼야 할 불과 같다. 시간관리는 이런 화재와 싸우는 것이 아니라 화재예방이 기본인 접근법이다. 즉, 위기에서 위기로, 기분에 따라 이것저것 처리하기보다 정해진 작업들을 체계적으로 하도록 도와준다.

- 기회 예측에 도움이 된다. 공부시간과 타 작업간 균형을 맞추는 데 도움이 되고 효율적 시간관리는 더 생산적인 공부시간이 되

도록 도와준다.

- 자유와 관리를 선사한다. 많은 학생들이 가진 거부감과 반대로 시간관리는 여러분을 구속하지 않고 자유를 선사한다. 하루 중 특정 시간대를 관리하면 다른 시간을 융통적으로 사용할 수 있다.

- 스케줄 충돌을 피하도록 도와준다. 해야 할 모든 활동, 과제, 약속, 자잘한 개인업무나 기타 작업들을 하나로만 모아도 2~3가지 작업이 한 스케줄에 겹치지 않도록 도와준다. 스케줄 충돌이 일어나더라도 미리 알아차려 스케줄을 재조정할 수 있을 것이다.

- 죄책감을 느끼지 않도록 도와준다. 이미 공부시간을 배분했다면 공부라는 존재감을 더 쉽게 잊을 수 있다. 진행 중인 작업을 끝낼 계획이 전혀 없다면 그 작업에 대한 생각이 머리 속에서 계속 맴돌 것이다. 심지어 그 작업을 하지 않을 때도 말이다.

- 진척 상황 평가를 도와준다. 경영관리 수업 진도를 맞추기 위해 일주일에 75페이지 분량의 교과서를 읽어야 하는데 이번 주에 60페이지만 읽었다면 자신이 약간 뒤처졌음을 깨닫는 데 계산기를 쓸 필요도 없을 것이다. 게다가 다음 주에 읽기 시간을 더 투자해 밀린 스케줄을 따라잡을 수 있다는 예상도 하기 쉬울 것이다.

- 큰 그림을 보도록 도와준다. 효율적 시간관리는 진행 중인 학기

의 전체 그림을 보도록 도와준다. 바쁠 때 작업을 다급히 하기
보다 중요한 시험이나 과제 마감일 몇 주 전에 미리 계획하도록
해준다.

- 더 큰 그림을 보도록 도와준다. 미리 계획을 짜고 수강할 수업
리스트를 만들어 추후 학교생활을 하면서 수강할 수업들이 서
로 어떻게 맞아 떨어지는지 미리 알 수 있다.
- "더 열심히"가 아니라 "더 스마트하게" 공부하는 방법을 배우게
해준다. 언젠가 매우 체계적으로 우선순위를 정할 수 있고 시
간관리를 더 잘 할 수 있어 더 적은 시간 동안 공부하면서도 더
나은 성적을 받고 더 많은 것(방과 후 활동, 취미 등)을 할 수 있을 것
이다.

시간관리는 마법이 아니지만 그 효과는 마법과 같을 것이다.

출발선을 확인하라

자신의 출발선 위치를 확인할 때까지는 자신의 최종목표를 향해
달려나가지 못하므로 현재 상태를 점검하는 첫 단계는 출발선 확인
이다. 그 2가지 방법을 모두 보여주겠다.

첫째, 다음 페이지의 표를 이용해 여러분이 공부에 사용할 수 있

는 시간이 실제로 얼마인지 평가하는 것이다. 결과가 분명하지 않다면 다시 평가해 각 부분에서 여러분이 시간을 얼마나 쓰는지 평가해보자. 어쩌면 아르바이트 시간을 좀 줄이거나 클럽에 놀러가는 것을 포기하거나 통학시간을 줄이기 위해 전반적인 스케줄을 바꿔야 할지도 모른다. 물론 하루 1~2시간을 멋 내는 데 쓰거나 3시간을 먹는데 쓴다면 그들의 해결책은 더 분명할 것이다.

별도의 두 번째 표를 직접 만들어보자. 15분 간격으로 시간을 어떻게 사용하고 있는지 적어보자. 하루 이틀 동안의 활동 파악만으로는 부족하겠지만 저자는 여러분이 주말을 포함한 일주일간 활동을 파악하길 권한다.

대부분 마찬가지겠지만 일주일간의 활동을 파악해보면 그냥 사라지는 시간이 많다고 느껴진다. 실제로 그 시간들이 기상 후 단순한 '쉬기', 화장, 면도, 신문 읽기, 버스나 지하철 기다리기처럼 사소할수록 중요하다. 1~2시간을 공부나 실제 즐길거리에 더 쓸 수는 없을까? 앞에서 말한 "죽은" 시간들을 제대로 활용하면 모든 활동에 필요한 시간을 충분히 찾을 것이다.

내 시간은 어디로 사라지는가?

	시간/일	일/주	시간/주
식사(준비, 설거지 포함)	_____	**7**	_____
수면(낮잠 포함)	_____	**7**	_____
멋 내기, 꾸미기	_____	**7**	_____
통학, 출·퇴근	_____	**5?**	_____
잡일	_____	**7**	_____
방과 후 활동	_____	_____	_____
아르바이트, 직장	_____	_____	_____
수업	_____	_____	_____
여가활동*	_____	_____	_____

*친구들과 놀기, 데이트, TV 시청, 취미로 독서하기 등

첫 번째 칸을 채우고 두 번째 칸의 숫자와 곱해 총합을 세 번째 칸에 적자. 일주일은 168시간(24×7)이다. 현재 공부에 남은 시간은 얼마인가?

주의할 점: 칸 안에 마이너스(−)가 쓰였다면 부정적이다.

여러 작업들을 동시에 하는 법을 배우자. 집 주변을 산책하며 오디오 북 듣기, 운전하면서 영어 단어나 수학 연습하기, 설거지, 집안청소, 정원관리를 하면서 자녀, 부모님, 룸메이트에게 다가오는 시험 퀴즈 출제 부탁하기 등이다. 항상 공부자료(교과서, 프로젝트 보고서 개요,

단어장)를 갖고 다니자. 버스나 지하철 안에 서 있는 동안 놀랄 만큼 많은 독서나 공부를 할 수 있을 것이다.

전략 팁: 각 작업의 우선순위와 상관없이 15분 안에 해치울 수 있는 작업들을 달력에서 확인하자. 이 작업들은 "죽은" 시간 동안 해치우기에 가장 적합하다.

필요한 것을 수집하라

계획을 세우기 시작할 때 양질의 계획을 세우는 데 필요한 모든 정보와 관련 자료들을 갖고 있어야 한다는 것을 명심하자. 수업자료, 작업 스케줄, 가족 중대사 날짜, 휴가일이나 여행 일자, 개인적인 일들(병원 예약, PT수업, 데이트나 친구 파티), 참가 예정인 방과 후 행사 날짜까지 모두 갖고 있어야 한다.

계획적으로 가장 잘 움직이는 데 필요한 2가지 필수품은 장기 플래너 달력과 그것을 세분화한 일일 플래너 달력이다.

매일 활동(수업, 약속, 정기적인 학교 과제, 일일 퀴즈, 주간 퀴즈)을 제대로 추적하는 것은 이번 장 후반부에서 다룰 것이다. 우선 마감하는 데 긴 시간, 몇 주, 심지어 몇 개월이나 필요한 각종 프로젝트들(중간고사, 기말고사 공부, 연구보고서, 논문)을 다루어보자.

이 장기계획 플래너에는 엄청난 분량의 세부사항이 담기지 않은 대신 전반적인 분기별, 학기별 스케줄을 보여준다. 여러분의 삶을 한눈에 요약본으로 보는 것과 같다. 따라서 다가오는 퀴즈나 시험 일자, 보고서나 프로젝트 마감일, 중요한 약속, 기타 꼭 기억해야 할 것들을 모두 기입한다.

기본적으로 이 플래너 달력은 여러분의 추후 3~4개월을 보여주어야 하므로 개인적으로 저자는 여전히 옛날 방식의 벽걸이용 달력을 선호하며 독자 여러분에게도 사용하길 권한다. 벽걸이용 달력 사이즈는 몇 주, 몇 개월 후의 중요 행사 일자와 과제 마감일 등을 한눈에 확인하고 기억하기 쉽게 해준다.

저자는 장기 플래너 달력의 예시를 직접 만들어 184페이지에 표시해 두었다. 여러분이 보듯이 저자의 예시는 세부사항이 약간 포함되도록 해놓았다. 예를 들어, 1월 6일에는 아무 일정도 안 잡거나 주말에 최대한 많이 공부할 것 명심하기 등이다.

이미 오래 전, 인쇄된 '주간 일정 달력'은 퇴색된 개념임을 물론 인정한다. 오늘날 어떤 모바일기기를 사용하든 매우 다양한 온라인 달력을 사용할 수 있다. 구글 달력, iCal, 마이크로소프트 아웃룩이 대표적이지만 여러분이 선호하는 수백 수천 개 다른 온라인 달력들도 있다. 대부분 개인 선호에 맞출 수 있다. 전체 포맷, 색상, 폰트 그 이상 많은 요소들을 개인적으로 변경할 수 있다. 여러분의 스마트폰에 쓰이는 달력이나 스케줄 앱(해야 할 일, 행사 알림 앱을 포함한)도 널리 쓰이고 있다.

이번 장의 나머지 부분에서는 더 계획적으로 살아갈 방법들을 제시한다. 저자가 계속 강조했듯이 사용 방법은 전적으로 여러분에게 달려 있다. 고등학생들은 대학생이나 대학원생처럼 장기 프로젝트를 다룰 일이 많지 않으므로 스마트폰 달력 앱만 사용하는 것이 더 간편하다고 느낄 것이다.

안타깝게도 휴대폰은 항상 저자 곁에 있다. 개인적으로 저자의 전체적인 달력과 해야 할 일 리스트를 휴대폰에 옮겨 놓았다. 여러분 상당수는 이 두 번째 달력을 따로 만들 필요가 없다고 생각하고 각자의 스케줄과 해야 할 일들을 휴대폰이나 컴퓨터에 저장하고 관리할 것이다.

다시 말하지만 포맷은 중요하지 않다. 계획관리 방법이 중요한 것이다. 여러분 삶의 중요한 세부사항들은 모두 일일 달력에 표시해야 한다. 달력 종류와 상관없이 말이다.

달력을 선택하라

185, 186페이지에 일일 플래너 달력의 예시를 실어 두었다.

여러분의 달력에는 이번 주에 해야 할 모든 일이 반드시 표시되어 있어야 한다. 장기 플래너 달력을 사용하고 있다면 학교 관련 모든 작업의 세부사항을 일일 플래너 달력에도 표시하는 것을 명심해야 한다. 그 외에 이번 주 안에 반드시 해야 할 일들을 더하자. 형제자매에게 생일선물 보내기, 월간 봉사활동 회의 참석하기, 빨래하기, 쇼핑하기 등 말이다.

모든 어려운 장기 프로젝트를 '한 입 사이즈'의 작은 작업으로 만들어 일일 스케줄 달력에 포함시켜야 한다는 것을 기억하자. 포드자동차 설립자 헨리 포드의 말처럼 "작은 작업으로 세분화할 수 있다면 특별히 어려울 것은 없다." 이것이 바로 포드자동차 조립라인의 기반이 되었다.

여러분이 어떤 포맷을 사용하든 내가 만든 예시에서 보여주듯 다음 핵심요소들을 포함하길 권한다.

- 그 주에 마감일이 있는 모든 과제(20, 21, 24일에 예정된 '기하학 문제', 20, 22일에 예정된 '역사 독서과제')
- 장기 과제의 모든 세부단계 작업(20일에 예정된 '영어 과제 주제 정하기')
- 숙제가 아닌 모든 잡일, 약속, 전화 약속 등
- 각 요소들에 우선순위를 나타내는 표시(저자는 A, B, C를 사용했다)
- 각 작업에 드는 시간 추정치(저자의 예시에는 T를 사용했다)
- 각 작업에 든 실제 시간(저자는 A를 사용했다)
- 추가되는 모든 주석이나 알림('체육복 가져가기', '엄마에게 전화 드리기')

다시 상기해보자. 이 모든 것을 왜 하는가?

여러분의 작업에 우선순위를 매기는 것은 매우 중요하다고 생각한다.

아무 계획도 없이 자리에 앉는다면 머리 속에 떠오르는 첫 번째 프로젝트부터 손대기 시작할 것이다. 물론 머리 속에 처음 떠오르는 것이 가장 중요한 프로젝트나 작업을 보장하진 않는다. 각 작업들의 우선순위를 정하기 위해 일정 코드를 사용하는 것은 각 작업의 중요도에 따라 그것들을 정렬하기 위해서다. 그런 방식으로 여러분이 모든 것을 할 에너지는 없더라도 최소한 가장 중요한 과제만큼은 끝낼 수 있을 것이다.

중요도가 낮은, 같은 종류의 작업들을 매일, 매주 미루다 보면 어느 순간 미루는 것을 멈추고 그것들이 반드시 해야 할 일인지 아닌지 결정할 것이다! 이것은 특정 작업이나 특정 문제를 자연스럽게 "사라지도록" 만드는 전략적 방법이다. 실제 비즈니스 세계에서 어떤 매니저들은 특정 문제들에 곧바로 직면하는 것을 의도적으로 피한다. 이것은 선의의 태만을 통해 문제 자체가 해결될 수 있는지 보기 위해서다. 이 전략이 비즈니스 세계에서 작동한다면 여러분의 학교에서도 분명히 작동하는 전략일 것이다.

또한 저자는 각 작업에 드는 시간 예측과 실제로 든 시간을 파악하는 개념을 좋아한다. 여러분의 예측을 통해 할당하는 전체 시간은 실제로 여러분에게 필요한 시간의 근사치와 비슷해야 한다. 여러분이 습관적으로 예상했던 시간보다 많은 시간을 과제에 사용한다면 여러분의 예상시간에 '안전시간'을 더하고 모든 예측시간의 총합을 내고 여러분의 스케줄이 새벽 4시까지 이어지지 않도록 하자!

이런 습관을 들이면 추후 프로젝트에 시간을 얼마나 투자할지 알게 되고 이 습관대로 계속할수록 예상 투자시간은 점점 더 정확해질 것이다.

프로젝트를 끝마치는 데 드는 시간이 많을수록 더 쉽게 미루는 경향이 있다. 심지어 프로젝트의 각 단계들을 확인해 여러분의 스케줄로 넣는 것조차 미루게 된다. 장기 프로젝트를 마감 주간까지 기다렸다가 하는 경향이라면 우선 프로젝트를 스케줄 맨 뒤로 넣자(3개월 안에 마감해야 할 보고서와 지금부터 10주 후에 발표수업이 있다고 가정하고 자신을 속이자). 개인 마감일을 실제 마감일보다 1주일 전으로 설정해 갑자기 발생할 수도 있는 불가피한 상황들에 대처할 일주일 완충장치를 설정하는 것이다. 이 전략을 사용했음을 의도적으로 잊자. 안 그러면 시계를 15분 빨리 설정해놓고도 매일 지각생이 될지도 모른다. 자신의 전략을 무용지물로 만든 채 15분의 여유시간을 상기시키는 사람처럼 말이다.

각 작업의 중요도와 작업 마무리에 필요한 시간과 타 요소들도 이 전략 사용 방법에 영향을 미칠 수 있다. 그 중 일부는 조절하지 못하는 것들이다(직장 스케줄, 교수님 면담 약속, 상담, 병원 예약 등). 하지만 스케줄을 짤 때 반드시 염두에 둘, 직접 조정할 수 있는 요소들도 있다.

너무 많은 것을 하진 말자. 공부시간 계획을 일괄적으로 세우고 작업시간을 약간의 여가활동과 함께 쪼개자. 이 여가시간을 계획에 넣으면 도움이 된다. 휴식 후 다시 공부시간으로 돌아왔을 때 이 휴식은 더 분명하고 창의적으로 생각하는 데 도움을 준다는 것을 느낄 것이다.

설령 장기간의 공부시간을 선호하더라도 공부 '마라톤'(여러 개의 2시간 단위 공부 스케줄 대신 6~8시간 연속된 공부시간)으로 계획을 세우지 않도록 주의하자. 공부 계획을 더 길게 잡을수록 미루기와 피로라는 악마와 더 자주 싸워야 할 것이다. 열심히 공부했다고 자신에게 너무 상기시키면 시간을 낭비시키고 정신을 산만하게 만드는 요소와 일반적인 것보다 긴 휴식시간과 시작한지 얼마 안 되어 그만두는 것을 정당화하기 쉬워진다.

'파킨슨 법칙'을 기억하자. 작업을 끝내는 데 드는 시간에 맞추어 늘어난다. 즉, 1시간 만에 끝내야 할 작업을 끝내지 못하면 2~3시간이나 드는 작업으로 바뀐 데 놀랄 것이다(유레카!).

이 수단들을 효과적으로 사용하기

일단 자신에게 맞는 공부습관과 패턴을 찾아냈다면 계속 사용해 익히자. 남들에게서 배운 다른 기술들을 추가로 익히도록 융통성을 기르고 특정 상황 때문에 실행하기 어려워진 스케줄을 바꾸도록 현실적으로 대응하자.

단기간에 만들어진 특정 '기준'이 아니라 자신의 스케줄, 목표, 적성에 맞추어 스케줄을 짜자. 남의 기준이나 선생님이 정해주는 시간이 아니라 자신이 특정 프로젝트를 수행하는 데 드는 시간을 할당하자. 더 많은 노력이 필요하거나 쉽게 할 수 있는 것들을 결정할 때는 현실적이고 정직해지도록 노력하자.

시간 여유가 있어 즐길 만한 활동들을 공부하기 전이 아니라 공부한 후에 배치하면 이 활동들은 정신집중을 산만하게 하지 않고 보상으로 작용할 것이다.

적당한 기간 동안 자신의 진척 상황을 되돌아보고 필요한 부분이 있으면 변화를 주자. 이것은 여러분의 공부 방법이다. 느끼는 바가 있다면 자신이 바꿀 수 있다. 특정 작업에 필요한 시간보다 더 많은 시간을 지속적으로 할당한다는 것을 깨달았다면 이후에는 그에 따라 스케줄에 변화를 주자.

달력에 특정 과제들이 기입되면 그 과제들을 하는 데 필요한 자료들도 기입하자. 즉, 교과서, 기타 사야 하거나 빌리거나 도서관에서 얻어야 할 다른 책들, 스케치북, 유성 매직, 모눈종이 등이다.

용도에 따라 이 전략들을 바꾸자. 자신에게 맞다고 생각되면 무엇이든 사용해보자. 안 맞으면 사용하지 않는다.

가장 싫어하는 작업(숙제, 프로젝트 등)부터 먼저 하자. 싫어하는 일들을 머리 속에서 해치우면 마음이 훨씬 가벼울 것이다! 그리고 가능하면 그 작업들은 빈틈없이 해내도록 계획을 짜자. 그렇게 세운 계획은 작업들을 훨씬 빨리 해치워줄 것이다.

실제로 작업을 예상보다 빨리 진행한다면 숙제 다음 부분이나 다음 프로젝트로 넘어가도 아무 문제가 없다.

계획보다 뒤처지더라도 너무 걱정하지 말자. 스케줄을 재조정해 늦어진 부분을 만회할 시간을 가지면 된다.

메모하자. 해야 할 모든 것을 항상 머리 속에 기억하지 않아도 된다는 사실은 여러분이 집중해야 하는 것들에 집중할 여유와 반드시 기억해야 할 것들을 기억할 여유를 머리 속에 남겨둘 것이다.

주의를 산만하게 만드는 것들을 관리하는 법을 배우자. 시간관리 격언처럼 "급한 일에 답하지 말고 잠시 중요한 것을 잊자." 반드시 받아야 할 것과 나중에 해도 될 일이 분명히 있다. 일단 시작하면 완료할 때까지 많은 시간을 들이는 까다로운 작업들은 조심하자. 이런 작업들은 중간에 방해 받으면 처음부터 다시 해야 할 수도 있다. 정말 시간낭비 아닌가!

집중력을 잃는 것만큼 비생산적인 것은 없다. 특히 중요한 순간일수록 말이다. 그 집중력을 흐트리는 적들을 해치우는 법을 배운다면 공부 여정이 훨씬 쉬워진 것을 느낄 것이다.

이런 정신적 산만을 방어하는 법은 자신의 공부시계를 알고 그에 따라 공부계획을 세우는 것이다. 우리는 모두 낮과 밤 중 특정 시간대에 가장 효율적으로 작동하는 경향이 있다. 자신의 공부시계가 어느 때에 맞추어져 있는지 확인하고 그에 따라 스케줄을 짜자.

불청객들을 조심하자. 마침 휴식을 가지려던 것이 아니라면 이들은 여러분을 스케줄 밖으로 유혹할 뿐이다. 이 미묘한 손님에는 온 집안에 있는 모든 연필들을 깎고 싶은 갑작스런 욕구와 자신의 방을 치우고 싶은, 지금까지 한 번도 느껴보지 못한 욕망이나 여동생의 숙제를 도와주려는 생각이 있다. 자신의 일에만 몰두할 생각이라면 휴식하거나 이 유혹으로부터 정신을 차리고 하던 일에 집중하자. 자기훈련도 연습과 함께 점점 쉬워지는, 후천적으로 습득할 수 있는 습관임을 기억하자.

다른 사람들이나 자신에게 아니라고 말하는 이 간단한 행동은 환영받지 못하는 이 방해요인을 피하도록 도와줄 것이다. '방해하지 말 것'이라고 표시하고 자신의 총을 제대로 갖고 어떤 유혹에도 굴하지 말자.

또한 다른 사람들과 함께 하는 작업을 스케줄할 경우, 그들의 시간관념을 염두에 두고 스케줄을 짜자. 경우에 따라 항상 늦는 친구를 위해 스케줄에 '대기시간'을 넣어야 할지도 모른다. 기다리며 읽을 책을 가져 다니는 것도 좋다.

통학자용 특별 메시지

학교 기숙사나 학교 근처가 아닌 집에서 살고 있다면 항상 싸워야 할 특별한 압박이 있을 것이다.

이런 경우, 학교로 향하는 통학 길은 침대에서 빠져 나와 곧바로 강의실로 가면 되는 기숙사의 삶보다 길 것이다. 잠에서 덜 깨 비틀거리며 지하철이나 버스에 타지만 분명히 정신이 더 깨어야 할 것이다(특히 운전해 통학한다면 더더욱!). 통학시간을 최소화하고 학교에 있는 동안 굳이 집에 가지 않고도 캠퍼스의 각종 시설을 최대한 활용할 계획을 짜는 것은 특히 중요하다.

비, 진눈깨비, 눈을 맞아가며 걸어서 수업을 받으러 가는 것을 좋아할 사람은 아무도 없듯이(미래 우편배달부 희망자에게는 예외일 수도 있다) 혹독한 날씨 속에 몇 km나 떨어진 학교로 운전해 가기보다 몇 블록만 걸어 강의실로 가는 것이 쉬우니 통학 스케줄을 짤 때는 날씨도 염두에 두자.

집에서 생활하는 행위(자녀나 배우자와 함께 산다면 무엇이든)는 여러분이 기숙사에서 살았다면 최소화할 수 있었을 여러 책임감을 동반한다. 이런 책임에 시간을 할당할 것을 예상해 공부시간에 포함시키자. 이 책임감들은 여러분이 집에서 산다면 불가피하게 직면해야 할 것들이다.

당신의 하루에서 가장 중요한 15분

일일, 주간 우선순위 사항들을 점검하도록 매일 15분씩을 별도로 정해놓자. 많은 직장인들은 하루 시작 15분을 이렇게 사용하길 선호하는 반면, 저자는 하루의 마지막 15분을 사용할 것을 권한다. 왜? 매우 중요한 3가지 이유가 있다.

❶ 여러분의 생각들이 더 새롭게 느껴진다. 하루의 끝자락에서 오늘 이룬 것과 이루지 못한 것을 점검하는 것이 더 쉽다.

❷ 하루를 끝마치는 매우 좋은 방법이다. 여러분의 '공부 날'이 밤 11시에 끝나더라도 다음 날을 위한 충분한 준비가 되었음을 느끼며 전혀 스트레스 없이 새로운 하루를 편히 맞을 수 있다.

❸ 다음 날 아침, 하루를 멋지게 시작할 수 있을 것이다. 계획을 세우는 데 아침시간을 쓴다면 15분 계획 세우기는 자칫 1시간의 기약 없는 생각하기가 될 것이다. 다른 사람들이 커피를 마시며 하루를 늦게 시작하는 동안 여러분은 곧바로 발을 뗄 때 달릴 것이다!

⊕ 여기 당신을 위한 보상이 있다

과제를 한 입 사이즈로 쪼갠다면 무엇이든(학교조차) 덜 어렵게 보이기 마련이고 여러분은 작은 각 과제들의 맛을 이미 알고 있을 것이다.

과제를 언제까지 마쳐야 할지 걱정할 필요가 없을 것이다. 이미 계획을 세웠기 때문에.

필요한 모든 것을 이룰 수 있을 것이다. 한 번에 한 걸음씩.

자신의 시간을 관리하는 데 익숙해질수록 이전보다 더 많은 시간을 가진 것처럼 느껴질 것이다.

1월

월	화	수	목	금	토	일
1 프로젝트 보고서 마감일	2	3	4	5 프랑스어 단어 퀴즈	6 엄마 방문일	7 ↓
8	9 영어 중간고사	10 지질학 중간고사	11 역사 중간고사	12	13	14 ↓
15	16	17	18	19	20 라크로스 토너먼트 ↓	21 ↓
22	23	24 첫 2부 마감일	25	26 프랑스어 프로젝트	27 라크로스 토너먼트 ↓	28 ↓
29	30	31				

일일 플래너 달력(예시 기입)

1월

20일	월요일	예상 시간	실제 시간	메모
A	지질학 24~42페이지 중 홀수 훑어보기	40	60	우유, 계란 구입하기
A	역사 3장 읽기	30	40	숙제 기억하기!
A	생물 연구실 보고서 완료하기	60	25	
	8장 30페이지 읽기	25		
C	영어 주제 정하기	20	15	
	선생님과 상담하기	10	10	
A	내일 체육복 반바지 가져갈 것			
B	학교 끝나고 승윤에게 전화할 것			
A	7시 밴드 리허설	120	180	

21일	화요일	예상 시간	실제 시간	메모
C	보건 도표 재작성(금요일까지)	30	20	
A	지질학 24~42페이지 짝수 훑어보기	40	70	
B	스페인어 에세이 개요 짜기	75	120	도킨스 선생님
				목요일에 뵙기
B	밴드 6시 30분	120	150	

22일	수요일	예상 시간	실제 시간	메모
A	스페인어 에세이 최종 작성	60	70	
	퇴고하기 **30**	30		
A	역사 **4**장	30	45	
B	생물 **9**장	30	45	
	112페이지 읽어보기	50	30	

일일 플래너 달력(예시 기입)

1월

23일	목요일	예상 시간	실제 시간	메모
A	건강 도표 마무리 후 검토하기	20	40	
B	영어 숙제 리서치하기(온라인으로)	120	0	오후 2시 30분 도킨스 선생님
				도서관 사무실에서
				체육복 반바지!
				오후 5시 제븐 선생님
	밴드 6시 30분	60	150	

24일	금요일	예상 시간	실제 시간	메모
B	지질학 85~110페이지 읽어보기	50	90	
				제리
				오늘 밤 나 픽업?
				몇 시에?
				잠옷 가져올 것
전화	롭 742-6891			치약, 화장품
	잭 742-2222			CD들(리스트 참조)
	아이라 743-8181			
	세럴 777-7777			

25일	토요일	예상 시간	실제 시간	메모
A	지질학 퀴즈 공부	120	90	
B	역사 중간고사 공부	120	120	
	(2월 3일)			
A	생물 113~114쪽 읽어보기	60	45	

26일	일요일	예상 시간	실제 시간	메모
	즐기자!			
				엄마에게 전화!
	오전 11시 교회 가기			
	오후 2시 에이미 집에서 브런치			

제 6 장

수업에서 앞서가기

"삶은 자신을 발견하는 과정이 아니라
자신을 창조하는 과정이다."

▽

조지 버나드 쇼

Excel in Class

대부분의 선생님들은 교과서나 수업 관련 서적에 나온 내용들을 이해하기 쉽게 비유하거나 해석하기 위해 교실의 교구를 사용할 것이다. 항상 수업 전에 독서 과제를 끝마친다면 의심할 여지없이 선생님이 진도를 나갈 새로운 부분에 수업시간을 온전히 사용할 수 있을 것이다.

선생님은 새로운 진도 부분을 재미있는 새로운 방식으로 진행할지도 모른다. 선생님이 기술발전을 선택할 수 있는 교구들을 숨돌릴 틈 없이 더해주고 있다. 여러분 중 일부는 할머니께서 바로 알아보실 수 있는 옛 교실에서 여전히 하루를 보내고 있을지도 모른다. 분필을 쓰는 칠판, 당겨 펼치는 세계지도와 영사기 스크린, 영사기가 천장에 달린 교실 말이다.

하지만 최근 많은 교실들은 놀랄 만큼 변해 대화형 화이트보드, 공책 대신 패드형 노트북, 파워포인트 슬라이드 쇼를 자랑하고 여러분도 이와 함께 진화했을 것이다. 펜과 종이보다 노트북과 태블릿 PC를 선호하는 사람이 분명히 많을 것이다.

저자가 보는 이 '전산형 교실' 진화의 유일한 단점은 이런 형태의 교실이 양산하는 급격하고 지나친 정보 양이다. 그 외에도 이런 기술발전은 이번 장에 나오는 많은 수업들을 언제 어디서나 더 쉽게 진행하도록 해왔다(여러분은 파워포인트 슬라이드, 선생님의 노트, 추천도서의 내용, 심지어 선생님의 수업 웹 페이지에 접속할 수도 있다).

여러분이 배우는 내용을 접하고 분석하고 제대로 이해할 필수 기술들을 개발하는 한, 어떤 방식으로 정보를 배우는가는 별로 중요하지 않다.

수업 형태

이번 장에서 알아볼 기술들을 정확히 어떻게 사용하는지는 다음 2가지 요소의 영향을 받는다. 즉, 교실환경과 선생님이 사용하는 특정 교수법이다.

다음과 같은 일반적인 교실 형태는 각자 목표를 이루기 위해 어느 정도 조정할 것을 요구한다.

순수 강의는 대부분 대학 이상 수준에서 흔히 볼 수 있고 고등학교 수준에서는 매우 드문 형태다. 대규모 대학에서 타 강의들보다 인기 있는 강의나 기본 강의는 수백 명의 학생들이 수강할 것이다.

강조되는 능력: 듣기, 노트 필기

또한 개인교습, 세미나, 그룹 토론 등도 대학 수준에서 흔히 볼 수 있는데 특히 많은 수강 인원을 자랑하는 강의들이다. 이런 형태 강의들의 일주일간의 일반적인 스케줄은 두 번의 강의와 한두 번의 그룹 토론수업으로 이루어진다. 주로 대학원 조교들이 주도해 이런 그룹 토론들은 더 적은 학생들이 대상이다(일반적으로 12명이나 그 이하). 수업 도중 제시된 중요 사항과 독서 과제에 제시된 내용들을 토론할 기회를 갖는다.

이런 토론 그룹은 미리 정해진 대본이나 포맷을 반드시 따라가는 것은 아니며 주제 사이를 마음껏 넘나들며 수업 주제에 대한 전반적인 이해와 뛰어들기 형식으로 주제들을 짚어나간다.

강조되는 능력: 질문하기, 답변하기, 개념과 생각 분석하기, 토론 참여하기

일부 중학교 이후 과정은 이것을 지칭할 적합한 용어가 없어 다음과 같이 명시하면 '종합' 수업들이 있다. 이것들은 수업과 토론수업 형태를 종합한 형태다(아마도 익숙할 대학 진학 이전의 다양한 논술수업이나 토론수업). 선생님은 자신의 강의, 토론, 질의응답, 시청각 프레젠테이션이나 그것을 병행해 특정 수업에서 다룰 내용과 수업 계획을 준비한다.

이런 형태의 수업 준비는 선생님 각자의 수업접근법에 따라 매우 다양하다. 이런 형태의 강좌는 중학교 이상의 대학, 대학원, 직업학교에서 각 수업 인원이 너무 적어 일반적인 강의 형태가 힘든 경우에도 찾아볼 수 있다.

강조되는 능력: 노트 필기, 듣기, 참여, 질의응답

과학실험이나 다양한 직업교육 강좌(산업예술, 그래픽 디자인 등)와 같은 실습형 수업은 중학교와 그 이후 형태에서 많이 볼 수 있다. 이런 형태의 수업들은 특정 실험을 수행하거나 프로젝트에 직접 참여하거나 책꽂이를 직접 만들어보는 등 뭔가를 직접 하는 데 큰 초점을 맞춘다. 직접 학생들이 해보기 전, 선생님들이 특정 방법들을 시연해주지만 수업의 주요 목적은 수업시간 동안 학생들 스스로 프로젝트를 직접 해나가는 것이다.

대학 수준의 과학실험의 경우, 보통 대학원 조교들의 감독 하에 진행된다. 일반적으로 직업학교는 짧은 강의와 시연, 실습을 종합적으로 진행한다. 즉, 자동차 배전기 청소법 책만 읽어서는 훌륭한 자동차 정비사가 될 수 없는 것이다.

강조되는 능력: 특정 손, 기계적, 과학적 기술 개발과 적용

일부 수업들은 앞의 유형에 딱 들어맞는 경우가 없을 수도 있지만 대부분 그 중 한 유형에 속할 것이다. 수업 참여 인원이 수업 형태를 결정하는 핵심요소로 보일 수 있지만 200명 이상의 대규모 강좌에서 교수님이 강단에 서서 준비한 내용들만 줄줄 읽을 것이라고 예상할 수는 없다. 마찬가지로 12명으로 이루어진 작은 수업이 반드시 모두 참여하는 토론수업일 것이라고 가정할 수도 없다.

대학 시절, 저자에게는 종교학 교수님이 계셨다. 캠퍼스에서 인기 있고 유명하고 매번 학생 300명 이상이 수강한 그의 수업은 단순한 강의가 아니었다. 강의실에 입장할 때마다 무엇을 할지 전혀 예상할 수 없었다. 하루는 지역 재즈밴드가 연주하는 즉석 반주와 함께 여러 대학원 조교들의 유체이탈 경험에 대한 대화자리를 마련했고 또 다른 날은 교수님이 그 주일이나 다른 주일의 과제와 아무 상관도 없는 생각이나 개념 논쟁을 학생과 벌이기도 했다.

겨우 20명 수업에서 물리화학을 가르치던 교수님이 수업 종소리와 함께 강의실로 들어와 출석 확인조차 안 한 채 곧바로 칠판에 여러 공식들을 써내려가기 시작했다. 그는 거대한 칠판 위에서 아무 말도 없이 자신만의 길을 적어나가 20~30분 후, 칠판 왼쪽을 다 채우고 오른쪽을 채워나가기 시작했고 다시 왼쪽으로 천천히 걸어가 썼던 것들을 다 지우고 다시 써나가기 시작했다. 그는 아무 질문도 안하고 요구하지도 않았다. 사실 한 학기 동안 그의 입 밖으로 무슨 말이 나왔는지 기억조차 안 난다!

⊕ 가상교실에서 앞서가기

여러분 대부분에게 '교실'이라는 용어는 사실상 없을 수도 있다. 여러분에게 교실은 와이파이를 접속할 수 있는 곳이다. 한때 '장거리 수업'은 패키지나 비디오테이프에 녹화된, 자신이 원하는 수업을 우편으로 받아보는 것을 의미했지만 얼마 후, CD나 DVD 형태로 바뀌었고 얼마 안 되어 의심스런 많은 강의들과 분명히 사기성 짙은 학위 제조업체들 사이에서 피닉스대학이나 버클리대학처럼 명성 있는 온라인대학을 찾기는 무척 힘들었다.

지난 10년 동안 컴퓨터 확산과 인터넷 혁명은 장거리 수업의 본질과 활용도를 급변시켰다. 오늘날 스탠포드와 UCLA부터 아이비리그 대학까지 수백 개 대학들은 여러분에게 강의실에 발을 들이거나 직접 교수님을 만나거나 출석하지 않고도 수업을 듣거나 고급 학위까지 받게 하고 있다.

가상교실은 어떤 규모도 가능하다. 당연히 온라인 공개강좌는 대규모다.

이런 수업들은 모든 학생에게 동시 참여나 각자 원할 때 수업자료에 접속하게 할 수 있다.

온라인 수업은 일자나 특정 모임시간을 정해 전통적인 수업 형태를 모방하고 학생이 원할 때 수업을 시작하거나 마무리하거나 전체

수업을 모두 들을 수 있어 수업 과정을 몇 주, 몇 개월 안에 끝낼 수 있다.

저자는 학생들에게 더 대단하고 쉬운 학습 기회를 주는 형태의 발전은 무엇이든 환영한다. 전체 강좌가 특정 학위를 수여하는 강좌더라도 이런 온라인 강좌들이 여러분의 교육적 목표를 이룰 가장 유리하거나 유일한 방법이라면 적극 활용할 것을 권한다. 내가 유일하게 주의를 주고 싶은 점은 자발적인 공부환경 속에서 성공에 필수적인 훈련을 어느 정도 받은 상태에서 수업을 들으라는 것이다.

온라인 강좌더라도 특정 수업 형태는 그 수업 속에서 여러분이 사용해야 할 능력들에는 아무 영향을 미치지 않는다고 개인적으로 생각한다.

선생님을 파악하라

또한 여러분이 만나는 선생님의 유형을 파악하는 데 어느 정도 시간을 써야 한다. 그 유형에는 선생님이 좋아하는 것, 싫어하는 것, 선호 대상, 스타일, 학생들에 대한 기대치 분석이 포함된다. 선생님 각자의 습관, 목표, 성향 관련 프로필에 따라 수업 주제나 형태와 상관없이 수업 준비는 큰 차이가 날 수도 있다.

저자가 강력히 권하는, 모르는 것이 있을 때마다 던질 수 있는 간단한 질문을 생각해보자. 수업 도중 언제든 여러분의 질문에 자신 있게 답해주거나 수업이 거의 끝나갈 무렵 질문 받는 것을 선호하는 반면, 질문 받기를 꺼리거나 학생들과의 상호교류를 완전히 싫어하는 선생님도 있다. 선생님들이 각자 언제 어떤 방식으로 질문에 답하고 싶어하는지 파악해 질문을 던지자.

학생들의 자유 재량에 맡겨 토론수업으로 진행할 준비가 되어 있더라도 자신이 정한 특정 수업 계획에서 주제가 너무 멀리 떨어져 수업 주도권을 잃는 것이 두려운 선생님들도 있다 그들은 여러분에게 토론을 권하면서도 이미 자신이 정해놓은 방식(자신들의 수업계획) 속에 토론을 최대한 맞추려고 애쓴다. 혼돈된 토론 속에서도 선생님이 수업을 잘 이끌어가면 그 수업에서 무슨 일이 벌어질지 예상할 수 없을 것이다.

전자는 최대한 많은 토론수업 참여를 유도하지만 선생님이 분명히 정해놓은 특정 선 안에서만 토론이 머문다는 점에 유의해야 한다.

후자는 선생님이 가르치는 수업 준비에는 단순히 교과서 읽기 이상의 노력이 필요하다. 핵심개념, 해석, 분석, 교과서에서 배운 주제를 교과서에서 전혀 언급되지 않은 특정 상황이나 문제들에 적용시키는 능력이 매우 강조될 것이기 때문이다!

일부 선생님들의 수업계획이나 강의는 최악의 경우, 교과서 내용 복습이고 최상의 경우, 교과서 내용과 더불어 핵심내용이나 선생님들이 심화문제를 여러분에게 내주려는 데 대한 토론이 더해지기도 한다. 교과서나 기타 독서 과제에 나온 내용을 단순히 수업을 시작하는 내용으로만 사용하기도 한다(이 경우, 이 선생님들의 강의나 수업계획은 교과서나 읽은 내용이 다루지 않은 방대한 내용들을 짚고 넘어간다. 후자 선생님 유형의 수업은 특정 내용이나 수치를 단순 암기하는 것 이상의 노력을 요구한다). 여러분은 외운 내용에 대한 예시를 준비해야 하며 특정 개념 설명 그 이상의 것들을 할 것이기 때문이다.

대부분의 선생님이나 교수님들은 똑같은 목표를 가졌을 것이다. 즉, 자신들이 가르치는 특정 과목의 중요 사실이나 원리들을 생각하고 배우는 방법과 여러분이 살아가는 삶 속에서 적용하는 방법을 가르치는 것이다.

수학이나 과학 수업에서 여러분이 배운 것을 특정 문제에 적용하는 능력이 가장 중요하다.

영어와 같은 타 과목들은 다양한 글 분석과 해석을 요구하겠지만 "정확한" 해석도 강조할 것이다.

자신이 현재 상황을 확인하고(여러분은 1~2개 이상 '유형'의 수업을 듣고 있을 수도 있다) 이번 장에서 알아본 각 유형의 수업에 쓰이는 능력들을 적용해야 한다.

⊕ 선생님의 수업 방식을 파악하자
효율적인 모든 선생님들은 수업에서 중요 항목을 어떤 방식으로 제시할지 계획이 있다. 그들은 자신이 강조하는 항목을 정하고 과제를 검토하고 잠시 이전 수업을 복습하는데 교과서의 어느 항목을 짚고 넘어가고 질문 받는 데 시간을 얼마나 할당할지 미리 계획한다.

선생님들의 일반적인 수업 스타일(방식)을 필기해두는 것은 성공적인 학업생활의 또 다른 열쇠다. 어떤 학생들은 수업 도중 특정 부분이 중요하고 중요하지 않은지 어떻게 금방 아는 것처럼 보일까? 그들은 "시험에 나올 만한" 정보들을 어떻게 정확히 찾아내고 그렇지 않은 정보에는 눈길조차 안 주는 걸까?

그 학생들이 자연스럽게 아는, 수업 도중 언급된 사항은 다음 4가지 특정 범주 안에 들 수 있다.

- 교과서나 타 독서 과제에 나와 있지 않은 정보
- 교과서에 설명된, 이해하기 어려운 개념들. 교과서에 설명된 후에도 학생들이 여전히 이해하기 어려워하는 개념들
- 개념, 과정, 주제 관련 추가 설명을 제시하기 위해 사용되는 시연이나 예시들
- 교과서에 설명된 중요 개념을 보충할 배경지식

선생님의 수업을 들으면서 선생님이 강조하는 내용이 위 4가지 범주 중 무엇인지 판단하자. 해당 부분에 대한 여러분의 필기가 얼마나 상세하고 폭넓어야 하는지 판단하도록 도와줄 것이다. 선생님도

결국 인간이므로 소소한 제스처 하나에도 감동한다. 심한 아부가 아니라면 수업이 끝난 후, 가끔 남거나 선생님이 교무실에 계시는 시간에 찾아가는 것만으로도 좋은 인상을 줄 수 있고 선생님들이 추가 점수를 주는 과제를 내준다면(대학보다 고등학교에서 흔히 볼 수 있다) 가능하면 과제를 하자! 그 과제를 완벽히 못하더라도 약간의 추가 점수를 받을 수 있을 것이다.

수업 준비법

교실 문에 들어서거나 컴퓨터 전원을 켜고 자리에 앉기 전, 일반적인 수업 준비 방법을 다음과 같이 제시한다.

⊕ 수업계획표를 읽어라

수업계획표를 읽어보고 수업 첫 날 여러분에게 나누어준 수업자료나 온라인에 올라온 자료들도 읽어보자.

일반적인 대학 강의용 수업계획표에는 다음과 같은 사항들이 포함된다.

- 강의 번호, 위치, 수업 일정
- 교수 정보(성명, 전화번호, 이메일 주소, 사무실에 계시는 시간)

- 수업에 필요한 교과서 및 관련 자료 정보
- 개인 선택에 달린 보충 서적과 자료
- 선수 학습능력을 포함한 전반적인 수업 설명
- 강의 목표
- 출석, 휴대폰 사용 및 기타 수업 관련 요소들을 포함한 수업 규칙
- 수업운영 세부사항
- 시험과 보고서, 수업참여도 등을 포함한 학점체계

교수님들은 학생들이 수업계획표에 포함된 각종 수업 필수요소와 규칙들을 신중히 읽어보고 올 것이라고 생각하기 마련이므로 수업 도중 그에 대해 다시 말하지 않는 경우가 많아 보고서나 프레젠테이션의 세부 형식을 따르지 못한 개인적 이유나 두 번째 퀴즈가 언제인지 몰랐다는 여러분의 설명은 변명에 불과할 것이다.

⊕ 숙제는 모두 끝마치자

특정 선생님의 교수법이나 교실 형태와 상관없이 너무나 당연하지만 여러분이 듣는 모든 수업에는 공식 교과서(2~3권 또는 그 이상)가 있다. 교과서가 특정 주제를 설명하거나 다루는 방식이 선생님의 접근방식과 많이 다를 수는 있지만 교과서는 여전히 수업 기반이며 여러분 공부의 핵심재료이므로 반드시 읽어야 하고 교과서뿐만 아니

라 추가로 제시된 책들도 수업을 듣기 전, 반드시 읽어야 한다.

어쩌면 교과서나 제시된 자료들을 수업 전에 읽지 않아도 된다고 느낄 수도 있다. 특히 수업 도중 질문을 받을 가능성이 거의 없는 강의 위주의 수업에서 더 그렇게 느낄 것이다. 하지만 질문받을지도 모른다는 걱정만 내가 교과서나 관련 자료 읽기를 강조하는 이유는 아니다. 정말 유례 없이 교수님이 수업시간을 통 채로 학생들에게 질문하는 데 쓴다면 여러분은 갈 곳 잃은 눈동자일 것이다. 저자도 분명히 이런 경험이 있다. 준비가 안 된 상태에서 이런 상황을 만난다면 분명히 유쾌한 경험은 아니다.

교과서에 나오지 않은 새로운 정보를 구별할 수 없다면 수업을 들으며 간결하고 요약된 형태의 필기는 더 어렵게 느껴질 것이므로 이런 경우, 전날 밤 교과서에 밑줄 치는 것만으로도 해결될 수 있었던 내용들을 미친 듯 받아 적을 것이다. 또한 선생님이 강조하는 내용들의 상대적 중요성을 평가하는 데 어려움을 겪을 것이다.

여러분이 그룹토론에 참여할 예정이라면 관련 자료를 미리 읽지 않은 채 토론에 참여할 수 있겠는가? 이 세상에서 가장 큰 두려움은 선생님이 언제든 자신의 이름을 부르는 것이고 여러분이 질문의 답을 모른다는 것을 아는 상태로 교실에 앉아 있는 것일 것이다.

기억하자: 독서 과제를 모두 끝마쳤다는 것은 주 교재만 모두 읽는 것이 아니라 다른 책들, 논문들, 선생님으로부터 받은 관련 유인물도 다 읽는다는 의미다. 또한 이것은 독서 과제 이외의 과제들(실험보고서

제출, 주제 리스트 준비, 발표 보고 준비)도 마무리했다는 의미다.

당연한 얘기지만 과제하는 것도 중요하지만 제출하는 것도 중요한 두 번째 단계! 내 딸 린제이는 초등학교 때 스케줄 정리 시스템 사용을 완강히 거부했다. 그 결과, 끝마친 숙제를 학교에 가져가는 것을 잊거나 책가방 속에 넣어둔 채 제출하지 못한 적도 있다.

내가 린제이에게 제안한 해결책은 '숙제'라고 적힌 밝은 빨간색 서류 폴더를 주는 것이었다. 린제이가 숙제를 끝내자마자 그 폴더 안에 넣도록 했고 잠자기 전, 절대로 잊지 않도록 숙제 폴더를 책가방 위에 올려놓았다. 수업 시작 전, 린제이는 그 수업시간에 제출해야 할 숙제가 있는지 확인했다.

가끔 가장 간단한 해결책이 가장 효율적일 때가 있다.

⊕ 노트 필기를 점검하자

아마도 여러분의 선생님은 지난 수업시간에 멈춘 부분부터 수업이나 토론을 시작할 것이다. 여러분은 노트를 확인하지 않으면 지난 수업시간에 그만둔 부분을 기억하지 못할 것이다.

⊕ 질문할 준비를 하자

수업시간은 여러분을 계속 혼동시키는 질문들의 답을 구할 기회다. 수업시간 전에 하고 싶은 질문을 확인하자. 그럼 수업시간 동안 선생님의 강의를 통해 자연스럽게 답변이 된 질문을 걸러내고 아직 답을 못 들은 질문들만 할 수 있을 것이다.

⊕ 능동적인 태도를 갖추자

각 수업시간에 참여하는 마음가짐의 중요성을 간과하지 말자. 크게는 학교, 작게는 특정 수업시간에 최대한 많은 것을 얻는 것은 얼마나 진심을 다해 수업시간에 참여하는가에 달려 있다. 다른 부분들이 잘 준비되어 있더라도 단순히 앉아서 정보를 흡수하는 것만으로는 불충분하다. 배움은 매순간 여러분의 능동적인 참여를 요구한다.

수업시간에 해야 할 일

자신의 성향과 최대 실력을 발휘하는 상황을 명심하자. 이 책의 첫 2개 장을 재확인해 여러분의 능력을 다시 확인해보자. 지금까지 여러분에게 가장 큰 어려움을 준 강의나 수업에 집중하자.

⊕ 맨 앞줄에 앉아라

이 조언을 받아들이지 않을 수도 있겠지만 가능하면 선생님 가까이에 앉아 주의를 산만하게 만드는 요소들을 최소화하길 권한다.

선생님으로부터 멀리 떨어져 앉을수록 수업을 듣기는 더 어려워진다. 교실 뒤쪽에 앉는 것은 앞쪽에 앉은 많은 머리들이 있다는 의미이고 더 많은 학생들이 창문 밖이나 휴대폰을 쳐다보는 동안 여러분도 똑같이 해도 된다고 느끼도록 만든다는 의미다.

앞쪽에 앉으면 여러 이점이 있다. 선생님이나 교수님에게 좋은 인상을 심어줄 수 있다. 여러분이 앞줄에 앉은 단 한 명이 될 수도 있다. 앞쪽에 앉은 여러분을 바라보는 선생님은 곧 여러분이 단순히 출석하기 위해 온 것이 아니라 수업을 듣고 배우기 위해 왔음을 알게 될 것이다.

여러분은 선생님의 강의를 아무 어려움 없이 들을 수 있을 것이고 선생님도 여러분이 질문이나 답변할 때 여러분의 말을 들을 수 있을 것이다.

마지막으로 선생님을 분명히 쳐다볼 수 있다는 것은 여러분의 눈동자가 교실 여기저기나 창문 밖을 쳐다보지 않도록 도와줄 수 있다는 의미이고 선생님의 수업에 온전히 정신집중할 수 있다는 의미다.

좋은 것인지 나쁜 것인지 모르겠지만 이 조언을 받아들인다면 수업이 끝나기 전, 몰래 뒷문으로 빠져나가기 훨씬 힘들 것이다.

⊕ 정신이 산만한 친구를 피하라

여러분과 수업을 함께 듣는 친구들은 멋진 친구들이며 점심을 함께 즐겁게 먹는 친구들이며 기숙사를 함께 쓰고 밝은 기운을 주는 친구일지 모르지만 그들의 별난 성향, 특이한 성격, 지나친 개인위생 습관은 여러분이 교실에 앉아 수업을 들을 때만큼은 주의를 산만하게 만드는 요소가 될 수 있다.

손마디를 꺾어 뼈 소리내기, 깔깔거리며 웃기, 속닥거리기, 메모 전달 등은 수학선생님이 기하학 수업을 진행하는 도중 여러분의 주의를 흐트리는 나쁜 행동들이다. 이런 친구들을 피하자.

⊕ 입으로 말해주는 힌트를 경청하라

노트 필기할 가치가 있는 대상을 알아내는 것은 받아 적어야 할 말을 무시해도 되는 것들과 분리하는 것을 의미한다. 이것은 입에서 나오는 힌트를 듣고 눈으로 비언어적인 힌트를 포착해야 가능하다.

모든 선생님이 여러분이 찾으려는 힌트를 제시하는 것은 분명히 아니지만 많은 선생님들이 수업 도중 중요한 개념이라는 신호(잠깐 쉬어가기, 핵심사항 반복하기(이미 교과서에 제시된 개념임에도 불구하고), 평소 엄청나게 빨리 진행하던 수업 속도를 갑자기 늦추기, 톤을 높이거나 더 부드럽게 말하기, "내 생각에 이것은 중요하다."라고 직접 말하거나 이보다 훨씬 좋은 "이것은 시험에 나온다."라는 언급을 여지없이 보내게 된다.

또한 노트 필기할 만한 내용(또한 동시에 논리적으로 여러분의 필기를 정리해야 하는 부분이라는 힌트를 주는 내용)이라는 것을 알리는 다양한 단어나 문장들이다. 즉, "처음으로", "가장 중요한 것은", "그러므로", "결과적으로", "요약하면", "반면에", "이와 대조적으로", "다음(또는 다양한) 이유로(원인, 영향, 결정, 사실 등으로)" 등이다.

이런 단어나 문장들은 여러분에게 해당 내용을 단순히 받아 적지만 말고 문맥에 맞게 정리하라는 힌트를 준다. 즉, 목차 만들기("처음에", "다음 이유들로"), 원인과 결과 관계 짓기("그러므로", "결과적으로"), 반대 상황이나 대안 알아보기("반면에", "이와 대조적으로"), 결론 짓기("그러므로", "요약하면"), 설명이나 정의 제시하기 등이다.

⊕ 비언어적 힌트를 포착하라

여러 연구 결과에 따르면 의사소통이 순수하게 언어만으로 이루어지는 경우는 드물다. 누군가 우리에게 말할 때 우리가 받는 수많은 메시지들은 화자의 몸짓, 얼굴 표정, 목소리 어조를 통해 전해진다.

대부분의 선생님들은 수업 주제와 다양하게 관련된 것들로 수업을 시작할 것이다. 이 중심 주제와 다소 거리가 있는 여담도 중요하겠지만 방금 전 선생님과 수업을 듣기 시작한 첫 몇 번은 선생님이 왜 그 여담을 하는지 가늠하지 못할 것이다.

몸짓은 여러분에게 힌트가 될 수 있다. 선생님이 창문 밖을 바라보거나 허공을 응시하며 설명하고 있다면 "이것은 절대로 시험에 나오지 않을 거란다."라는 신호다.

반면, 선생님이 큰 제스처로 일부 학생들과 눈을 마주친다면 지금 설명하는 개념이 중요하다는 분명한 신호를 보내는 것이다.

⊕ 질문하라

아니, 이 말은 90초마다 손을 들어 선생님께 질문하라는 말이 아니다. 적극적 청취자가 된다는 의미는 지금까지 수업에서 언급된 모든 내용을 이해했는지 자문하는 것이다. 제대로 이해하지 못했다면 적당할 때 선생님께 질문하거나 해당 과목을 완전히 이해하기 위해 답을 찾아야 하는 질문 리스트를 적어나가자.

선생님이 수업한 내용으로부터 직접 결론을 이끌어내도록 노력해보자. 중심 주제를 생각해보고 지금까지 읽어온 독서 과제와 배운 타 개념들과 주제가 어떤 관련이 있는지 생각해보자.

⊕ 간단명료하게 필기하라

저자는 여러분이 수업시간에 끊임없이 노트 필기하는 다른 학생들을 보았을 것이라고 생각한다. 반면, 한 페이지에 단 두 줄만 필기하는 학생도 있을 것이다. 우리는 대부분 그 2가지 유형의 중간쯤일 것이다.

쉬지 않고 노트 필기한다면 다른 데 사는 친구에게 편지를 쓰거나 중요한 개념과 중요하지 않은 개념을 전혀 구별하지 못하는 학생일 것이다. 오래 된 속담을 빌려 쓰자면 이런 학생들은 "나무만 보고 숲을 못 보는" 경우다. 아마도 그들은 교과서의 모든 단어나 문장에 밑줄을 긋거나 형광펜으로 칠하고 있을 것이다.

이와 정반대의 학생들은 필기 자체를 거의 안 할 것이다. 이런 유형은 선생님이 "이제 이건 필기하고 암기해라."라고 말할 때만 필기하고 그렇지 않을 때는 꾸벅꾸벅 졸고 있을 것이다.

시험이 다가와 식은 땀을 흘리기 시작할 후자 학생들을 보자. 잘 정리된 노트 필기 없이 이 학생들은 미친 듯 교과서를 뒤적이며 시험공부에 필요한 내용의 일부를 찾고 있을 것이다.

간결하고 분명한 노트 필기는 내용의 중요성을 가려내는 첫 단계이자 가장 중요한 연습이다. 즉, 불필요한 내용으로부터 중요한 내용을 가려내는, 핵심내용, 사실, 생각들을 확인하고 암기해 나머지를 무시할 능력을 개발하는 것이므로 이것은 선생님이 여러분에게 수업에서 전해주는 내용을 잘 듣고 이해해야 할 개념들만 받아 적을 능력을 요구한다. 사람에 따라 한 문장으로 요약되거나 개념과 세부적인 예시가 함께 있어야만 충분할 수도 있다.

이것만큼은 기억하자: 보통 여러분의 노트 필기는 필기 자체의 길이와 상관없다. 즉, 전체 강의의 핵심개념을 세 줄만으로 압축한 필기는 덜 중요한 내용들을 한 문단으로 줄줄이 써놓은 것보다 엄청난 가치가 있다.

수업에서 전혀 감을 못 잡고 선생님이 전해주는 내용을 정확히 이해하지 못해 중요하지 않은 것들로부터 무엇이 중요한지, 노트 필기를 해야 하는지 모르더라도 이번 장에서 배운 기술을 사용해 여러분의 필기를 어떻게든 더 체계적으로 요약하자.

최근 많은 선생님들은 자신만의 노트(파워포인트 슬라이드)를 온라인에

올려 학생들의 시간과 고민을 모두 덜어주고 있다.

⊕ 선택적인 태도를 배워라

여러분은 영국 수도와 물 분자 구조, 어니스트 헤밍웨이가 '노인과 바다'를 쓴 작가라는 사실을 알 것이다. 그럼 왜 굳이 시간을 써가며 이것들을 노트에 필기하는 걸까?

선생님들은 더 심도 있는 토론으로 나아가거나 더 난해한 개념을 설명하는 초석으로 이미 여러분이 알고 있는 내용들을 말할지도 모른다. 이미 여러분이 알고 있는 특정 날짜, 단어, 용어, 공식, 이름들을 너무 반사적으로 받아 적지는 말자. 수업시간 도중이나 이후 노트 필기를 다시 볼 때도 시간낭비일 뿐이다.

이것이 바로 일부 전문가들이 여러분이 교과서를 읽은 후 직접 작성한 필기나 개요를 수업에 가져와 수업시간에 새로 얻은 내용을 그 필기에 더하라고 조언하는 이유다.

기억하자. 효율적인 노트 필기는 여러분에게 5가지 행동을 요구한다.

- 능동적으로 듣자.
- 관련 정보를 선택적으로 얻자.
- 얻은 정보를 축약하자.
- 얻은 정보를 분류, 체계화하자.

• 얻은 정보를 수업이 끝난 후, 자신만의 언어로 해석하자.

⊕ 속기법을 익혀라

빠른 노트 필기를 위해 속기사처럼 빠른 필기의 대가가 될 필요는 없다. 빠른 필기를 위한 5가지 방법을 소개한다.

❶ 영어 단어의 경우, 모음을 없애자. 뉴욕시 지하철이 사용했던, 한 때 어디서나 볼 수 있던 광고처럼 "if u cn rd ths, u cn gt a gd jb." ("If you can read this, you can get a good job." 이것을 읽을 수 있다면 좋은 직업을 구할 수 있을 겁니다.) 그렇다면 "u cn b a btr stdnt"(you can be a better student." 여러분은 더 나은 학생이 될 수 있습니다.)를 추가할 수도 있을 것이다.

❷ 영어나 국어 모두 첫 몇 글자나 첫 글자들을 사용하고('rep'은 'representative(하원의원)', 'Dem'은 'Democrat(민주당원)') 여러분이 쉽게 기억할 수 있는 축약어를 최대한 사용하자.

❸ 모든 축약어 뒤에 마침표를 찍는 습관을 버리자!(별거 아닌 것 같지만 너무 귀찮을 때가 있을 것이다!)

❹ 특정 단어들을 상징하는 표준 상징들을 사용하자. 다음 리스트는 표준 상징을 이해하는 데 어느 정도 도움을 줄 것이고 수학이나 논리학 수업을 들을 사람들은 눈에 익은 것도 있다.

≈	대략
w/ with	~함께
w/o without	~없이
wh/ which	어떤, ~한(관계대명사로 쓰일 경우)
→	결과로 이어지다
←	~의 결과가 되다
+	그리고, 또한
*	가장 중요하게
cf	비교; 비교하면; ~와 관련해
ff	아래에 나오는, 뒤에 나오는
<	더 적게
>	더 많이
=	같다
↑	증가한다
↓	차감한다
esp	특히
△	변화, 변화량
⊂	결론적으로
∴	그러므로
b/c	~때문에

❺ 자신의 필요와 편안한 정도에 따라 자신만의 상징과 축약어를 만들자.

저자는 여러분이 꼭 만들길 바라는 3가지 특정 상징이 있다. 분명히 두고두고 사용될 것이다.

Ⓦ 이것은 "도대체 이게 무슨 말이야?", "선생님이 뭐라고 하셨지?", "무슨 일이 일어난 거야? 정말 모르겠어!"와 같은 상황 속의 'what?(무엇?)'을 상징한다. 이것은 여러분이 놓친 뭔가를 나타낸다. 수업이 끝난 후, 잃어버린 퍼즐 조각을 노트 속에 채우기 위해 어느 정도 공백을 남겨놓자.

Ⓜ 이것은 '내 아이디어'나 '내 생각'을 나타내는 상징이다. 나는 수업 도중 교수님이 전달한 내용과 그 내용에 대한 내 생각을 분리해 필기하려고 했다.

Ⓣ 이것은 "이 부분은 반드시 시험에 나오니 절대로 복습을 잊지 말자!!!"라는 의미의 '시험!'을 나타내는 상징이다.

각 수업에 쓰일 특정 상징이나 축약어를 만드는 것을 생각해볼 수도 있다. 화학시간에 TD는 thermodynamics(열역학), K는 kinetic theory of gases(기체 분자운동론, 하지만 절대온도 단위인 K 켈빈과 혼동하진 말자), BL은 Boyle's Law(보일의 법칙)을 상징할 수 있다. 세계사 시간에 GW는 미국 건국의 아버지 George Washington(조지 워싱턴) 대통령, ABE는 Abraham Lincoln(에이브럼 링컨) 대통령, FR은 French Revolution(프랑스 대혁명)을 상징할 것이다.

이렇게 만들어진 수많은 상징이나 축약어를 어떻게 관리할까?

수업 별 노트 맨 앞장에 한 학기 동안 주기적으로 사용할 상징이나 축약어 리스트를 만들자(또는 온라인상에 별도 파일로 저장할 수도 있다).

단, 주의하자. 내가 제시한 빠른 필기 기술을 너무 열정적으로 받아들이는 와중에 해당 내용을 적자마자 자신도 전혀 이해할 수 없는 내용이 될 정도로 축약시키진 말자!

축약 정도를 약간 줄이고 노트 필기를 더 길게 하는 것도 좋은 방법이다. 어떤 방식을 선택하든 원래 목적을 유지하자. 즉, 선생님이 전달하는 모든 정보를 미친 듯 받아적기보다 빠른 필기법을 통해 선생님의 강의에 더 귀 기울일 시간을 갖자.

모든 수업에 적극 참여하라

강의 위주가 아닌, 수많은 수업들은 대부분 질문과 답변으로 이루어진 능동적인 토론수업 형태라는 것을 알 수 있다. 토론수업에서 이루어지는 대화는 특정 주제에 대한 여러분의 지식과 이해, 더 노력해야 할 부분을 모두 확인하는 데 중요한 역할을 한다.

능력껏 모든 토론수업에 참여하자. 대부분의 선생님들은 수업참여도를 한 학기 점수를 판단하는 핵심요소로 고려한다. 아무리 많은 보고서와 시험에서 최고점을 받았더라도 수업시간에 한 번도 입을 안 떼었다면 A이하 학점을 받더라도 놀랄 일은 아닐 것이다.

특정 논점이나 생각을 떠올리는 데 어려움을 겪는다면 다시 복습하거나 더 분명히 이해하기 위해 노력하자. 교수님의 선호도나 수업 형태에 따라 답을 얻어야 할 질문을 던지는 것도 좋다. 하지만 선생님이나 학급 친구의 말에 동의하지 않는다는 이유로 자신이 이해하지 못하는 그 부분을 분석하거나 더 안 좋은 방향으로 나아가 그에 대한 반론을 준비하느라 지금 자신이 잘하고 있는 노트 필기법을 자신도 모르는 사이 방해하지 않도록 주의하자. 정교한 질문을 던지기 위해 마음 속으로 계속 생각하는 데 시간을 쓰는 것도 자신을 방해하는 요인이 된다. 앞에서 말한 3가지 행동은 모두 같은 문제로 귀결된다. 즉, 여러분은 어느 순간 선생님의 수업을 전혀 듣지 않게 된다는 것이다!

마지막으로 학급 친구들의 말에 귀 기울이자. 친구들의 말, 태도, 의견은 선생님만큼 도움이 되고 통찰력 있는 경우가 있다.

자신의 이름이 호명되면 갑자기 부끄러워지거나 알고 있던 것도 잊어버린다면? 토론 참여보다 질문하는 쪽으로 가자. 토론에 참여하는 것보다 쉽고 시간이 지나면서 그 토론수업에 편안해져 서서히 참여할 수도 있다. 정말 얼굴이 화끈거려 입조차 못 뗄 정도라면 웅변학원을 다녀보자.

가장 중요한 것으로 준비하고 연습하자. 교실 칠판 앞에 서거나 자리에 앉은 채 토론에 참여하는 데서 오는 두려움은 대부분 자신감

결여에서 생긴다.

자신감 부족은 준비 부족에서 비롯된다. 더 많이 준비한다면(토론 내용을 잘 이해하고 있다면) 여러분은 손을 들고 자신이 알고 있는 것을 '자랑스럽게 이야기'하거나 하고 싶을 것이다. 친구, 부모님, 친척들과 연습하는 것도 도움이 될 것이다.

발표수업에 어려움을 겪는다면 그에 대한 내용은 제8장에서 다룰 것이다. 제8장에 쓴 힌트가 발표수업이 불러 일으킬 수 있는 많은 두려움을 없앨 것이라고 나는 생각한다.

수업 후 해야 할 일

수업이 끝난 직후, 여러분의 노트를 복습하고 '빈 공간'을 채우고 찾아보아야 하거나 다음 수업시간에 물어보아야 할 질문을 적고 달력에 새로 추가된 과제들을 적어놓자.

일반적으로 나는 여러분의 노트 필기를 다시 옮겨 적는 것을 별로 권하지 않는다. 노트 필기는 처음 적을 때부터 좋은 필기를 써 이후 자신의 필기를 다시 예쁘게 옮겨 적는 데 시간을 낭비하지 않는 것이 더 중요하다고 믿기 때문이다. 하지만 글씨를 빨리 적거나 이후 읽기 어렵게 쓰는 편이라면 읽기 좋게 다시 옮겨 적는 것이 나을 수도 있고 그 과정에서 필기를 요약할 수도 있을 것이다. 여러분의 노트 필기 내용이 뛰어날수록 적합한 내용을 한눈에 파악하고 기억하기 쉬워질 것이다.

대부분의 고등학생들에게는 쉽지 않을 수도 있지만 어느 정도 수업 선택에 자율권이 있는 대학생이라면 '수업 후 공강'을 권한다. 수업이 끝난 후, 최소 30분이라도 여유 시간을 두어 수업 도중 노트 필기를 복습하고 다음 수업을 준비할 시간을 가져라.

공강을 만들 수 없는 상황이라면 수업 사이 공강시간을 최소화하자.

⊕ 수업에 결석했다면

이번 장에서 배운 팁들을 모두 수업에 아무리 성실히 적용하더라도 주기적으로 수업에 결석한다면 모두 무용지물일 것이다. 그러니 수업에 절대로 결석하지 말자! 각 분기나 학기말에 모든 수업에 참여하는 것은 특히 중요하다. 선생님들은 학기 마지막 주를 한 학기 동안의 수업 내용을 복습하는 경우가 있는데(여러분 각자의 복습시간을 줄일 절호의 기회다) 선생님들이 생각하기에 여전히 제대로 설명이 안 되는 부분을 다시 다루고 질문과 답변하는 데 사용하기도 한다. 학생들은 예외 없이 이 주간에 기말고사에 대해 물을 것이고 선생님들은 시험이 어떤 방식으로 이루어질 것인지 몇 가지 특별한 설명을 곁들여 답변해줄 것이다.

정말 결석해야 할 상황이라면 수업 필기를 정말 잘하는 사람을 찾아 노트를 빌릴 수 있는지 물어보자. 어떤 교수님들은 노트를 빌려 주거나 노트한 내용을 온라인에 올리기도 한다.

자료조사 준비하기

"지식의 종류는 2가지다. 즉, 우리 스스로 알고 있는
지식과 그것에 대한 정보가 어디 있는지 아는 지식이다."

▽

사무엘 존슨

Ready your Research

고등학교나 대학에서는 사실상 모든 비 과학 수업에서 서면이나 발표형 보고서를 준비해야 할 것이다(과학수업의 경우, 연구 결과 보고서).

이번 장에서는 어떤 형식의 과제나 보고서에도 여러분이 따라야 할 일반적인 규칙, 도서관이나 온라인상에서 자료조사하는 법, 실제 보고서 작성 전에 반드시 마무리해야 할 모든 단계를 다룰 것이다.

제8장에서는 여러분의 세부적인 자료조사 결과를 제대로 쓰이고 표현된 서면 보고서나 발표형 보고서로 바꾸는 데 필요한 모든 것을 다룰 것이다.

제7장과 제8장을 읽는다고 당장 엄청난 작가가 되어 학교를 그만 두고 서점 앞에 최신 베스트셀러 작품을 근사하게 전시하기 위해 서점을 방문할 것이라는 뜻은 물론 아니다.

하지만 만족스러울 정도로 서면이나 발표형 보고서를 완성하는데 따라야 할 간단한 단계와 규칙을 알게 되면 서면이나 발표형 보고서에 두려움을 가질 필요는 전혀 없을 것이다. 사실 보고서 작성의 90%는 글쓰기 자체나 글씨기 능력과 별 상관없음을 알게 된다면 말이다. 그리고 내 제안대로 일단 보고서를 작성해 한두 단계 더 높은 점수를 받을 것이라는 자신감을 갖는다면 작가가 되기에는 자신이 세계에서 가장 소질 없다고 생각하는 와중에도 여전히 보고서 작성에 두려움을 가질 필요는 전혀 없다.

연구 보고서는 많은 작업이 필요하지만 그 보상도 엄청나다. 여러분은 다음과 같은 것을 배울 것이다.

- 그 어떤 주제 정보라도 찾아내는 법
- 그렇게 얻은 정보를 분류하고 자신의 주제에 대한 결론에 이르는 법
- 체계적이고 심도 있는 보고서를 준비하는 법
- 자신의 생각을 분명하고 효율적으로 제시하는 법

학교에서 배울 모든 것 중 연구 보고서를 만들면서 얻는 능력은 가장 가치 있는 것 중 하나다.

여러분이 이런 능력을 개발하면 고등학교나 대학 어느 수업에서도 사용할 수 있다. 타 연구 보고서를 작성할 때뿐만 아니라 에세이,

독서 보고서, 실험 보고서처럼 더 작은 과제들을 하는 데도 유용하게 쓰일 것이다.

졸업 후 직장생활에서도 이 능력은 여러분이 앞서가게 도와줄 것이다. 주제 분석력과 이것을 글로 간단명료하게 적는 능력은 어떤 커리어를 선택하든 매우 값진 능력으로 자리잡을 것이다.

5가지 기본 규칙

일단 머리 속에 반드시 새겨야 할 5가지 기본 규칙을 알아보자.

• 항상 선생님의 지시사항을 이행하자.
• 항상 제 시간에 보고서를 제출하자.
• 항상 깨끗하고 분명히 작성된 보고서를 제출하자.
• 항상 자신이 쓴 모든 보고서의 복사본을 최소 한 장은 보관하자.
• 자신이 쓴 그 어떤 보고서에서도 철자나 문법적 오류가 절대로 없도록 하자.

⊕ 타이핑해 작성하고 싶다면

여러분의 선생님은 다음 지시사항을 포함시킬 것이다.
• 주제를 정해야 할 전반적인 영역. 즉, '미국 우드로 윌슨 대통령

임기에 대한 몇 가지 측면', '대법원 판결', '에드가 앨런 포의 단
편', '아이작 뉴튼의 법칙 중 하나'
- 파일 형식에 대한 세부적인 제한
- 적절한 파일 길이
- 전반적인 각주 및 미주 표시 방식과 참조문헌 표시법
- 기타 세부적인 지시사항

선생님의 지시사항이 무엇이든 글자 그대로 이행하자. 일부 고등
학교 선생님들은 지시사항을 제대로 지키지 못한 부분을 용서해줄
지도 모르지만 내가 아는 일부 대학 교수들은 자신들의 요구대로 보
고서가 작성되지 않았다는 이유만으로 보고서 제출을 거부한 경우
도 있다. 즉, 보고서 내용은 그럴 듯하지만 지시사항을 제대로 이행
하지 않은 학생에게 보고서를 읽지도 않고 F 학점을 주었다.

극소수 지시사항을 주거나 지시사항 자체를 안 주는 선생님이나
교수님을 분명히 만날 것이다. 여러분은 그들에게 "보고서의 길이가
어느 정도 되어야 합니까?"라고 물어보면 "너무 지나치지 않은 선이
면 됩니다."라고 답할 것이다. 이때 상식 선에서 생각하자.

여러분이 중·고등학생이라면 선생님이 원하는 것이 50페이지 분
량의 논문을 의미하진 않겠지만 대학 교수님은 3페이지 분량의 보
고서(줄 간격이 매우 넓은)를 대학 수준에서 받아들일 분량으로 생각하진
않을 것이다. 앞에서 했던 과제를 가이드라인으로 삼자.

특정 지시사항이 잘 이해되지 않거나 주제 영역에 대한 이해가 불분명하다면 선생님과 대화를 나누어 여러분을 혼란스럽게 만드는 부분을 분명히 가릴 책임이 여러분에게 있다.

또한 특히 과제에 애매모호한 주제 영역이 있다면 진행하려는 주제를 2~3개 정해 선생님께 미리 자문하고 허락받는 것도 좋은 방법이다.

⊕ 용인할 수 있는 변명은 없다

치명적 질병이나 생사가 걸린 위급한 상황을 제외하면 과제를 늦게 제출할 이유는 전혀 없다. 다시 말하지만 늦게 제출한 과제를 절대로 안 받는 선생님도 있다. 여러분이 지각했을 때 운이 좋으면 학점을 A~B나 그 이하로 낮추지만 받아주는 경우는 절대로 없다. 정상 참작이 가능한 경우(기존 질병이 계속되거나 가족의 죽음 등), 선생님께 즉시 알리고 제출기한 연장을 다시 요청하자.

⊕ 보고서는 정말 중요하다

선생님들은 수많은 보고서를 읽어야 한다. 수백 페이지를 읽은 후, 구겨지거나 커피가 묻었거나 연필이 번진 보고서로 선생님을 불쾌하게 만든다면 선생님을 탓할 수는 없다.

눈에 거슬리는 보고서의 외형 때문에 실제 보고서의 훌륭한 내용보다 낮은 학점을 받더라도 놀랄 일이 아니다.

훌륭한 내용은 당연히 선생님이 원하며 쓴 내용에 따라 점수를 매기는 것이 맞지만 보고서의 외형은 정말 중요하다. 여러분의 보고서에 자부심을 갖도록 가르치려는 선생님을 탓할 수는 없으니 다음 사항을 따르자.

- 절대로 보고서를 손으로 쓰지 말자.
- 손으로 쓰든 인쇄체로 작성하든 모든 장이 깨끗하고 보기 좋아야 한다.
- 특별한 지시사항이 없으면 항상 두 줄을 띄어 타이핑하고 너무 지나치지 않게 적절한 여백을 두자.
- 간단명료하고 읽기 쉬운 간결한 폰트를 쓰자. 즉, 5장짜리 보고서를 10장으로 만드는 너무 큰 폰트나 너무 작고 읽기 힘든 폰트는 사용하지 말자.
- 보고서 전체에 화려한 이탤릭체, 고딕체, 모던체, 다양한 장식이나 읽기 힘든 폰트는 절대로 쓰지 말자.

⊕ 당신의 이전 보고서가 가르쳐주는 것

제출 후 돌려받은 이전 보고서에는 도움이 될 만한 수많은 코멘트가 적혀 있다. 이것이 바로 이전 보고서를 안 버리고 보관해야 하는 이유다. 선생님은 이전 보고서에서 무슨 말을 하고 싶었을까? 선생님의 이전 코멘트는 지금 여러분이 작성하는 보고서에도 적용할 수 있을까? 문법적 오류, 체계적이지 않은 개요, 자료조사 부족, 부적절한 문단간 이동, 오타 등에 대한 코멘트가 많을수록 그리고 누구나 예상할 수 있겠지만 이전 보고서 학점이 낮을수록 다음 보고서를 위해 선생님이 제시하는 방향은 훨씬 광범위하며 어느 부분을 보강해 A⁺를 받을 수 있는지 보여줄 것이다.

이전 보고서에서 낮은 학점을 받았지만 아무 코멘트가 없다면 선생님을 찾아가 낮은 학점을 준 이유를 물어보자. 다음 보고서를 잘 쓸 수 있는 코멘트를 받을 뿐만 아니라 신경 써 보고서를 쓰고 있다는 인상을 주고 그렇게 심어준 인상은 다음에 받을 학점에도 도움이 될 것이다.

많은 기업체들은 무의식적으로 문법적 오류나 철자 오류가 있는 이력서와 자기소개서를 1차에서 거른다. 선생님들은 그렇지 않을 것이라는 생각을 버리자. 즉, 분명히 어떤 선생님들은 오류를 제외한 다른 부분들은 매우 훌륭한 내용을 담고 있다는 사실은 전혀 인지하지 못하고 F학점을 줄 것이니 '콘스탄티노플'을 '콘스틴티노플'로 잘못 쓰거나 분사 형태가 틀리면 엄청난 결과를 초래할 수도 있음을 명심하자.

자료조사 수행법

어떤 보고서를 쓰든 가장 넓은 개요, 주제, 자료원으로 시작하고 조사를 진행하면서 구체적 주제와 자료원으로 초점을 점점 좁혀야 한다.

일반적으로 백과사전 내용들은 여러분이 찾을 수 있는 가장 광범위하고 요약된 자료들이다. 백과사전은 비교적 방대한 영역을 다루며 최신자료이므로 '큰 개요'를 그리는 자료원으로 가장 적합하다고 할 수 있다. 하지만 백과사전은 시작점일 뿐임을 기억하자. 대부분의 선생님들은 위키피디아의 내용을 철저히 말만 바꾸어 작성한 보고서는 수용하지 않을 것이다. 3가지 백과사전 전체를 그대로 끌어쓰거나 자료의 객관성을 확인할 수 없는 여러 웹사이트를 통째로 쓴 참고문헌도 받아들이지 않을 것이다.

세분화된 주제로 분류된 백과사전으로 넘어가는 것을 고려하자. 여러분이 생각할 수 있는 대상에 대한 매우 두꺼운 백과사전들이 분명히 있다. 구체적으로 크리스마스 백과사전, 찰리 챈의 영화 백과사전, 고생물학 백과사전, 르네상스시대 백과사전, 사막 백과사전, 담배와 흡연 백과사전, 간호역사 백과사전, 음식 관련 옥스퍼드 컴패니언 백과사전 등이다.

여러분이 근대사 인물 보고서를 쓴다면 인물의 전기 관련 사전이나 유명 인명사전 'Who's Who' 시리즈를 읽어볼 수도 있다. 'Who's

Who' 시리즈는 미술, 미국 유대인, 영화산업, 베트남에 이르기까지 다양한 분야의 인물을 다루고 있다.

물론 새로 참조할 만한 웹사이트들은 거의 1시간에 하나씩 생기고 있다. 현대화된 이 많은 자료원은 추가로 자료조사를 안 하고도 유익한 주제를 매우 쉽게 고르고 훌륭한 보고서를 작성하게 해주고 초기 개요를 작성할 때 충분한 자료를 모으게 해준다.

하지만 A⁺를 받을 수 있는 보고서는 여전히 더 심도 있는 정보를 위해 타 자료들을 찾아보도록 한다. 여러분은 자신의 주제의 모든 면에 대한 잡지, 신문, 학술지뿐만 아니라 전문가가 집필한 책도 읽어야 할 것이다.

그것까지 읽으면 끝난 것일까? 팜플렛, 문집, 책자, 정부 출간문서, 영화, 각종 비디오도 여러분의 보고서에 사용될 수 있는 정보원이다.

⊕ 자료 평가하기

여러분은 자료로 사용하고 싶은 정보가 너무 많아 다 읽어보지 못할지도 모른다. 가장 최근 출간되었거나 유명인이나 유명단체가 쓴 자료들에 집중하자. 하지만 너무 이 자료들에만 빠지진 말자. 즉, 다양한 범주의 정보 수집이 중요하다. 특정 자료에 너무 치중하면 해당 주제의 한 가지 면만 알게 될지도 모른다.

자료원에는 1순위와 2순위 2가지 유형이 있다.

1순위 자료원은 특정 사건을 실제로 목격하거나 경험한 사람들이 쓴 자료다. 한 과학자가 직접 실행한 실험보고서를 읽는다면 1순위 자료원을 참고하는 것이다.

2순위 자료원은 사건을 직접 경험하진 않았지만 그 주제의 연구 진행자들이 쓴 자료다. 1960년대 출생자가 쓴 1950년대 이야기를 참조하고 있다면 여러분은 2순위 자료원을 참고하는 것이다.

1순위 자료원에 더 신뢰가 가는 경향이지만 주제에 따라 1순위 자료원이 전혀 없는 경우도 분명히 있을 것이다.

⊕ 자료를 어디서 찾아야 할까?

여러분의 주제에 대해 누군가가 잡지기사나 신문기사를 썼는지 어떻게 알 수 있을까? 여러분의 주제에 대해 정부 출간문서나 팜플렛이 도움을 줄 수 있는지 어떻게 알 수 있을까? 전문가가 쓴 책들을 어떻게 찾을 수 있을까?

공공도서관이나 학교 도서관을 찾아가 각종 출판물 색인을 문의할 수 있다. 이 색인들은 도서관에서 찾을 수 있거나 출시된 학술지, 서적, 여러 자료를 나열한 것이다. 이 자료들은 온라인에서도 참조할 수 있다.

⊕ 도서관 정리 방식

많은 도서관들은 그들이 보유한 수많은 서적들에 접근하기 쉽도록 다양한 기술을 받아들이는 선두주자 역할을 해왔다. 한때 색인카드에 보관되었지만 오늘날 대부분 전산화된 카드형 카탈로그는 주제별, 저자별, 제목별 색인이 가능하고 다양하게 조율된 데이터베이스, 프로그램, 앱들은 신문 마이크로피시, 수직 서류, 한때 자료실 한 관을 차지했던 방대한 양의 백과사전까지도 대체했다. 여러분의 지역 공공기관, 학교, 대학 도서관 사서를 찾아가 그 도서관에서 찾아볼 수 있는 특정 자료들에 익숙해지자.

도서관이 듀이 10진 분류법을 사용하지 않는다면 국회도서관 분류법에 따라 책을 분류할 것이며 이 분류법은 주요 범주를 숫자 대신 알파벳으로 나타낸다.

A 일반 서적(백과사전 및 기타 참조서적)

B 철학, 심리학, 종교학

C 역사: 보조 학문(고고학, 계보학 등)

D 역사: 일반, 미국 이외

E 미국 역사(일반)

F 미국 역사(지역)

G 지리학/인류학

H 사회과학(사회학, 비즈니스, 경제학)

J 정치과학

K 법학

L 교육학

M 음악

다음 페이지로 ➡

N	미술(예술 및 건축)
P	언어/문학
Q	과학
R	약학
S	농업
T	기술
U	군사과학
V	조선학
Z	서지학/도서관학

⊕ 온라인 자료조사

인터넷상 자료는 너무 방대해 그 양에 쉽게 압도당할 정도다. 특히 필요한 책을 도서관에서 더 이상 찾을 수 없다면 필요한 자료가 있는, 일부 숨은 웹사이트를 접한다면 큰 도움이 될 수 있지만 저자는 여전히 여러분의 자료조사의 대부분이 온라인에서 진행된다면 많은 시간을 허비할 것이라고 확신한다. 온라인에서 자료조사를 진행하면 우스울 정도로 옆길로 새기 쉽다.

연구 중심의 대부분의 웹사이트의 기본 정도가 하루가 다르게 바뀌는 경우는 드물지만 그렇다고 모든 웹사이트가 그런 것은 분명히 아니다. 아무리 같은 키워드 검색을 하더라도 이틀 간격으로(또는 2개 검색엔진을 사용하면) 완전히 다른 검색 결과를 얻을 수 있듯이 다음 키워드를 검색하면 필요한 정보는 이미 삭제되었을 것이므로 매우 유익한 자료를 찾았다면 다운로드받아 여러분의 하드 드라이브에 저장하거나 인쇄해두자.

아마존이나 기타 온라인 서점들은 신간서적이 출시되거나 대부분 지역서점에 주문해 카탈로그에 넣어 판매대에 놓기도 전에 이미 판매를 시작한다(또는 E-book 버전을 살 수도 있다). 오늘날 이 사이트들은 수많은 책들을 페이지 별로 검색하는 기능이 있다. 즉, 목차와 발췌 부분부터 50페이지나 그 이상까지 검색할 수 있다. 이 기능은 해당 책 자체나 자신이 검색해본 특정 부분만 자신의 주제와 관련 있는지 여부를 판단하는 데 도움을 줄 수 있다.

특히 아마존이 "이 책을 산 사람들은 이 책들도 샀습니다."라고 제공하는 기능은 관련 도서를 확인하는 좋은 방법이다.

이 책에는 관련 인터넷 사이트를 조금이라도 나열할 공간이 없다. 그 대신 자료조사를 온라인에서 한다면 이것만큼은 기억하자.

- 일부 웹사이트들은 제대로 된 정보를 제공하고 체계적인 반면, 일부 다른 웹사이트들은 이상한 정보를 제공하거나 정보량이 너무 적을 수도 있다.
- 일부 웹사이트들은 제대로 연구된, 믿을 만한 사이트이지만 일부 다른 웹사이트들은 해당 주제 광팬의 개인적인 주관일 수도 있다. 컴퓨터 화면에 뭔가 있다고 반드시 진실이라는 보장은

없다.

- 일부 웹사이트들은 편향되지 않은 정보를 전혀 숨은 의도 없이 제공하지만 일부 다른 웹사이트들은 여러분을 자신들이 생각하는 방식으로 만들기 위해 편향된 정보를 제공하거나 뭔가를 구입하도록 유도하는 정보를 제공한다.
- 일부 웹사이트들은 사용하기 쉽지만 일부 다른 웹사이트들은 여러분이 필요한 정보를 찾기 위해 수많은 리스트 속에서 직접 검색하도록 한다.
- 일부 웹사이트들은 정보를 제공하고 일부 다른 웹사이트들은 타 웹사이트 링크나 타 웹 페이지 리스트만 제공한다.
- 일부 웹사이트들은 여러분이 다시 찾을 때 이미 사라졌을 수도 있다.
- 일부 웹사이트들은 무료이며 일부 다른 웹사이트들은 소액이나 거액을 내야만 사용할 수도 있다. 유료 웹사이트를 사용하기 전, 지불할 액수부터 반드시 확인하자.

인터넷 자료의 방대함과 중요성에도 불구하고 오프라인 도서관이 완전히 낡은 유물이 된 것은 아니다. 전 세계 거의 모든 도서관을 컴퓨터에서 방문할 수 있다는 사실이 여러분의 지역 도서관, 학교 도서관과 친숙해져야 하는 이유다. 온라인에서 뭔가를 하는 것이 직접 해보는 것보다 항상 재미있고 효율적이고 즐겁지만은 않음을 알게 될 것이다.

프라이의 보고서 작성 시스템

자, 이번에는 여러 수업에 사용할 멋진 보고서, 프레젠테이션, 발표자료를 만들어내는 모든 필수 단계를 알아보자.

작업이 더 어렵거나 작업을 마치는 데 시간이 더 많이 들수록 시간관리 기술은 더 중요하다.

특정 프로젝트를 다루기 쉬운 작은 단계들로 나누자마자 덜 혼란스럽고 덜 서둘고 프로젝트가 덜 두려워진다.

개인별로 약간의 편차는 있겠지만 다음은 모든 서면 형식의 보고서나 보고서에서 흔히 사용되는 단계들이다.

1 예비주제 조사하기

2 최종주제 정하기

3 초기 자료조사 시작하기

4 일반 개요 짜기

5 세부 자료조사 시작하기

6 세부 개요 준비하기(노트카드의 내용을 토대로)

7 초안 작성하기

다음 페이지로 ○

8 추가 자료조사 진행하기(필요한 경우)

9 2차 초안 작성하기(작성 후, 계속 퇴고하기)

10 최종 참고문헌 준비하기

11 철자와 문법 점검하기

12 다른 사람에게 교정교열 부탁하기

13 최종안 작성하기

14 마지막으로 한 번 더 퇴고하기

15 제출 후, A⁺ 받기

⊕ 작업 스케줄 정하기

이 모든 작업을 효율적, 효과적으로 하려면 세심한 시간관리와 계획이 필요하다. 이 과제가 짧은 시간 안에 끝내야 할 단 한 가지 과제나 보고서는 아닐 것이다.

그러니 달력을 꺼내 각 과제 제출일을 표시해두자. 최종마감일까지 몇 주 남았는가? 4주? 6주? 10주? 남은 기간의 절반이나 3/4을 자료조사에 쓰고 나머지 기간은 실제로 작성하는 데 쓰자.

매주 자신의 보고서에 들일 일정 시간을 따로 정해두자. 여러 개의 짧은 시간보다 적더라도 긴 시간(가능하면 최소 2~3시간)으로 계획을 세우자. 안 그러면 지난 번에 어디서 마무리했는지 기억하는 데 시간이 너무 많이 들고 불필요하게 특정 단계를 반복할 것이다.

자신의 작업 스케줄을 세우면서 각 단계들의 마감일도 세워놓자.

최소 6가지 다른 자료를 참조하거나 읽어보자(선생님이나 수업이 그 이상 요구할지도 모른다. 즉, 그보다 적은 자료를 참조할 것이라고 나는 생각하지 않는다). 그리고 최종안을 만들기 전, 최소 2~3개 초안을 작성할 계획을 세우자.

자신의 작업 스케줄을 자주 검토해 스케줄보다 뒤처지면 속도를 조절하자.

1~2단계: 주제에 대해 자료조사하고 마무리하라

선생님이 주제나 대략적인 학문 영역만 정해주고 그 안에서 여러분 스스로 특정 주제를 정해야 할 경우도 있다.

이때 함정에 주의해야 한다. 정부 관련 수업에서 12페이지 분량의 보고서를 작성해야 하는데 여러분이 '미국 역사 속의 장애인 관련 입법'을 주제로 정했다고 가정하자. 정말 그 광범위한 주제를 12장만으로 다룰 수 있겠는가? 아닐 것이다. 그 주제라면 여러 장의 단행본을 집필하고도(많은 사람들이 그래왔다!) 아직 할 말이 많을 것이다.

그 대신 여러분은 광범위한 특정 주제 속에 한정된 면에 집중해야 한다. 이전 주제를 '미국 장애인법 처리'로 구체화할 수 있을 것이다. 이 주제라면 중·고등학교에서도 충분히 다룰 수 있다. 첫 자료조사를 마친 후, 이 주제마저 너무 광범위한지 여부를 판단할 수 있고 주제를 더 좁혀나가야 한다.

너무 한정된 주제를 정하면 보고서 2페이지 중간에서 쓸 정보가 떨어질 수도 있다. '미국 장애인법의 채프먼 개정'으로 재미있는 3~4 페이지 분량의 보고서를 쓸 수는 있겠지만 10~15페이지를 채우진 못할 것이다. 14포인트 글씨 크기와 문장 간격을 아무리 넓혀도 말이다.

자신의 주제에 대한 충분한 조사자료 준비를 명심하고 그 주제에 대해 다각도에서 얻도록 충분한 자료원을 사용하자(타인의 관점이 여러분의 관점과 똑같이 들리도록 여러 주장을 뒷받침하는 자료가 부족하지 않도록 신경 쓰자).

너무 난해한 주제를 선택하면 자료가 너무 적거나 전무할 것이다. 그때 직접 주제 관련 실험을 하고 조사 주제 관련 인터뷰를 실시해 자신만의 1차 자료를 만들어야 한다. 저자 생각에는 여러분이 이 접근법을 취하기에는 시간, 의욕, 경험 모두 분명히 모자랄 것이다.

앞에서 말한 것을 모두 고려해 자신의 보고서에 쓸 주제에 대한 브레인스토밍을 해보자. 처음 생각해낸 주제에 안주하지 말자. 여러 다른 주제 후보들을 떠올려보자. 이 책을 내려놓고 3~4개 예비 주제를 떠올려보자.

똑같은 자료조사로 2개 이상의 보고서를 작성하려고 한다면 어떨까? 물론 단순히 2개 수업에 똑같은 보고서를 내면 안 되겠지만 약간의 추가 자료조사(또 하나의 전혀 다른 보고서 작성을 위해 필요한 만큼은 아닌)만으로 첫 번째 작성한 보고서를 어느 정도 참고해 두 번째 보고서를 작성할 수도 있다. 자료조사 시간을 극대화할 굉장한 방법 아닌가!

3단계: 초기 자료조사를 시작하라

예비주제들을 정했는가? 그럼, 이제 도서관으로 가자. 추가 자료조사를 조금 더 해야 한다. 도서관 카드, 카탈로그 색인, 정기간행물에 대한 독자 지침서나 기타 출판물 색인을 찾아보자. 자신이 가진 '예비' 주제 리스트 각각에 대해 얼마나 많은 책과 논문들이 쓰였는지 확인한 후, 각 주제 관련 배경지식이 담긴 글이나 백과사전을 읽어보자.

그 대체수단으로 온라인상에서 어느 정도 시간을 쓸 수도 있다. 여러분의 주제만 위해 쓰인 특정 웹사이트가 있는가? 아니면 여러분의 예비주제로 검색한 104,424개의 검색 결과가 실제로는 자신의 예비주제와 아무 관계가 없는가?

불행 중 다행으로 최소 한 가지 유용한 자료를 갖춘 주제를 찾아낼 수도 있다. 2개 이상의 주제들이 예비주제 조사 테스트를 통과했다면 그 중 가장 흥미로운 것을 고르자. 그 주제에 대해 배우는 데 시간이 많이 들 것이므로 최대한 즐길 수 있는 주제를 고르는 것이 좋다!

▶임시 논지 만들기

자신의 보고서에 쓸 주제를 정했다면 임시 논지를 정하자. 여기서 '논지'는 가설에 대한 비교 개념이고 단어 뜻 자체를 의미한다. 즉, 여러분의 보고서에서 증명하거나 반박하려는 중심생각이다. 논지는 주제와 같은 개념이 아니다. 주제는 여러분이 연구하는 대상이고 논지는 연구로부터 이끌어내려는 결과다.

'논지 문장'은 보고서 속의 중심생각을 1~2개 문장으로 종합한 문장이다.

주의 깊이 볼 것은 내가 '임시' 논지라고 말한 점이다. 임시 논지는 여러분의 최종 논지가 안 될 수도 있다. 여러분이 모든 자료조사를 완벽히 마치지 않았기 때문에 현 단계에서 "최고로 예측할 수 있는" 논지를 제시하는 것뿐이다.

머리 속에 임시 논지가 쉽게 떠오르지 않는다면(분명히 그럴 가능성이 크다) 차분히 자리에 앉아 좀 더 브레인스토밍해보자. 다음 질문들을 자신에게 던져보자.

- _____ 에 대해 특별하거나 흔치 않은 점은 무엇인가(빈 칸에 자신의 주제를 적어보자)?
- _____ 는 과거 사건과 어떤 연관이 있는가?
- _____ 는 사회에 어떤 영향을 미쳤는가?
- 내가 _____ 에 대해 세상에 알리고 싶은 점은 무엇인가?
- _____ 에 대한 나의 질문은 무엇인가?

아마도 여러분은 예비조사 단계에서 임시 논지가 금방 떠오르지 않는다는 것을 알아차렸을 것이다. 자신의 생각을 조금 바꿔야 하는데 심지어 자신의 기존 생각과 완전히 정반대의 임시 논지로 정하는 경우도 있을 것이다! 사실 여러분은 조사를 진행하면서 자신의 논지를 여러 번 바꾸게 될 것이다.

4단계: 대략적인 개요를 만들어라

일단 임시 논지를 정했다면 보고서에서 자신의 주제에 어떤 식으로 접근할지 생각해보자. 여러분이 조사하려는 다양한 이슈들을 써내려가고 그 이슈 순서를 나타내는, 간략한 임시 개요를 생각해보자.

이 개요에 대해 너무 걱정하진 말자(이 개요는 아무리 좋아도 결국 간략한 형태일 뿐이다. 단지 여러분의 자료조사의 시작점이자 주제 관련 접근 계획일 뿐이다. 하지만 그렇다고 이 단계를 건너뛰진 말자). 이 단계는 여러분이 자료조사를 통해 찾아낸 것을 조직화하는 데 큰 도움을 주기 때문이다.

5단계: 세부 자료조사를 하라

이미 우리는 도서관과 온라인상 자료들을 살펴보았고 그것들을 어떻게 사용해야 하는지도 알아보았다. 이제 보고서에 쓸, 우리가 수

집할 모든 자원과 정보를 정확히 어떻게 파악해야 하는지 알아보자. 2가지 단계가 있다.

첫 번째, 여러분이 검토하려는 각 자료원에 맞게 참고문헌 카드를 만들어 그 카드의 모든 정보를 단일 리스트로 만든다. 즉, 현재 진행 중인 참고문헌 목록이다. 이 2가지 단계는 여러분의 자료조사를 체계적이고 효율적으로 실행하도록 도와줄 수 있고 최종 참고문헌 준비 절차를 간소화시킬 수도 있다.

현재 진행 중인 참고문헌 목록을 만들려면 가로 세로 3×5인치 색인 카드가 필요하다. 이후, 보고서용 메모를 할 때도 이 색인 카드를 사용할 것이므로 대용량 색인 카드를 구입하자. 300장 정도면 충분할 것이다. 색인 카드를 준비하면서 이 카드들을 담을, 디자인된 소형 파일 박스도 준비하자. 준비한 박스에는 자신의 이름, 주소, 전화번호를 써두자. 이 박스를 잃어버리면 주운 사람이 여러분에게 돌려줄 것이다.

자신의 보고서와 관련 있을 만한 정보를 가진 모든 자료원을 찾을 체계적인 자료조사를 시작하자. 도움이 될 만한 책, 논문, 웹사이트나 기타 자료원을 찾았다면 노트 카드를 꺼내 앞장에 다음 정보를 기입하자.

카드 우측 상단: 도서관의 도서번호(듀이 10진 분류법이나 국회도서관 분류법 번호)가 있다면 적고 URL인 경우, 해당 주소를 적자. 도서관에서 해당 도서를 찾는 데 도움이 될 정보라면 무엇이든 함께 기입하자(과학

도서 열람실', '참고서적실'). 인터넷 주소를 쓸 경우, 해당 주소를 "완벽히" 적어두자.

카드 중앙: 저자의 이름이 있다면 저자의 이름을 쓰자. 즉, 성, 이름, 중간 이름이 있으면 이름이나 이니셜을 쓴다. 기사 제목이 있으면 따옴표 사이에 적고 책, 잡지, 신문, 출판물의 제목을 밑줄과 함께 적자(우측 상단에 이미 완벽한 인터넷 주소를 적었다면 이 부분에 다시 중복해 기입할 필요는 없다).

해당 서적이나 논문, 기사를 다시 찾아야 한다면 출판일, 몇 판, 몇 권 정보와 해당 기사나 정보가 나와 있는 특정 발행번호, 페이지 번호와 같은 세부 정보도 적어두자.

카드 좌측 상단: 카드번호를 기입하자. 처음 작성하는 카드는 #1, 두 번째는 #2, 이런 식으로 번호를 계속 매기자. 도중에 실수로 특정 번호를 건너뛰었더라도 너무 걱정하진 말자. 각 카드에 번호들을 부여한 사실 자체가 중요하다.

앞에서 말한 정보를 매번 잠재적 정보원을 찾을 때마다 작성하고 한 카드에는 한 정보원의 정보만 기입하자. 카드에는 어느 정도 여백을 남겨둔다. 이후 새로운 정보를 추가로 기입해야 할지도 모르기 때문이다.

도서 관련 참고문헌 카드 예시

1　　　　　　　　　　　　　　　　315.6

중앙열람실

Spechler, Jay W.(스페츄러, 제이 W)

적절한 편의: 미국 장애인법에 대한 수익성 있는 법 준수

(특히 54~61페이지를 참조할 것)

컴퓨터 카드 카탈로그

대학도서관

잡지 기사에 대한 참고문헌 카드 예시

2　　　　www.timeinc.com/pub/2003/index.html

Smolowe, Jill (스몰로위, 질)

'고상한 목표, 복잡한 결과'

타임지

(2003년 7월 31일; 54~55페이지)

---

* 신문 기사에 대한 참고문헌 카드 예시

3　　　　www.nytimes/index/404/5.html

Wade, Betsy (웨이드, 벳시)

'숙박업체에 대한 장애인의 접근성 이슈'

뉴욕 타임스

(2004년 4월 14일, 5번 섹션, 4페이지)

244 진짜 미국식 공부법

▶유인물과 온라인 정보 인용하기

자신이 사용한 모든 참고자료를 명시하는 방법에 대한 가이드라인은 현대언어협회나 미국 심리학회의 스타일 매뉴얼을 참조하자. 분명히 선생님은 선호하는 매뉴얼이 있을 것이다. 2010년 당시 제16판으로 인쇄된 시카고 스타일 매뉴얼도 참조할 만하다.

고등학생 및 학부생용 보고서 작성 방식에 대한 현대언어협회 핸드북은 2009년 당시 제7판으로 인쇄되어 참조할 수 있다. 대학원생, 학자, 전문작가들을 위한 현대언어협회의 학문출판용 스타일 매뉴얼은 2008년 발간되었다. 미국 심리학회 출판 매뉴얼 제6판(2009)과 미국 전자참고서적용 미국 심리학회 스타일 가이드(2012)가 가장 최근 출간된 것들이다.

▶노트 필기할 준비를 하자

여러분의 참고문헌 카드는 정보사냥용 지도의 역할과 같다. 5~6개 카드를 꺼내 그 카드가 가리키는 곳으로 가자. 도서관의 한적한 책상이나 집에 베이스캠프를 차리고 작업에 나서자.

보고서를 작성할 때는 원본 자료원보다 여러분이 작성한 노트 카드로부터 필요한 모든 정보를 얻으므로 신중하고 완벽한 노트 작성이 매우 중요하다. 그렇다면 노트 카드에는 어떤 종류의 정보를 기입해야 할까? 여러분의 주제 특히 논지 관련 모든 정보를 기입해야 한다. 다음과 같은 것들이 포함된다.

- 대략적인 배경지식(이름, 날짜, 역사적 자료)
- 연구를 통해 도출된 통계
- 전문가 의견
- 전문용어 정의

원본 자료로부터 첫 노트 카드를 작성하기 전, 참고문헌 카드에 기입한 모든 정보가 정확한지 다시 한 번 확인하자. 제목은 기입한 그대로 적혀 있는가? 저자의 이름은 정확히 적혀 있는가? 최종 참고문헌 속에 더 포함시켜야 할 정보가 아직 남아 있는가?

▶노트 필기 가이드라인

일단 여러분의 참고문헌 카드 작성이 끝났다면 옆에 놔두자. 이제 빈 색 카드 몇 장을 꺼내 자신이 참고하는 자료원으로부터 노트 필키를 시작하자. 필기하는 동안 다음 가이드라인을 따르자.

- 각 카드에는 한 가지 생각, 아이디어, 전문가 의견, 사실을 기입한다.
  엄청나게 긴 의견이나 자료를 보고 필요하다면 카드 앞뒷면을 모두 사용하자. 하지만 절대로 다른 카드에 이어서 적으면 안된다.
- 자신의 언어로 작성하자.

자료의 특정 문장이나 특정 부분의 요점을 자신만의 언어로 요약해 재구성하자. 가능하면 글자 그대로 옮기지 않도록 노력한다.

- 글자 그대로 옮긴 자료에는 반드시 따옴표를 사용한다.

특정 부분을 강조하기 위해 타인이 쓴 문장이나 문단을 자신의 보고서에 쓰는 것은 상관없다(너무 자주 하지 않는다는 전제 하에). 하지만 그 경우, 원본으로부터 모든 단어, 쉼표, 마침표까지 "글자 그대로" 그 문장을 가져와야 한다. 이 요소들에는 반드시 따옴표로 표시하고 원본 저자명을 명시해야 한다.

▶노트 카드에 세부사항을 추가하라

각 노트 카드를 마무리하면서 다음 사항들을 실행한다.

- 카드 좌측 상단

원본 자료의 위치를 나타내는 자신의 참고문헌 카드번호를 기입한다(참고문헌 카드의 좌측 상단 번호). 이것은 해당 정보를 어디서 얻었는지 상기시켜줄 것이다.

- 원본 자료 번호 하단

해당 정보가 나와 있는 정확한 페이지 번호를 적는다.

- 자신의 예비 개요를 꺼내자.

자신이 정한 예비 주제 제목들 중 자신이 보고 있는 카드에 적힌 정보가 들어맞는 주제는 어느 것인가? 노트 카드 우측 상단에 주제를 나타내는 적절한 글자나 숫자를 적어둔다.

해당 정보가 어느 주제에 속하는지 모른다면 글자나 숫자 대신 별표(*)를 해둔다. 나중에 더 세부적인 개요를 그렸을 때 별표 친 '기타' 정보들을 더 세부적인 주제에 맞출 수도 있다.

- 주제 표시 글자나 숫자의 옆이나 하단
  카드상 정보를 대표할 수 있는 '표제'를 1~2개 단어로 표시한다.
- 특정 자료원으로부터 노트 필기를 다 했다면
  연계 참고문헌 카드에 체크마크를 해두자. 지금까지 자료원을 모두 검토했음을 알려줄 것이다.
  모든 정보를 노트 카드에 정확히 옮겨 적는 것을 명심하자. 이름, 날짜, 타 통계수치들은 두 번씩 검토하는 것이 바람직하다. 앞에서 설명한 참고문헌 카드와 마찬가지로 이번 장에서 저자가 설명한대로 각 요소들을 카드의 해당 위치에 반드시 적는 것이 중요한 것은 아니다. 중요한 것은 자신이 정한 방식을 일관성 있게 지키는 것이다. 페이지 번호(자료원 번호, 주제 제목, 표제)는 항상 같은 자리에 같은 방식으로 기입하라는 말이다.

▶개인적인 노트 필기를 추가하라
자신의 노트 기입 절차를 진행하다 보면 자신의 주제나 논문에 대한 자신만의 의견, 아이디어, 인상을 써내려가며 '개인' 노트 카드를 만들고 싶을 수도 있다.

각 생각들은 앞에서 여러 다른 자료원으로부터 나온 정보를 노트 카드에 적을 때와 마찬가지로 다른 노트 카드에 적는다. 자신의 생각을 적은 노트 카드도 제목과 작은 표제를 기입하자. 일반적으로 자료원 번호를 기입했던 공간에 해당 정보나 생각 주체가 '자신'임을 상기시키는 자신의 이니셜이나 다른 기호를 사용하자.

축하한다. 이번 장을 읽으면서 여러분이 다양한 관련 정보들을 발견해 뽑아낸 정보를 100여 개 노트 카드에 기입했다면 이제 다음 장으로 넘어갈 준비가 되었다고 생각한다.

진짜 미국식 공부법

제 8 장

훌륭한 보고서 작성하기

"글쓰기는 그림이나 음악처럼 원근법과 명암이 있다. 이 사실을 안다면 다행이고 모른다면 배우자. 그리고 그 법칙을 자신에 맞게 바꾸자."

▽

트루먼 카포트

Write great Papers

여러분의 자료조사는 끝났다.

이 말은 여러분이 아직 초안을 작성하지 않았는데도 보고서 작성 절차가 적어도 절반이나 3/4까지 진행되었다는 의미다.

이제 여러분이 얻은 자료를 정리할 시간이다. 자신의 임시 논지를 계속 진행할지 여부를 결정하고 보고서의 개요와 세부 개요를 어떻게 구성할지 정해야 한다.

6단계: 세부 개요를 준비하라

앞에서 배운 노트 카드가 빛을 발하는 부분이다. 여러분이 작성한

노트 카드는 보고서를 정리하는 데 큰 도움을 주는 도구다. 작성한 모든 노트 카드를 꺼내자. 그리고

- (각 카드 우측 상단의) 똑같은 주제 글자나 숫자를 공유하는 모든 카드를 하나로 모은다.
- 그렇게 모은 카드들을 자신의 임시 개요에 따라 순서대로 놓는다.
- 각 주제 그룹 속에서도 좀 더 정렬한다. 카드들 중 똑같은 '표제'를 공유하는 것을 다시 하나로 모은다(우측 상단에 2개 단어 정도로 적은 부분).
- 별표(*)나 특정 기호로 표시한 기타 및 개인적인 생각이 담긴 카드를 확인하자. 그 중 일부 주제 그룹 속에 끼워 맞출 수 있는 것이 있는가? 있다면 별표를 해당 주제 글자나 숫자로 바꾸자. 그렇지 않다면 해당 카드들을 여러분의 카드 모음 뒷부분에 놓자.

이제 여러분의 노트 카드는 자신의 예비 개요에 따라 정리되어 있을 것이다. 시간을 좀 가지고 앞 카드부터 맨 뒤 카드까지 하나씩 읽어보자. 자신이 읽는 순서는 보고서의 개략적인 초안이 된다. 즉, 보고서에 임시로 써내려가려는 순서대로 모은 정보들이다.

이 카드들의 순서가 흐름에 맞는가? 다르게 배열하는 것이 흐름에 더 맞을 것 같은가? 보고서를 쓰는 데 생각해볼 수 있는 다양한 구조

적 접근법을 여기 소개했다.

- 연대순

  사건 발생 순서에 따른 나열(발생 시간에 따라)

- 공간순

  지리적, 물리적 순서대로 정보를 보여주는 것(북쪽에서 남쪽으로, 위

  에서 아래로, 우측에서 좌측으로 등)

- 숫자/알파벳 순

  '비만의 주요 5가지 원인'이나 '나의 3명의 영웅'과 같은 보고서

  에서 분명히 쓰일 방식

- 주요 부분

  논리적으로 분명한 특정 부분으로 나뉘는 주제의 경우

- 방법

  더 나은 보고서 작성법, 책장 만드는 법, 지붕 고치는 법, 시험

  잘 치는 법과 같은 경우

- 문제/해결(원인/영향)

  일련의 문제들과 가능한 해결책을 제시하며 특정 사건의 발생

  원인을 파악하거나 특정 원인의 결과로 생기는 영향을 다루는

  경우

- 영향/원인

  특정 조건, 문제, 영향을 설명하고 그 발생 원인을 역으로 접근

하는 것

- 비교/대조

  사람, 사물, 사건 사이의 유사점과 차이점을 논하는 경우다. 특정 방법, 실험, 처리, 접근법 등의 이점과 난점을 논하는 데도 사용된다.

- 중요도

  특정 사안의 가장 중요한 측면을 논하고 가장 덜 중요한 부분으로 서서히 논해 나가거나 역으로 논하는 방식이다. 이 방식을 좀 다르게 사용한 보고서 접근법에는 알려진 사실에서 잘 알려지지 않은 사실들로 논해 나가는 방식이 있다.

- 장·단점

  특정 입장, 질문, 결정, 접근법, 방법 등의 장·단점을 논하는 법

처음 4가지 열거법은 체계화 방식이 주제에 의해 분명히 드러난다는 점에서 '자연적 열거법'으로 분류된다. 나머지는 저자인 바로 여러분이 선택해 열거한다는 점에서 '논리적 열거법'으로 분류된다.

한 가지 알아야 할 점은 실제로 여러분이 선택하는 많은 열거 순서는 앞에서 말한 것의 역순이 되기도 한다는 것이다. 즉, 때에 따라 거꾸로 열거가 가능하다는 뜻으로 원인과 영향, 영향과 원인 순서를 바꾸므로 실제로 우리는 18개 열거법을 가졌다는 뜻이다!

여러분의 주제와 논지가 보고서에 가장 적합한 체계화 접근법을

결정할 수도 있다. 여러분이 1가지 이상 열거법을 사용해도 된다면 가장 편하거나 쉽다고 느끼는 방법을 사용하자. 가장 어려운 열거법을 사용해야 한다고 아무도 강요하지 않는다! 2가지 열거법을 혼합해 사용할 수 있다는 점도 기억하자. 특정 사건들을 시간 순으로 열거한 후, 각 사건의 원인과 영향을 알아볼 수도 있다.

필요하다면 이미 결정한 조직화 방식에 따라 기존 개략적 개요를 바꿀 수도 있지만 자신이 해당 주제에 부여한 글자나 숫자를 바꾸진 말자.

자신의 개요 순서를 바꾸었다면 노트 카드를 재정렬해 새로 바꾼 개요 순서에 맞추어 카드를 정렬하고 똑같은 주제 글자나 숫자를 공유하는 각 카드의 세부 그룹을 재확인하자. 이 세부 그룹도 자신이 선택한 새로운 개요 순서에 맞추어 재정렬한다.

특정 주제 기호(A, B, C나 I, II, III)가 부여된 모든 카드를 정렬한 후, 별표나 개인 기호로 표시해놓은 카드들을 재확인하자. 새로 선택한 개요에 별표나 개인 기호 카드가 들어맞는 곳이 있는지 다시 한 번 확인한다.

카드가 들어맞지 않은 곳에 억지로 넣으려고 하진 말자. 그 카드에 담긴 정보가 아무 데도 들어맞지 않는다면 그 자료가 여러분의 새로운 논지와 관련 없는 정보일 수도 있다. 즉시 그 카드를 잠시 옆에 두자. 나중에 맞는 곳을 다시 찾아볼 수 있을 것이다.

그리고 옆에 기타 카드들을 제쳐두는 과정에서도 보고서 속 '구멍'

을 찾는 것을 잊지 말자. 즉, 최신 사실, 훌륭한 예시, 더 확실한 문단 간 변화 등이 필요한 부분들이다. 자료조사가 좀 더 필요하다는 사실을 아무도 받아들이고 싶어하진 않지만 이미 그 사실을 눈치챘다면 선생님도 눈치챌 것이다. 1시간 동안 자료조사 추가로 시간을 보내기 싫다는 이유만으로 보고서의 '블랙홀'이 훌륭한 보고서가 될 잠재력을 지닌 여러분의 보고서를 평범한 보고서로 전락시키진 말자.

이제 여러분의 노트 카드를 하나씩 확인해보자. 보이는가? 모르는 사이 이미 세부 개요를 만들어낸 것이다. 노트 카드의 주제 글자나 숫자는 개요의 주제와 부합할 것이다. 노트 카드의 표제는? 여러분이 선택한 개요의 부 주제가 될 것이다. 우리는 노트 카드의 표제를 보고서로 간단히 옮겨놓았을 뿐이다. 이 표제는 우리가 가진 카드와 똑같은 순서대로 표시될 것이다.

7단계: 초안을 작성하라

실제로 여러분의 보고서 작성은 어떻게 시작해야 할까? 루이스 캐롤이 '이상한 나라의 앨리스'에서도 언급했듯이 "시작 부분에서 시작하고" 왕은 근엄하게 말했다. "그리고 끝까지 가 멈춰."

눈치채지 못했겠지만 이미 실제 글쓰기 단계에 필요한 많은 작업들을 성실히 해왔다. 우리는 여러분의 보고서가 어떤 방식으로 흘러

갈지 예상하고 있으며 노트 모드를 정리했고 세부 개요까지 준비해 놓았다. 이제 남은 것은 노트 카드의 정보와 생각을 실제 보고서로 옮기는 것뿐이다.

훌륭한 글쓰기는 집중과 사고가 필요하고 집중과 사고는 고요함이 많이 필요하다. 넓은 책상도 필요하다. 여러분의 노트 카드를 자신 앞에 펼쳐 놓을 수 있기 때문이다. 작업 공간은 적당히 밝아야 하고 사전과 유의어 사전을 가까이 두어야 한다. 가능하면 컴퓨터에 직접 작업해 필요할 때 단어들을 손쉽게 더하고 삭제하고 재정렬할 수 있게 하자.

기억하자: 현 단계에서 여러분의 목표는 개략적인 초안을 만드는 것이다. '개략적'이라는 단어를 강조하고 있다. 초안은 완벽할 필요는 없다. 기본적으로 초안은 수정이 필요하다. 여러분이 초안을 작성할 때 선생님께 보여드릴 만한 보고서로 만들 생각이라면 매우 좌절할 것이다. 그런 압박감은 분노와 좌절로 이끌 뿐이다.

각 중요 성과와는 별개로 훌륭한 글쓰기의 기본은 문법, 철자, 맞춤법 등과 별 상관이 없다. 훌륭한 글쓰기의 기본은 훌륭한 사고다.

여러분의 생각, 아이디어, 논리가 바로 여러분 보고서의 기반이다. 그리고 현관문을 다는 것을 걱정하기 전에 집의 기반부터 제대로 다져야 할 것이므로 현재로서는 여러분의 생각을 보고서에 옮기는 데 집중하자. "제대로 된" 단어들을 사용해야 한다는 것을 너무 걱정하진 말자. 적절한 곳에 쉼표를 사용해야 한다는 걱정도 하지 말자. 이것들은 추후 퇴고 과정에서 점검할 것들이다.

여러분의 노트 카드는 세부 개요를 떠올리는 데 도움을 주었을 것이다. 이제 노트 카드는 보고서에 쓸 실제 문단과 문장으로 줄거리를 이어나가는 데 도움을 줄 것이다.

- 여러분의 노트 카드들을 자신의 세부 개요에 맞추어 정렬한다. 개요상 첫 번째 주제를 나타내는 문자나 숫자를 가진 카드를 꺼낸다.
- 카드들 중에서 여러분의 개요 속 첫 번째 부제와 똑같은 표제를 가진 카드를 모두 꺼낸다.
- 그 카드들에 적힌 정보를 본다. 이 다양한 조각 정보들이 문단 속에서 어떻게 합쳐질 수 있을지 생각해본다.
- 그 카드들을 재정렬해 문단을 만드는 데 최선이라고 생각되는 순서대로 맞춘다.
- 모든 카드를 확인할 때까지 각 카드의 그룹별로 이 작업을 진행한다.

여러분의 보고서 속의 각 문단들은 작은 에세이와 같다. 각 문단들은 주제가 되는 문장(여러분이 문단에서 다루는 요점이나 주요 사실을 나타내는 문장)과 이를 뒷받침하는 증거를 갖고 있다. 이 증거는 다양한 형태로 제시될 수 있는데 전문가 의견과 연구를 통한 통계, 여러분의 자료조사 속 예시, 여러분이 직접 경험한 증거, 세부 묘사, 배경지식 등이 해당한다.

여러분의 문단들을 벽돌처럼 쌓아 '증거의 벽'처럼 만들자. 각 문단들을 신중히 만든다면 보고서를 읽는 독자들은 여러분이 내린 결론에 수긍할 수밖에 없을 것이다.

문단이 벽돌과 같다면 문단간 전환(독자가 하나의 생각에서 다른 생각으로 옮기게 만드는 것)은 벽돌 사이를 메우는 시멘트와 같다. 문단간 부드러운 전환은 독자들이 별 노력을 기울이지 않고 하나의 생각에서 다른 생각으로 넘어가게 한다.

문장간에는 2단 띄기나 3단 띄기를 하자. 그럼 나중에 보고서를 고치기 쉽다. 노트 카드를 모두 마무리한 후, 카드 아래쪽에 체크마크해 옆에 두자.

특정 카드에 담긴 정보를 보고서에 담지 않기로 결정했더라도 아직 그 카드를 버리진 말자. 그런 카드는 별도 더미를 만들어 쌓아두자. 여러분은 보고서의 다른 부분에서 해당 정보를 사용하기로 결정하거나 초안을 읽어본 후, 마음을 바꾸어 원래 마음먹은 부분에 해당 정보를 포함시키기로 결정할 수도 있기 때문이다.

⊕ 도중에 막혔다면

벌써 글쓰기가 막혔는가? 글길이 막힌 상황에서 벗어나는 몇 가지 팁을 여기 공유하겠다.

- 친한 친구에게 편지를 쓴다고 가정하고 글을 쓰자. 해당 주제에 대해 배운 모든 것을 친구에게 알려주고 자신의 논지를 옳다고 믿는 이유를 말하듯 글로 쓰자.

- 평소 쓰는 언어를 사용하자. 수많은 사람들이 멋진 단어와 문장을 쓰는 데만 너무 열중해 원래 자신이 글을 쓰는 목적이 독자와의 소통이라는 사실을 잊어버린다. 평이한 것이 더 좋다.

- 뭐든지 일단 써내려가자. 첫 문장을 써내려가기 시작하면 그 첫 문장이 형편없는 문장이더라도 여러분의 뇌는 즉흥적인 아이디어들을 떠올리기 시작할 것이다.

- 자책하지 말자! 개략적인 초안을 쓰면서 그에 대한 부정적인 생각들로 자책하진 말자. 기억해야 할 것은 여러분의 목표가 개략적인 초안 작성이라는 것이다. 초안의 많은 부분들은 분명히 여러 번의 퇴고가 필요할 것임을 저자는 이미 장담한다!

- 계속 움직이자. 몇 시간 동안 자리에 앉은 채 특정 부분에 너무 머물러 있다면 말이다.

그 부분을 생각하지 말자. 단 몇 분 동안만이라도. 해당 부분에서 다룰 계획을 빨리 적고 다음 부분으로 넘어가자. 보고서 전체에 걸쳐 최소한 멈추는 부분을 갖고 초안 작성을 위해 마지막까지 노력하자.

⊕ 자유쓰기와 브레인스토밍 해보기

집중적인 자유쓰기와 브레인스토밍은 전문 작가들이 자신의 두뇌 속 창의력의 샘물이 말랐을 때 사용하는 방법이다. 이 2가지는 비슷하지만 각 방법을 시작하기 전, 알아보아야 할 중요한 몇 가지 차이점이 있다.

2가지 방법 모두 일정 시간 제한을 정하고(보통 10~15분) 자신의 중심 주제를 여러분의 생각이 움직이는 방향의 문단이나 문장으로 요약해 정해놓은 시간이 다 될 때까지 작성한 문단이나 문장을 편집이나 검토조차 전혀 안 한다.

브레인스토밍은 여러분이 생각해낼 수 있는 "주제와 관련된" 모든 것을 써내려가는 것이다. 이 방법은 여러분이 떠올린 생각이 아무 순서도, 논리성도 심지어 합리적일 것도 요구하지 않는다. 자신에게 주제에 대한 질문을 던지는 것은 새로운 아이디어를 떠올리는 데 도움을 줄 것이다. 그 질문이 아무리 이상해도 말이다.

집중된 자유쓰기의 경우, 강조되는 부분은 '쓰기'다. 그 어떤 것이라도 말이다. 심지어 자신이 적고 있는 것이 주제와 거의 관련 없는 것인지에 대한 걱정조차 없이 말이다. 핵심은 글쓰기를 시작하는 것이다(일기와 같은 도입부, 여러분의 강아지의 일생, 현대 록음악 비디오에 대한 자신의 생각 등). 그리고 정해진 시간이 다 될 때까지 글쓰기를 "멈추지 않는" 것이다.

브레인스토밍은 여러분이 글 쓸 준비는 되었지만 어디서부터 시작해야 할지 정확히 가늠하지 못할 때 유용하다. 자유쓰기는 여러분의 뇌가 작동할 준비가 전혀 안 되어 있을 때 유용하다. 2가지 방법 모두 여러분이 글을 쓰기 시작하도록 분명히 도와줄 것이다. 즉, 어떤 방법이든 도움이 될 것이다.

⊕ 자료 출처를 표기하라

표절을 피하기 위해 여러분의 보고서 속에 다음의 경우가 있다면 반드시 자료 출처를 표기해야 한다.

- 출시된 매체에서 차용한 인용구
- 타인의 이론이나 아이디어
- 타인의 문장, 문단, 특별한 표현
- 타인이 편찬한 사실, 수치, 연구자료
- 타인이 디자인한 그래프, 사진, 차트

몇 가지 예외도 있다. 일반 상식으로 통하는 사실, 이론, 표현의 출처는 표기하지 않아도 된다. 또한 저자가 명확히 알려지지 않은 문단이나 표현들을 사용할 때도 출처 표기를 안 해도 된다.

특정 부분의 출처 표기의 필요성 여부를 판단하려면 해당 부분을 읽은 독자들이 출처 표기를 안 했을 때 해당 정보나 아이디어를 모두 여러분의 힘으로 얻은 것으로 생각할 여지가 있는지 자문해보자.

이 질문에 대한 대답이 "그렇다"라면 출처 표기가 필요하다. 확실히 "그렇다"는 아니지만 의심이 들 때도 출처를 표기하자.

수년 간 출처 표기에서 선호되었던 방식은 각주였다. 다른 출처 표기 방식인 미주와 삽입어구 형식의 주석도 오늘날 인기 있다.

각주는 각 페이지 하단에 출처를 표시하는 방식이다. 여러분이 출처를 표기해야 한다는 사실이나 문장 끝 상단에 올림번호(위 첨자)를 단다. 이 번호는 페이지 하단에서 해당 자료의 출처를 독자들이 어느 부분에서 파악해야 할지 알려준다.

그럼 각주는 어떤 내용을 담아야 할까? 참고문헌 리스트에 들어가는 것과 똑같은 정보와 해당 정보가 표시된 정확한 페이지 번호를 담고 있어야 한다.

각주의 출처 표시 앞부분에는 본문 문장 옆에 여러분이 달아놓은 위 첨자 숫자와 똑같은 숫자를 적는다.

한 보고서 안에 사용할 수 있는 각주의 숫자는 무제한이다. 각 각주 번호를 순차적으로 적는다. 첫 시작으로 1번을 사용한다.

보고서에 사용된 모든 각주 '신호'는 각 페이지 하단이나 본문 옆 삽입어구나 보고서 맨 마지막에 상응하는 출처 표시를 포함해야 한다는 것을 잊지 말자.

참고문헌 리스트와 마찬가지로 서로 다른 공식 매체에 따라 각주에 대해 서로 다른 규칙들을 정하고 있으므로 어떤 매체에서 제정한 각주 규칙을 따를지 선생님에게 여쭤보자.

8단계: 추가 자료조사를 하라

초안을 짜맞추면서 여러분의 자료조사에서 빈 곳을 발견하지 않았는가? 답변을 위해 추가 정보가 필요한 질문들을 발견했는가? 그렇다면 지금이야말로 필요한 모든 추가 정보를 찾아야 할 때다.

9단계: 두 번째 안을 작성하라

이번 단계의 목표는 제대로 된 의미를 위해 첫 번째 초안을 수정하는 것이다. 즉, 보고서 흐름 개선하기, 자신의 생각을 더 나은 방향으로 체계화하기, 혼란한 부분을 명확히 하기, 미약한 주장 강화하기 등이다.

여러분의 개략적인 첫 번째 초안을 검토하면서 자신에게 다음 질문들을 던져보자.

- 논리적으로 여러분의 생각이 한 부분에서 다음 부분으로 넘어가는가?
- 모든 문장과 문단의 의미는 매우 분명한가?
- 모든 문장들은 각각 주장하는 메시지가 있는가? 아니면 다른 문장을 뒷받침하는가?

- 한 문단에서 다음 문단으로 자연스럽게 넘어가는가?
- 조사한 자료, 예시, 통계자료 등 빈틈없는 증거들로 자신의 결론을 뒷받침하는가?
- 전문가 의견, 과학적 자료, 개인적 경험, 역사적 예시 등 각 증거들을 적절히 조화시키고 있는가?
- 도입부와 결론부는 견고한가?
- 다른 작가들로부터 "빌려온" 문단과 인용구를 단순히 짜깁기하지 않고 자신만의 언어와 스타일로 글을 작성했는가?
- 여러분의 주제에 대해 빈틈없이 설명했는가? 아니면 독자들이 해당 주제에 대해 실제로 가진 것보다 많은 지식을 보유했다고 전제하고 글을 쓴 것은 아닌가? 이제 '여러분'은 해당 주제에 대해 잘 알겠지만 여러분에게 뭔가 분명하고 쉽게 보인다는 사실은 독자들이 보고서를 통해 여러분의 목표를 반드시 알아들을 것이라는 의미는 아니라는 것을 기억하자.
- 자신의 논지가 타당하다는 사실을 독자들에게 납득시키고 있는가?
- 정확하고 유효한 정보이지만 해당 정보가 보고서의 전체적 맥락과 안 맞는 것이 있는가? 있다면 빼자!
- 일정한 관점을 견지하고 있는가? 즉, 첫 번째, 두 번째, 세 번째 독자들이 읽는 내내 여러분의 똑같은 관점을 파악할 수 있는가?
- 마지막 문단은 전체적인 보고서를 성공적으로 요약하고 여러분

의 주장을 효과적으로 마무리하고 있는가?

　컬러연필이나 펜으로 문제가 있는 부분을 표시하거나 컴퓨터상에서 파악하자. 해당 부분을 어떻게 고쳐야 할지 안다면 개략적인 첫 번째 초안에 이 부분을 적자. 이제 자리에 앉아 퇴고를 시작하면 된다. 자신이 찾은 모든 문제 부분들에 집중하자. 필요하다면 새로운 정보를 추가해도 된다. 문장, 문단, 심지어 특정 부분 전체를 갖고 다양하게 퇴고해보자.

⊕ 시작 문단과 끝 문단을 다듬자

"나는 항상 첫 번째 문장은 잘 쓰지만 나머지 부분은 어려움을 겪는다."

-몰리에르-

　자신이 훌륭한 보고서를 작성했다고 생각한다면 보고서의 처음과 마지막 문단을 확인해보자. 시간을 들여 이 두 부분을 반복해 읽어보고 더 나은 방향으로 퇴고하자. 생각보다 많은 "평범한" 보고서들이 'A⁺'짜리 도입부와 결론부를 가졌다는 이유만으로 예상보다 높은 학점을 받기도 했다.

　그 중 보고서 도입부가 가장 중요하다. 도입부는 글에서 논하려는 것과 그런 의견을 갖게 된 이유를 설명하고 글의 나머지 부분을 전체적으로 설명한다. 도입부가 잘 쓰여졌다면 당연히 선생님은 보고서의 나머지 부분도 읽어나갈 것이며 여러분의 견고한 글 짜임새를 통해 점수를 얻을 것이다. 도입부가 제대로 쓰여지지 않았다면 그 뒷내용이 무엇이든 무시된다. 즉, 선생님은 여러분이 너무나 명확히 설명하려는 메시지를 전혀 모른다고 결론짓고 그에 따라 점수를 줄 것이다(뒷내용까지 읽어보느라 시간을 들이는 대신 말이다).

글의 도입부와 결론부를 샌드위치 빵이라고 생각하자. 글의 정보는 빵 사이의 패티, 토마토, 피클이다. 빵 사이에 든 것이 가장 매력적인 한편, 빵이 없다면 샌드위치라고 부르지도 못할 것이다.

약간의 흥미를 더해 보고서를 시작할 몇 가지 방법을 여기 소개했다.

- 독자의 주목을 끌 만한 뭔가를 말한다.
- 논란의 여지가 있는 것을 말한다.
- 풍경사진을 그린다.
- 사건을 재구성한다.
- 영향력 있는 명언을 사용한다.
- 자극적인 질문을 던진다.

당연한 얘기지만 절대로 농담으로 시작하진 말자. 그 농담은 여러분에게만 웃길 뿐이다. 보고서를 채점할 때 대부분의 선생님들은 유머감각이 전혀 없다. 항상 그랬다고 생각하자.

⊕ 팩트 체크를 하라.

글의 내용과 글의 의미 퇴고를 마쳤다면 깨끗한 종이 위에 보고서를 인쇄하거나 타이핑하고 정확성을 위해 보고서의 모든 부분을 재점검하자.

- 모든 이름, 용어, 장소를 철자에 맞게 정확히 썼는가?
- 날짜나 통계자료를 인용한 경우, 각 숫자를 정확히 기입했는가?
- 외부에서 인용한 사실, 표현, 생각들의 출처를 표기(예비 출처 표기)했는가?
- 외부 출처를 표기했다면 해당 표현은 단어 그대로, 쉼표 하나까지 그대로 인용했는가? 그리고 따옴표를 이용해 표기했는가?

교정한 내용을 새로 만든 두 번째 초안에 표시하자.

⊕ 계속 퇴고하라

이제 자신이 쓴 모든 문장과 문단을 좀 더 깊이 있게 바라보자. 각 문장과 문단을 독자들이 이해하는 데 더 자연스럽고 정확하고 쉽게 계속 퇴고하자.

- 행위동사와 능동태를 사용한다. 즉, "30년이나 그 이상 수명은

감금된 침팬지에 의해 살아질 수 있다."보다 "감금된 침팬지는 30년이나 그 이상 살 수 있다."가 낫다.

- 불필요한 단어가 너무 많지 않은가? 똑같은 요점을 더 적은 단어들로 표현해본다.

- 문장간 구조나 문단 구성이 어색한 곳은 없는가? 문장이나 문단 부분을 재정렬해 좀 더 자연스럽게 넘어가도록 만들어본다.

- 묘사적이고 색상을 표현하는 단어들을 사용했는가? 독자들에게 "비행기가 부숴졌다."라고 말했는가? 아니면 더 묘사적인 사진을 제시하듯 전달했는가? "비행기들은 녹슨 채 부숴져 있었다. 총알 구멍이 난, 버려진 군용기는 활주로를 겨우 절뚝거리며 걸을 정도였다."라고 말이다.

- 기존에 선택했던 단어보다 나은 유의어를 찾기 위해 유의어 사전을 참고한다. 하지만 그것에 너무 몰두해 너무 난해하고 일반 독자들은 그 의미조차 모를 단어는 사용하지 말자. 판단이 잘 안된다면 난해한 단어보다 익숙한 단어, 긴 단어보다 짧은 단어, 추상적인 단어보다 구체적인 단어, 간접적인 문장보다 직접적인 문장을 선택한다.

- 상투적 문구나 비속어 표현을 너무 많이 사용하지 않았는가? 학문적 글쓰기에서 특히 그런 표현들은 달갑지 않다. 이 표현들에 대해 "빨리 뭔가 조치하지 않으면" 여러분의 보고서는 "완전히 죽어버릴" 것이다." 오래되어 좋은 것 중 일부를 제외하고 여러

분의 보고서를 "매우 말쑥하게" 만든다.

- 특정 단어를 너무 많이 사용하지 않았는가? 같은 단어를 계속 사용하면 보고서는 지루해진다. 관련 사전을 참조해 다른 유의어를 사용해본다.

- 보고서 읽는 소리는 어떻게 들리는가? 자신의 보고서를 소리내어 읽을 때 리듬을 타고 한 편의 음악처럼 흐르는가 아니면 장례식 장송곡처럼 느릿느릿 흐르는가?

- 다양한 길이의 문장과 문단은 여러분의 글을 더 재미있게 만들어준다. 짧고 간결한 문장을 복잡한 문장(1개 독립 문장과 1~2개 의존 문장)과 섞어 연결 문장(접속사 대신 관련 대명사를 사용해 두 문구를 연결한 문장)처럼 만든다.

- 항상 보고서의 핵심을 기억한다. 즉, 가능하면 자신의 생각을 간단명료하고 정확히 소통하는 것이다. 세부사항을 제시할 때 이 핵심을 잃으면 안 된다. 자신이 "완벽한" 단어와 상상할 수 있는, 가장 잘 체계화된 보고서 사이에서 선택해야 한다면 후자를 선택한다.

10단계: 최종 참고문헌 리스트를 준비하라

여러분의 최종 참고문헌 리스트는 보고서 맨 뒤와 여러 장의 별도 페이지에 담겨야 한다.

- 페이지 상단에서 1인치(약 2.54cm) 내려온 부분의 중앙에 '참조문헌'이나 '참조도서 리스트'라고 적는다. 구체적인 제목은 어떤 종류의 참고문헌 리스트를 준비하느냐에 따라 다르다.

- 보고서의 다른 부분에서 사용했던 것과 똑같이 상하좌우 1인치의 여백을 사용한다.

- 참고문헌 페이지를 자신의 보고서의 연속으로 간주하고 그에 따라 번호를 매긴다. 즉, 페이지 번호를 별도로 매기지 않는다.

- 각 참고문헌을 저자명 알파벳 순으로 나열한다. 저자가 없다면 문헌 제목의 첫 번째 글자에 따라 나열한다(첫 번째 알파벳이 A, An, The인 경우는 제외하고 이런 경우, 문헌 제목의 두 번째 글자에 따라 나열한다).

- 각 리스트의 첫 번째 줄은 왼쪽 여백에 맞추어 시작한다. 그 외 줄은 왼쪽 여백 시작점에서 스페이스 바를 5번 누른 여백을 준다.

- 모든 리스트 안의 줄 사이는 2행 띄기를 하고 각 문헌정보 사이도 2행 띄기를 한다.

- 5월(May), 6월(June), 7월(July)을 제외하고 모든 달은 약어를 사용한다.

11단계: 철자와 문법을 확인하라

저자는 여러분의 생각이 보고서에서 가장 중요한 요소라고 말한 적 있다. 실제로 그렇다. 하지만 선생님들은 문법이나 철자 오류를 확인하면 여러분이 부주의하거나 전혀 신경 쓰지 않고 보고서를 썼다고 생각할 것이다. 두 경우 중 어느 경우도 여러분이 받을 성적에 도움이 안 된다.

그러니 사전, 영어 어법 책, 문법 참고서를 꺼내자. 보고서의 문장을 하나하나씩 샅샅이 살펴보고 컬러펜이나 연필로 고쳐야 할 부분을 표시하자. 다음과 같은 것들을 찾아보자.

- 철자가 틀린 단어

  모든 단어들을 점검한다. 소리가 비슷한 단어들은 컴퓨터 맞춤법 검사 프로그램 망을 피할 수 있을지도 모른다. 'There'는 철자 자체는 맞지만 여러분이 쓰고 싶었던 단어가 'Their'였다면 이것도 잘못된 철자를 사용한 것과 같다.

- 틀린 발표형법

  쉼표, 따옴표, 마침표, 기타 다양한 문장기호 사용법을 확인한다. 여러분의 보고서가 자신이 확인한 발표형법을 준수해야 한다는 것을 명심한다.

- 틀린 문장구조

뒤엉킨 분사, 분리부정사, 전치사로 끝나는 문장, 기타 문법 오류를 확인한다.

철자와 문법 교정을 위한 몇 가지 팁이 여기 있다. 소리내어 보고서를 읽어본다. 큰소리로 읽자. 즉, 옥상에서 소리치듯 읽어보자! 이 방법대로 해보면 틀린 단어, 문법 오류, 철자 오류 등을 쉽게 찾아낼 수 있다는 사실에 감탄할 것이다. 또는 자신의 보고서를 거꾸로 읽어보면 단어 하나하나에 집중하게 된다. 틀린 철자를 찾아내는 획기적 방법이다.

12단계: 다른 사람에게 교정을 요청하라

표시해둔 모든 교정이 필요한 부분을 마지막 단계에서 고치고 보고서를 재출력하자. 선생님의 지시사항대로 형태를 갖춘다. 여러분의 최종 각주와 참고문헌 리스트를 합친다.

짧지만 간단명료하고 독자들이 보고서에서 예상하는 것을 알 수 있는 제목을 보고서에 단다.

다시 한 번 검토하고 제대로 교정해줄 부모님, 친척, 친구 등 다른 사람을 찾아 교정을 부탁하자.

13~15단계: 최종원고

여러분이나 교정자가 찾아낸, 변화가 필요한 부분이나 오류를 고친다. 컴퓨터상이나 인쇄해 최종 원고를 작성한다. 매우 신중히 다시 한 번 검토하자.

바인더나 폴더에 새 보고서를 넣어 제시간에 제출하자!

구두 발표

해당 내용을 서면과 구두로 발표하는 것 사이에는 몇 가지 중요한 차이점이 있다. 특히 수업 도중 자신이 가져온 보고서를 그대로 읽는 실수를 범하고 싶지 않다면 말이다.

수업 도중 발표해야 할 경우는 다음 중 하나일 것이다.

- 설명: 특정 사실에 대한 직설적 해설
- 논의: 최소한 일정 인원 청중의 의견을 바꾸려는 것
- 묘사: 청중에게 시각적 이미지를 제시하는 것
- 나레이션: 이야기를 들려주는 것

학교에서 해야 할 발표형 보고의 가장 흔한 형태는 설명과 논의일

것이다. 여러분은 이 발표형 보고를 위한 자료조사와 체계화 과정이 학기말 보고서 작성 방식과 별로 다르지 않다는 것을 알게 될 것이다.

여러분의 보고를 위해 정보를 수집하고 보고서를 작성한 과정처럼 노트 색인 카드를 만든다. 효율적인 발표형 보고 준비를 위해 보고를 "글로 작성하는" 것이 아니라 "타인에게 언어로 들려줄 때" 사용되는 다른 기법을 사용해야 한다는 것만큼은 꼭 기억하자.

몇 가지를 여기 소개한다.

- 주제를 너무 광범위하게 설정하지 않는다. 서면 보고서를 작성할 때도 적용되는 이 조언은 발표형 보고를 준비할 때 훨씬 더 중요하다. '토마스 에디슨', '제인 오스틴의 소설'이나 '시민전쟁'을 일반 발표에 주어지는 15분 안에 효율적으로 전달해보자. 이런 주제들은 책으로 전달되어야 적합할 만큼 광범위한 주제다! '토마스 에디슨의 가장 위대한 3가지 발명품', '영화 '클루리스'가 오스틴 제인의 소설 '엠마'에서 설정한 기준을 제대로 따르지 못한 부분'이나 '게티스버그 연설이 남군의 사기 진작에 미친 영향'이 15분 안에 다룰 만한 주제들이다. 발표 주제 범위를 좁히면 그에 대한 자료조사와 체계화 단계를 더 효율적으로 할 수 있다.
- 통계자료를 남용하지 않는다. 통계자료는 신뢰성 있는 발표의

매우 중요한 요소이지만 너무 많은 통계자료 사용은 자칫 발표 자체의 중요성과 청중의 흥미를 떨어뜨릴 수 있다.

- 각종 일화는 발표에 색상과 생명을 불어넣어 주지만 적절히 사용해야 한다. 안 그러면 발표 속도를 늦추기 때문이다. 청중들의 하품을 유발하기 직전까지만 사용한다.

- 인용문을 사용할 때는 주의한다. 서면 보고서와 달리 발표는 표절 공포를 덜 유발해 인용문을 더 자유롭게 사용하게 해주므로 자신이 말한 인용문이 누구의 것인지 밝히지 않고도 발표할 수 있다. 하지만 해당 사실 관련 질문에 대비해 인용문을 참고한 자료원 정보를 확보하고 있는 것이 좋다.

보고서 전체 페이지를 손에 쥐고 앞에서 발표하기보다 손바닥 크기의 노트 카드 사용이 훨씬 쉽지만 각 노트 카드들이 매우 짧고 간결한 내용을 담고 있어야 가능하다. 각 노트 카드들은 발표할 내용을 그대로 옮겨온 큐 카드들이 아니라 발표할 내용을 머리 속에서 꺼내오는 도화선 역할을 한다. 각 노트 카드들이 간결할수록, 여러분이 보고 내용을 더 많이 연습해 각 도화선이 머리 속에서 적합한 정보들을 꺼내 올수록 여러분의 발표는 더 효율적으로 바뀔 것이다. 즉, 노트 카드들을 일일이 확인하는 시간이 줄어들수록 선생님과 학급 친구들과의 눈맞춤이 더 쉬워질 것이다.

발표 수업이나 발표형 보고를 더 효율적으로 만드는 4가지 방법이 여기 더 있다.

- 발표 수업을 하기 위해 앞으로 나가기 전, 심호흡한다. 발표 내용의 흐름을 놓치거나 자신감이 떨어진다면 잠시 멈추고 심호흡하더라도 발표 도중 잠시 중단하는 것을 너무 걱정하지 않는다.

- 한 명을 골라 그에게 발표를 전달하듯 발표한다. 즉, 친구라면 가장 좋겠지만 눈에 띄거나 발표에 관심 있어 보이는 사람을 택해도 상관없다.

- 발표를 연습하고 연습하고 또 연습한다. 곤두선 신경은 보통 자신감 결여에서 비롯된다. 자신이 발표할 내용을 더 잘 숙지할수록 실제 발표에서 덜 긴장하고 발표 도중 돌발적이고 즉흥적인 대응에 더 익숙해질 것이다.

- 의도와 달리 가득 찬 관객들 앞에 선다는 생각만으로 식은 땀을 흘린다면 덜 긴장될 만한 강연대, 책상, 사람 대신 뭔가 놓여있다고 생각한다.

세상의 모든 발표에 관한 팁이 여러분의 긴장을 해소시켜 주지 못한다면 웅변 강좌(데일 카네기 강연 등) 수강, 건배사 클럽 가입, 이와 비슷한 외부 도움도 고려하자.

마감일 전날 밤…

지금까지 저자가 제시한 조언에도 불구하고 여러분 중 일부는 분명히 마감일 전날까지 보고서를 작성하지 않고 미루었을 것이다. 여러분 중 상당수가 보고서 마감일이 되었을 때 오래 전 저자의 대학 기숙사 안에 영향을 미친 문제와 꾸물거림을 똑같이 느끼며 고통 받을지도 모른다. 내 대학친구들 중 상당수는 보고서를 한 번에 해결해줄 뭔가를 찾는 것 같았다. 실제로 자리에 앉아 제대로 된 보고서를 쓰는 대신 말이다.

저자는 과장되었지만 너무나 친숙한 '보고서 작성 계획'을 모 대학 남학생 학생회로부터 이메일로 받았다. 이 방법은 여러분의 체계적 접근법과 비슷하게 들리는가? 이 방법은 따라 하는 데 효과적이라고 생각하는가? 지금까지 내가 쓴 팁은 과연 아무 근거도 없이 쓴 걸까?

보고서 작성법

1 올바른 자세로 편안한 의자와 잘 깎은 연필들이 있는, 적당히 밝은 곳에 앉는다.

2 신중히 과제를 읽어본다. 중요 핵심사항에 밑줄을 긋거나 형광펜으로 칠한다.

3 집중하는 데 도움이 될 커피를 자판기에서 구입한다.

4 기숙사 방으로 돌아가는 길에 같은 수업을 듣는 친구의 방에 들른다. 그도 아직 보고서 작성을 시작하지 않았다면 가까운 편의점에 가 몸에 에너지를 제공해줄 단맛나는 간식을 구입한다. 자랑스럽게 인쇄된, **2**행 띄기 된, 좀 짜증나는 속이 비치는 폴더 속에 든 자신의 보고서를 친구가 자랑스럽게 보여준다면 한 대 친다.

5 자신의 방으로 돌아와 올바른 자세로 편안한 의자와 잘 깎은 연필들이 있는, 적당히 밝은 곳에 앉는다.

6 다시 한 번 과제를 읽고 완벽히 이해한다. 이번에는 다른 색으로 강조한다.

7 생각해보니 초등학교 4학년 여름, 학교에서 만났던 그 친구에게 아직 편지를 쓰지 않았다. 즉, 지금 당장 편지를 써야 한다는 생각을 머리 속에서 없애야 집중할 수 있을 것이다.

8 화장실 거울 앞에서 치아를 점검하자. 치실은 두 번 사용한다.

9 가장 좋아하는 CD를 듣는다. 말 그대로다. 정말 말 그대로다. 노래가 끝나자마자 보고서를 쓰기 시작한다.

10 다른 CD를 듣는다.

11 자신이 가진 모든 CD를 알파벳 순으로 재정렬한다.

12 친구에게 전화해 보고서를 쓰기 시작했는지 물어본다. 전화한 김에 교수, 강의, 대학, 큰 틀에서 우리가 살아가는 세상에 대해 뒷담화를 주고

받는다.

13 올바른 자세로 편안한 의자와 잘 깎은 연필들이 있는, 적당히 밝은 곳에 앉는다.

14 과제를 다시 한 번 읽는다. 즉, 단어 하나하나를 씹듯이 음미하며 각 문장이 강조하는 맛을 생각하며 읽는다. 이번에는 최소 3가지 이상 색상의 형광펜을 사용한다.

15 신문기사를 확인해 TV에서 반드시 알아야 할 것들을 자신이 놓치고 있는지 확인한다.
주의할 점: 보고서 마감까지 12시간이 남았다면 TV에 나오는 모든 것들(매우 심각한 다큐멘터리부터 각종 드라마 재방송까지)은 반드시 확인해야 하는 것들이라고 보면 된다.

16 화장실 거울 앞에서 이번에는 혀가 깨끗한지 점검한다.

17 다시 자리에 앉아 자신의 미래에 대해 심각하게 생각해본다.

18 방문을 열고 불가사의한, 트렌치 코드를 입고 절뚝거리며 복도를 걸어오는 낯선 사람이 있는지 확인한다.

19 올바른 자세로 편안한 의자와 잘 깎은 연필들이 있는, 적당히 밝은 곳에 앉는다.

20 과제를 다시 한 번 읽어본다. 이번에는 그냥 읽어보는 것이다.

21 의자를 창문 쪽으로 옮겨 해돋이를 바라본다.

22 바닥에 엎드린다. 울며 몸부림친다.

23 자리에 앉아 가장 빠른 타이핑 속도로 보고서를 작성해나간다!

실제로 위의 방법이 여러분의 방법과 매우 비슷하다면 7장과 8장을 다시 읽어보길 바란다. 7, 8장을 다시 읽을 때는 다른 색상의 형광펜을 칠해가며 안 읽어도 된다.

제 9 장

모든 시험에서 앞서가기

"독서는 완성된 사람을 만들고 담론은 재치있는 사람을
만들고 필기는 정확한 사람을 만든다."

▽

프란시스 베이컨

Ace any Test

여러분의 모든 교육 과정 동안(그리고 당연히 앞으로 살아가는 동안) 두렵고 짜증나는 현실로 다가오겠지만 시험은 불가피할 것이다. 가능하다면 미리미리 각종 시험에 대비하고 실제로 시험을 치르고 좋은 성적을 올리는 방법을 배울수록 여러분에게도 분명히 더 유익할 것이다.

선생님들이 알고 싶어하는 것

많은 시험들이 해당 내용에 대한 지식 자체를 측정하는 수단이자 여러분이 공부하는 방식(수많은 공부 내용을 정리하는 능력)을 측정하는 수단이다. 이것은 여러 해 동안 퍼져 있는 지식과 그 방대한 지식 영역을 제대로 소화하는 능력을 특정하기 위해 만든 모든 시험(SAT, GRE, 사법 시험, 의학시험, 간호사 시험, CPA, 공인재무기획사 시험 등)에 특히 해당한다. 즉, 공부를 잘할수록 그 시험들에서 더 높은 점수를 받을 수 있다는 것이다.

특정 시험 공부법을 파악하기 전, 정확한 시험문제 내용 파악이 필수다. 중간고사나 기말고사 준비는 주간 퀴즈시험 준비와 다른 접근법이 필요하고 여러분의 일생에서 가장 중요한 기말고사는 저자가 모든 대학원생들 앞에서 발표해야 했던 '괴물 시험'(4년간 내가 대학에서 배운 모든 것을 다루는 발표시험이었다)에 비하면 아이들 소꿉장난일 것이다.

SAT, ACT, GRE처럼 정형화된 시험공부도 완전히 다른 접근법이 필요하다. 즉, 교과서를 꺼내 출제될 부분을 예상하고 단순히 '벼락치기' 식으로 공부하면 안 된다.

시험 구조도 매우 중요한 요소다. 공부법보다 시험 시작 단계의 접근법을 알아야 한다.

무엇이 두려운가?

시험은 두려울 수도 있으므로 시험 치르는 기술을 알려주기 전, 여러분 중 상당수가 겪을 중요한 문제부터 짚고 넘어가자. 시험 공포는 땀으로 흥건히 젖은 손바닥, 멍한 눈, 다음 배 편을 붙잡고 어디론가 멀리 도망가고 싶은 욕구를 동반한다.

"시험을 잘" 치르지 못했다는 말은 무슨 의미일까? 공부를 잘하지 못했거나 적어도 시험을 제대로 준비하지 못했다는 의미일 것이다. 이것은 쉽게 산만해지고 자신이 치러야 할 시험 유형에 제대로 준비하지 못했거나 어떤 시험이든 치를 정신적 준비가 안 되었다는 의미다.

우리는 시험의 경쟁적 성질을 알고 있다. 일부는 이런 난관에 제대로 대처하지만 다른 일부는 그 압박에 굴복하고 만다. 2가지 반응 모두 지식보유량, 상대적 지성, 준비 양과 별로 상관없을 것이다. 학급에서 가장 똑똑한 학생이 바로 그 시험을 가장 두려워하는 학생일 수도 있다.

⊕ 분명히 여러분은 혼자가 아니다

시험을 기다리는 사람은 매우 드물다. 생각보다 많은 사람들이 시험을 두려워한다고 여러분도 꼭 두려워해야 한다는 의미는 아니다.

침착하고 차분하고 시험을 완벽히 치를 준비를 마치고 시험장에 들어가는 사람은 거의 없다. 대부분 긴장감에 아랫배가 살살 아파오고 땀샘이 폭발하기 시작하고 어디론가 도망가고 싶을 것이다.

압박이 클수록(시험에 대한 생각이 머리 속에 더 많이 맴돌고 좋은 점수를 받으려는 생각이 클수록) 여러분은 자신에게 큰 도움을 주고 있지 않은 것이다

(시험 규모가 클수록 시험의 중요성을 자신에게 계속 상기시킬 것이다).

일단 맞서자: 일부 시험에서 받은 점수는 여러분이 대학에 가고 대학원 진학을 하고 원하는 직장을 구하는 데 중대한 영향을 미칠 수 있지만 여러분의 경력에서 차지하는 시험의 중요도와 상관없이 그 시험의 중요성을 머리 속에서 최대한 강조하지 않는 것도 중요하다. 물론 이런 마음가짐이 시험 준비에 영향을 미치면 안 된다. 시험공부만큼은 이 시험에서 받을 좋은 점수에 인생이 달려 있다고 생각하며 해야 한다. 실제로 그럴지도 모른다! 모든 경험을 크게 바라보는 것도 도움이 된다. 앞으로 20년 후, 아무도 여러분의 시험 점수를 기억하거나 신경 쓰지 않을 것이다. 지금 당장 그 시험이 인생을 좌우할 듯 중요하게 느껴지더라도 말이다.

물론 이미 스트레스를 주는 상황에서 더 많은 스트레스를 주지 않으면 모든 상황을 더 쉽게 만들 수도 있다. 특히 SAT나 수능처럼 중요한 큰 시험을 코앞에 두었다면 이성친구와 헤어지거나 이사를 가거나 아르바이트 일자리를 바꾸거나 큰 돈을 빌리는 것과 같은, 일상적인 평온한 인생이라는 강에 파도를 일으키는 것은 분명히 바람직하지 않다.

일부는 어려운 상황에서도 모든 것을 잘 헤쳐나가며 여러분을 질투하기도 한다. 그들은 여러분이 상대방에게 그런 상황이 있다는 것을 알든 모르든 여러분을 자신의 우울감 속에 끌어들이고 싶을 뿐이다. 그러니 시험 전날 전화해 깜짝 놀란 듯 "야! 우리 12단원도 공부해야 한다는 것을 지금에야 알았어!"라고 소리부터 지르는 '친구들'에 주의하자. 이때 그들의 함정에 빠지면 안 된다. 119에 전화하는 대신 2주 전 교수님이 나누어준 유인물을 확인해보면 시험 범위는 분명히 6~11단원으로 적혀 있다고 차분히 상기시켜 주자. 전화를 끊고 다시 하던 일을 하라. 그 친구는 정답지를 쥐어짜며 계속 스트레스 받도록 놔두자(물론 여러분이 시험 범위를 애당초 확인하지 않았다면 이런 전화는 여러분을 공황에 빠뜨리고 시간만 낭비하게 할 뿐이다).

⊕ 시험 불안감을 줄이는 법

시험의 '중요도'를 받아들이기 위해 다음 리스트를 읽어보자. 많은 질문에 대한 답을 알고 있으면 시험 불안감을 줄이는 데 도움이 될 것이다.

- 시험 범위는 어디인가?
- 만점은 몇 점인가?
- 이번 시험은 학기 총 점수의 몇 %를 차지하는가?
- 시험 소요시간은 얼마나 걸리는가?
- 시험은 어디서 치르는가?
- 어떤 유형의 문제가 출제될 것인가(짝짓기, 객관식, 서술형, 참/거짓 유형 등)?
- 각 유형의 시험문제는 몇 문항씩 출제될 것인가?

- 각 문제의 배점은 몇 점인가?
- 특정 유형의 문제는 다른 것보다 중요한가?
- 오픈북 시험인가?
- 시험시간에 무엇을 휴대할 수 있는가? 계산기? 초코바? 내 성공에 중요한 다른 것들?
- 오답 점수는 차감되지 않는가?

이미 여러분은 공부 도중 휴식시간을 두면 책에 더 쉽게 집중하고 더 높은 집중력으로 과제를 더 빨리 끝낼 수 있다는 것을 알 것이다. 시험시간 자체에 휴식시간을 두는 것도 똑같은 효과가 있다.

시험시간이나 시험이 주는 압박감과 상관없이 시험시간 도중 한숨 돌릴 시간조차 없어야 한다는 생각은 버리자. 절대로 휴식하지 못할 것이라고 생각할 때가 바로 휴식이 필요할 때인지도 모른다. 시간관리 기술이 가장 필요한 사람들이 바로 그 기술을 배울 "시간이 전혀 없다"라고 생각하는 사람인 것처럼 말이다.

머리 속이 각종 사실, 수치, 이름, 날짜들로 온통 뒤죽박죽이라면 시험 범위 안의 모든 내용을 아무리 완벽히 통달하더라도 당장 기억해야 할 암기 내용에 초점을 맞추기 어려울 수도 있다. 여러분 몸 안에 흐르는 아드레날린이 '머리 속 즉시 검색'을 불가능하게 만들기 때문이다.

가장 간단한 심신안정 기법은 심호흡이다. 잠시 의자 뒤에 기대어 근육을 이완시키고 심호흡을 깊이 3번 내쉰다(심호흡 한 번 당 10초씩 센다).

여러분에게 적합할지도 모를 다양한 명상법들이 있다. 각 방법의 원칙들은 비슷비슷하다. 머리 속에서 한 가지에 집중해 다른 생각을 없애버리는 것이다. 명상 대상에 집중하는 한편(말도 안 되는 단어나 벽 얼룩이더라도), 여러분의 뇌는 대상 이외에는 아무 것도 생각하면 안 되는데 이 과정에서 뇌의 운동속도를 어느 정도 늦춘다.

시험 도중 집중할 수 없을 때는 의자에 뒤로 기대어 심호흡을 깊이 3번 하고 약 1~2분 동안 저자의 이름인 'RON'을 머리 속에 집중하자. 이 과정이 끝나면 훨씬 안정된 상태로 시험의 나머지 부분에 집중할 수 있을 것이다.

좋은 점수를 받을 준비를 하라

몇 가지 시험 준비 과정은 주간 퀴즈부터 SAT까지 모든 시험에 통용된다.

⊕ 미리 계획하라

인정한다. 저자가 학생이던 시절, 심지어 대학 시절에도 내 모든 관심은 주말에 쏠려 있었다. 10월, 12월 첫째 주에 큰 시험이 있다고 들으면 나는 이 사실을 11월 30일에 기억했을 것이다.

그런 습관으로는 벼락치기, 커닝 페이퍼, F학점 받기가 있다.

이런 달갑잖은 사건들을 피하는 핵심은 정기적, 주기적 복습이다. 6일 동안 하루 30분씩 다가오는 시험공부를 하는 것이 시험 전날 3시간 만에 모든 시험 범위를 벼락치기하는 것보다 훨씬 낫다. 더 자주 복습해두면 시험 주간에 밤샘공부를 덜 할 것이다. 이미 시험 범위의 중요 내용을 모두 알 것이고 복습 과정에서 생긴, 노트에 적고 선생님께 여쭈어본 질문들이 있을 것이고 모든 것을 이해했는지 확인하기 위해 모든 수업 유인물과 교과서 노트 필기를 검토했을 것이다. 여러분의 시험 막바지 복습은 열이 나고 혼란스러운 것이 아니라 좀 더 즐기며 체계적으로 검토할 수 있다.

⊕ 미안하지만 시험이 끝났습니다

시험을 망치면 실망스럽다. 준비되었다고 생각한 시험을 망치면 침울하다. 시험 전체를 치르지 못하는 것은 재앙이다. 모든 시험을 언제 어디서 치르는지 알고 고사장까지 가는 데 충분한 시간을 갖는 것은 필수다.

여러분이 아직 고등학교에 다닌다면 특정 시험을 치르기 위해 시험장에 들어가는 것이 매우 어려운 일은 아닐 것이다. 아마도 평소 수업시간에 교실에서 시험이 치러질 것이다. 하지만 대학에서는 평소와 전혀 다른 시간과 장소에서 시험을 치를 때가 있다.

이런 경우처럼 SAT, ACT, 수능처럼 학교밖 중요한 시험은 학교에서 치르지 않는다. 이때 위치가 어디든 고사장까지 가는 시간이 충분해야 한다. 특히 고사장까지 가는 방법을 확실히 모른다면 더더욱!

중요한 시험의 시간과 장소를 알게 되는대로 달력에 표시하자. 고등학교, 대학, 대학원 어디든 대부분 1~2주 또는 그 이상 시간을 기말고사까지 두고 시험 일정을 고시한다. 이런 시험기간은 보통 대학 핸드북 안에 명시되어 있거나 수업 도중 발표되거나(보통 1교시에) 수업 오리엔테이션 유인물에 적혀 있다.

⊕ 선택 숙제는 필수적으로 하자

가끔 일반 독서나 타 과제들에 추가해 학기 초, 선생님이 선택적인 과제들을 내줄 때가 있다. 이 선택적 과제에 들어가는 책, 글, 논문들은 수업시간에 전혀 논의되지 않을 수도 있지만 출제될 수도 있다. 특히 기말고사에. 여러분이 이 보충 독서과제를 스케줄에 안 넣고 시험 전에 그 일부나 전부를 한 번만 읽을 생각이라면 시간을 충분히 두고 읽자. 다른 많은 학생들도 이 선택적 독서과제를 마지막까지 미룰 때가 있으므로 너무 오래 미루다가 정작 이 책이나 글을 찾을 때 못 찾을지도 모른다.

⊕ 가방은 적절히 싸라

마지막으로 펜, 연필, 계산기까지 시험에 필요한 모든 물건을 시험

장에 가져가자. 특히 SAT, ACT, 수능시험, 기말고사처럼 긴 시간이
드는 시험이라면 초코바, 사탕, 그레놀라 바, 강력한 에너지 한 방을
빨리 전해 여러분의 잠을 깨워주는 '긴급 에너지' 간식을 가져가길
권한다.

대부분 시험지들은 필기할 여백이 모자랄 수도 있다. 3개, 5개 또
는 그 이상의 서술형 문제 출제가 예상된다면 개요를 빨리 적고 생
각을 정리할 수 있는 연습용 종이를 1~2장 가져가도 좋다. 특히 복
잡한 문제를 푸는 수학시험에서 시험지 모퉁이 여백들을 모두 빨리
쓸 수 있으니 연습장이나 여러 장의 연습지를 가져가자. 물론 연습
지 사용이 전면 금지된 경우도 있다는 것을 알아두자.

⊕ 내 조언을 제대로 듣지 않았다면

복습하고 복습하고 또 복습하라. 정기적인 복습에 대한 내 조언을
제대로 따르지 않았다면 시험 전 1~2주 동안 따로 복습시간을 정해
두자. 특히 중간고사와 기말고사 때 말이다. 대부분의 대학과 고등학
교들은 수업이 없는 중간고사와 기말고사 1주일 전 동안 독서나 공
부할 기간을 주는데 이때 도서관 운영시간이 연장되기도 한다. 이
시간을 최대한 활용하자.

몇 가지 큰 도움을 주는 선생님들은 큰 시험을 앞두고 공식적으로
복습시간을 갖기도 한다. 이 복습시간에 참석해 선생님이 강조하는
내용을 들으면 출제될 시험문제를 확인할 수도 있다.

복습해야 할 내용이 많을수록 스케줄을 더 많이 비워두는 것이 중요하다. 4~6개 수업 분량의 책 12권과 강의 노트, 토론수업 내용, 보고서, 프로젝트까지 공부해야 할 양은 쉽게 수백 페이지에 이를 것이다. 이 모두를 복습하고 제대로 이해하려면 1~2주 동안 공부에만 온전히 시간을 쏟아야 할 것이므로 기말 과제 특히 중요 프로젝트나 보고서들은 미리 마쳐두자.

2주를 온전히 복습에 써야 하거나 평소 복습해와 2~3일 복습시간이 필요한지와 상관없이 자신의 취약과목에 더 많은 시간을 들여 복습하는 것을 명심하자.

⊕ 시험 내용을 정리하라

- 수업에 사용해왔던 모든 것을 모은다. 즉, 책, 워크북, 유인물, 필기, 숙제, 이전 시험과 보고서 등이다.
- 시험 범위 부분과 각 공부자료 내용을 비교해가며 "이 시험공부로 정확히 어느 부분을 복습해야 할까?"라고 자문해본다.
- 복습에 필요한 자료를 선택한다. 눈앞에 쌓인 공부자료를 조금이라도 줄이면 심적으로 도움이 될 것이다. 즉, 시험공부할 시간과 에너지가 자신에게 충분히 남아 있는 것처럼 보일 것이다.
- 중요한 팁: 시험에서 커닝할 것처럼 커닝 페이퍼를 만든다. 물론 정말 커닝할 것은 아니다. 이렇게 만든 커닝 페이퍼를 최종복습에 사용한다. 오픈북 시험이라면 내 자신에게 감사할 것이다!

⊕ 필요한 시간만큼 스케줄을 짜라

특정 시험에 준비할 시간이 얼마나 필요한지 측정하기 위해 다음 내용을 생각해보자.

- 이런 종류의 시험을 위해 나는 보통 얼마나 시간을 쓰는가? 그 시험 성적은? 평균 3시간을 투자하며 항상 D학점을 받았다면 공부 투자시간을 더 정확히 재산정해야 하고 필요한 만큼의 시간을 투자하고 있지 않다는 의미다.

- 현재 나의 목표 학점은? 자신이 이 수업에서 B를 받고 A는 절대로 받을 수 없을 것이라고 생각한다면 이 시험에 시간을 덜 투자하고 더 상위권에 들 수 있는 시간에 더 투자하는 것이 바람직하다. 지금까지의 학점이 C⁺이고 이번 시험에서 좋은 점수로 B학점을 받을 기회라면 이 과목에 더 많은 시간을 투자해야 할 것이다.

- 내가 해야 할 특별한 부분이 이 시험에 있는가? 필기 복습을 하고 스터디 그룹과 함께 연습문제를 풀어보는 것도 좋지만 어학실에 앉아 몇 시간 분량의 녹음파일을 듣거나 미로 속에서 빠져나오도록 느릿느릿한 실험용 쥐를 다시 실험해야 한다면 이대로 계획을 세운다.

- 공부할 자료들을 정리하고 속도를 자신에 맞게 조절해 복습을 시작한지 1시간 후, 공부를 얼마나 했는지 확인한다. 지금까지

공부한 양과 앞으로 남은 양을 비교하면 어떤가? 매 시간마다 똑같은 양을 공부할 수는 없겠지만 1시간에 공부한 양을 기준으로 전체 시험공부 시간을 예측할 수는 있을 것이다.

벼락치기는 소용없다

마지막까지 공부를 미루다가 일주일, 한 달, 한 학기 전체 분량의 수업을 하룻밤이나 시험 직전 주말 벼락치기를 모두 한 번쯤 해보았을 것이다. 도움이 되었는가? 그렇지 않았을 것이다.

현실적으로 일정 수준의 극소수 학생들에게만 벼락치기 효과가 있다. 어떤 방식을 사용하든 그 학생들은 우리보다 더 많은 내용을 단기기억에 최대한 집어넣어 기억한다. 최소 24시간 동안. 그 후 24시간은? 바람과 함께 사라진다. 즉, 그들이 주간 퀴즈에서 잘했다면 벼락치기 공부한 내용은 앞으로 중간고사와 기말고사에서는 전혀 도움이 안 된다는 것이다.

우리는 대부분 그런 학생들이 가진 능력이 없다. 즉, 밤샘 후, 엄청나게 커피를 마시고 다음 날 시험 장소가 어디인지 기억한다면 기적일 것이다. 몇 시간 후, 다시 잠자러 집에 갈 때까지 졸지 않으려고 애쓰며 결론적으로 아무 것도 못 배우고 벼락치기 공부했던 시험에서 좋은 결과도 못 얻을 것이다!

이것이 바로 벼락치기를 하면 안 되는 가장 큰 이유다. 어차피 도움이 안 될 것이니!

⊕ 그럼에도 불구하고 벼락치기해야 한다면

그럼에도 불구하고 여러분의 굳은 결심, 최고의 의도, 벼락치기는 내 사전에 들어갈 자리가 없다는 최후통첩에도 전혀 시험공부하지 않은 시험 전날, '뭔가' 해야 하는 자신을 발견할 것이다. 부디 자주 그렇지 않길 바란다. 벼락치기해야 한다면 조금이라도 성공적으로 만들어줄, 여러분이 따라야 할 몇 가지 규칙이 있다.

⊕ 현실적으로 자신이 할 수 있는 것을 생각하자

하룻밤 만에 한 학기 분량의 공부 내용을 완전히 통달할 수는 없다. 여러분의 출석이 들쑥날쑥 하거나 전혀 출석하지 않았거나 학기 초 수업계획서의 12권 중 겨우 2권만 훑어보았다면 더더욱 불가능하다. 더 많은 내용의 벼락치기를 시도하면 그 효율성은 더 떨어진다.

여기서 현실적으로 생각하라는 말은 자신의 상황을 냉정히 바라보라는 뜻이다. 여러분의 현재 상황을 고려하면 시험을 잘 치르는 것과 같이 너무 많은 것을 바라고 있다. 즉, 지금 끓고 있는 뜨거운 기름통 속에 안 떨어지려고 양쪽 엄지로 발버둥치는 것과 같다. 기름통을 피해 도움이 필요한 여인을 구하고 왕국을 이어받을 왕이 되는 것이다. 이것은 그 어떤 친절한 요정이 오더라도 들어줄 수 없는 소원일 것이다.

⊕ 선택적으로 심도 있게 공부하자

더 많은 수업들에 결석했고 더 많은 과제들을 제대로 제출하지 못했다면 벼락치기할 공부 내용을 더 간추려 선택해야 한다. 따라서 가장 가능한 선에서 반드시 출제될 만한 내용만 추려야 한다. 그리고 자신이 선택한 과목들만 공부하자. 이 상황에서는 좁게 깊이 공부하는 것이 넓게 얕게 공부하는 것보다 낫다. 운이 좋으면 벼락치기하기 전에 공부한 3가지 주제가 서술형 문제로 출제될지도 모른다!

기억력을 마사지하자

단기기억 속에 기억할 수 있는 내용을 극대화하기 위해 제4장에서 살펴본 모든 기억력을 향상시키는 기술들을 사용하자.

그만둘 때를 알자

어느 순간 자신의 이름조차 기억나지 않거나 도저히 집중할 수 없을 때는 그만 포기하고 자자.

늦은 밤시간보다 이른 아침시간을 고려하자

특히 아침형 인간이라면 더더욱 그렇다. 일찍 잠자리에 들고 일찍 일어나는 것이 늦게 잠자리에 들고 완전히 지친 상태로 일어나는 것보다 효율적이다.

시험장에 도착했다면

몇 분 동안 자신이 기억하는 것, 잊어버릴까봐 걱정인 것들을 적어본다.

의심되면 질문하라

맞다. 어떤 선생님들은 수업에 나왔던 매우 세세한 사항들까지 시험에 출제해 모든 책과 필기, 다루었던 모든 수업자료를 여러분이 공부하게 만든다.

하지만 모든 선생님이 그와 같다고 생각하진 않는다. 아마도 여러분은 수업 도중 선생님이 가장 중요하다고 믿는 주제들 즉, 문제, 사실, 수치 등 특정 부분들에 대한 시험을 치를 것이다.

그것이 어떤 것들인지 어떻게 알 수 있을까? 더 직설적으로 말해 무엇이 출제될지 어떻게 알 수 있을까?

선생님들은 많은 힌트를 준다. 일반적으로 여러분이 특정 부분을 다른 것들보다 더 자주 보거나 듣는다면 그 부분이 더 중요하고 출제될 가능성이 높다는 의미다.

"나는 중요하다!"라고 여러분에게 외치는 내용들이 선생님이 반드시 반복적으로 나타내야 하는 것은 아니다. 노트 필기해야 할 내용을 알아내기 위해 선생님의 몸짓이나 언어적 힌트에 귀 기울이는 것처럼 어느 순간 선생님이 몸짓으로 가리키는 가장 중요한 내용 주제들을 알아내는 방법을 알게 될 것이다. 여러분의 노트 필기에 대한 선생님의 태도도 귀띔해주는 정보가 될 수 있다. 선생님이 특정 부분에 대해 세부적인 노트 필기를 요구한다면, 심지어 노트 필기 제출을 요구한다면(고등학교에서는 가끔, 대학에서는 매우 드물게) 그 주제에 대해서는 교과서보다 현재 선생님이 설명하는 자료가 더 중요한 것이라고 말하고 있다고 생각해도 된다. 이에 따라 공부하자.

해당 수업의 이전 시험지나 퀴즈를 갖고 있는가? 돌려받은 시험지 특히 선생님의 코멘트로 가득찬 시험지는 공부시간을 어디에 집중해야 할지 알려주는 지표가 될 것이다.

어떤 문제가 출제될지 선생님에게 물어보는 것은 잘못일까? 절대로 아니다. 그렇다면 선생님이 항상 그 답변을 할까? 그것도 아니다. 같은 선생님이 출제했던 이전 시험지를 찾아볼 수 있다면 특히 시험 범위와 똑같은 시험지라면 시험공부에 사용하자.

왜 그럴까? 선생님도 결국 우리처럼 습관의 동물이다. 똑같은 시험문제가 다시 출제될 것이라고 기대하진 말자. 그렇게 관대한 선생님은 없다. 하지만 시험 준비법, 출제될 문제의 종류와 문제 구성(참/거짓 문제 100문항, 객관식 문제 50문항, 계산문제 1문항, 서술형 문제)은 다가올 시험에 대한 더 많은 아이디어를 줄 것이다.

그리고 작년이나 지난 학기 선생님의 수업을 들은 친구를 찾아보

자. 그들이 조언, 팁, 힌트, 주의사항을 여러분에게 미리 알려줄 수 있지 않을까?

　일부 선생님들은 유독 한 가지 유형에 애착을 보이는 경우가 있다. 참/거짓 문제를 선호하거나 주관식과 단답형 문제들을 혼합해 자주 출제하기도 한다. 이전 시험지, 해당 선생님의 과거 수업을 들은 친구들, 다가올 시험에 대한 선생님의 설명, 여러분의 개인적 경험이 특정 유형이 빈번한 출제 사실을 증명한다면 이런 유형의 시험공부를 더 많이 하자. 물론 모든 시험 범위의 내용을 정확히 알고 있어야 한다. 이것은 실제 시험에서 특정 방식의 문제를 만날지도 모른다는 사실을 자각해야 한다는 뜻이다.

　여러분이 알고 있는 것들을 확인하기 위해 많은 선생님들은 다양한 시험문제를 종합적으로 사용한다. 솔직히 일부 선생님들은 채점하기 힘들다는 이유로 서술형 문제 출제를 꺼린다. 다른 선생님들은 다음과 같은 이유로 서술형 문제 출제를 선호한다.

- 문제를 더 빨리 더 쉽게 출제할 수 있다.
- 수업 참여인원이 적고 이후 시험문제를 재사용하지 않는다.
- 학생성취도 측정보다 태도 측정에 익숙하기 때문이다.
- 학생들의 작문 실력 향상을 장려하고 그 보상을 추구한다.
- 출제하려는 내용이 학생들의 설명이나 묘사가 중요할 때 적합한 방식이다.

- 일부 과목에 적합하다. 여러분은 과학수업보다 영어나 역사수업에서 서술형 문제를 더 많이 볼 가능성이 높다.

일부 선생님들은 다음과 같은 이유로 객관식 문제 출제를 선호한다.

- 수업이 대규모이고 해당 시험문제를 재사용할 가능성이 높다.
- 신속히 분명히 믿을 만한 시험점수가 나와야 할 때 더 효율적이다.
- 똑같은 시간에 더 넓은 시험 범위에서 출제할 때 적합하다.
- 학생들에게 공정한 시험점수를 주는 것이 쉽다. 22번 문제의 정답은 '3번' 하나뿐이다.
- 일부 선생님들에게는 객관식 문제 출제가 더 쉽다.
- 학생들이 공부한 내용을 보여주어야 할 때 사용할 수 있다.

절대로 모든 내용을 공부하지 말라

자신이 풀 시험문제 유형을 알아냈다면 실제로 무엇이 출제되고 공부해야 할 것이 무엇인지 알아볼 차례다. 실제로 출제되더라도 실제로 정말 드물게 '모두' 출제되는 경우는 거의 없다는 것을 기억하자.

실제로 출제되므로 별로 중요하지 않다고 판단되는 부분들을 시험 범위에서 걸러내는 개략적인 훑어보기부터 하자. 이것은 자동적으로 '출제될 것'이라고 확신되는 부분에 시간을 집중적으로 더 쓰도록 할 것이다.

그런 후, 각 시험 별로 '공부할 부분' 리스트를 만들자. 리스트에는 복습해야 할 특정 책 이름, 다시 한 번 보아야 할 필기들, 다시 읽어 보아야 할 주제, 원칙, 아이디어, 개념들을 적는다. 공부할 때마다 리스트에서 지워나간다. 이것은 보고서 작성 과정을 더 작게, 달성하기 더 쉬운 단계로 쪼개나가는 것과 비슷하며 똑같은 효과를 낸다. 즉, 공부를 미루는 것을 최소화하고 공부한 내용들을 논리적으로 정리하며 각 리스트를 달성할 때마다 얻는 성취감으로 즐거움을 계속 선사한다.

자신을 시험하라

시험 범위를 공부하면서 질문들을 적어나가는 자신만의 습관을 만들었듯이 자신만의 시험문제를 직접 만들어보면 어떨까? 시험문제를 더 어렵게 만들수록 실제 시험에서 여러분은 더 준비되어 있고 자신감에 더 차 있을 것이다.

연습문제는 주간 퀴즈, SAT, 수능시험, 사법시험 그 어떤 시험을 치든 실제로 몇 가지 이점을 준다. 시험시간이 더 길고 더 "정형화된" 시험일수록 시험의 구조, 규칙, 함정들에 익숙해지는 것이 더 중요하다.

무엇보다 여러분이 치를 시험 유형에 익숙해지면 전략적인 시험 공부(시험 범위, 내용에 대한 우선순위)가 가능해지고 시험을 전략적이고 체계적으로 정복하게 해준다. 시험 유형에 익숙해지면 편안해지고 편하면 느긋해진다. 느긋함은 시험을 잘 치르게 하는 핵심요소다.

시험 유형에 익숙해지면 체계적으로 공부할 수 있고 시험체계가 아닌 시험 자체에 집중할 수 있다. 이것은 시험체계에 대한 이해보다 실제 시험을 치르는 데 시간을 집중적으로 쓰게 해주고 시험에 걸리는 각종 시간제한 효과를 줄여줄 수 있다.

마지막으로 앞에서도 중요하게 말했듯이 연습문제를 풀어보면 시험 범위를 공부하고 내용을 기억하는 데 매우 효과적이다.

시험 당일 할 일과 기억할 것들

시험을 정기 수업시간에 치르지 않는다면 시험장에 일찍 도착하는 것을 명심하자. 각자 선호하는(제2장 내용 참조) 자리에 앉자.

하지만 고려해야 할 변수들에 주의하자. 200~300명이 동시에 치르는 시험장에서는 맨 앞줄에 앉으면 얻을 수 있는 분명한 장점이 있다. 즉, 시험 지시사항을 명확히 듣고 제대로 정답을 답할 수 있고 시험지를 맨 먼저 받고 맨 나중에 낸다.

시험지를 전체적으로 한 번 보는 것이 허락된다면 그렇게 한다. 풀어야 할 시험문제에 대한 전체적인 개념을 가진다면 더 쉬운 문제 구간과 각 문제 당 배점을 미리 알 수 있다.

⊕ 기본 원칙을 숙지하라

일반적으로 "찍은" 문제들은 벌점을 받을까? 선생님들은 정답에는 +2점, 오답에는 -1점을 부과할 것이라고 공지할 수도 있다. 이것은 분명히 여러분이 추측해서라도 문제를 맞출지 그냥 넘어갈지 결정하는 데 영향을 미치거나 최악의 경우, 문제를 추측해 맞출 확률을 고려하면 최대 몇 개 문제를 추측해 답하는 것이 가장 유리할지 결정하는 데 영향을 미칠 것이다.

SAT, ACT, GRE, 수능시험처럼 정형화된 시험이라면 시험장에 들어가기 전, 이전 시험에서 공지된 지시사항을 읽어보자('모의고사'를 포함해 많은 참고서들을 시중에서 찾아볼 수 있다). 그런 후, 시험지나 컴퓨터상의 지시사항들을 훑어보고 이전 시험 지시사항에서 바뀐 것이 있는지 확인하자. 그럼 일일이 지시사항을 읽는 데 드는 시간을 절약할 수 있을 것이다. 정형화된 시험에서는 단 몇 초도 소중하다는 것을 잊지 말자.

각 문제들의 점수 중요도는 서로 다른가? 시험지에 따라 여러 부분으로 나뉘어 있거나 시험에서 차지하는 비중이 최종점수 산정의 약 10~15%로 매우 작은 편이고 주요 서술형 문제는 최종점수 산정의 약 30%로 훨씬 큰 비중을 차지한다. 당연히 이 중요도는 각 부분에 쏟을 시간과 에너지 양에 영향을 미칠 것이다.

⊕ 자신만의 방식으로 그려 나가라

시험을 치르는 동안 문제나 정답 이해에 도움이 되도록 그림 그리는 방법을 놓치지 말자. 특정 문제가 여러 단계를 포함한 원인과 결과 관계라면 약어나 그림을 이용해 그 단계를 빨리 그리거나 받아 적자. 빠진 부분을 보고 부분간 관계를 이해하고 정답을 고르는 데 도움을 줄 것이다.

⊕ 지시사항을 따르자!

지시사항을 읽고 이해하자. 각 객관식 문제에서 "모든" 맞는 보기를 골라야 할 경우, 각 문제 당 한 가지 보기만 정답일 것이라고 추측한다면 수많은 정답을 놓칠 것이다.

서술형 5개 문항 중 2개 문항만 골라 답해야 할 경우, 5개 문항 모두 답하려고 하면 당연히 시간이 모자랄 것이고 설령 어떻게든 5개 문항 모두 답했더라도 선생님은 첫 번째 2개 문항만 채점할 것이다. 여러분이 추가 3개 문항을 푸는 데 시간을 너무 많이 써 첫 2개 문항의 답이 좋은 점수를 받을 만큼 세부적이고 잘 짜였을 리는 만무하다.

잊어버릴까봐 걱정되는 관련 지식이나 공식은 시험지를 받고 다른 뭔가를 하기 전, 시험지 여백에 적어두자. 시간이 오래 걸리지도 않고 나중에 그 지식이나 공식을 사용해야 할 때 유용하다.

⊕ 자신에게 필요한 모든 시간을 써라

벽시계를 바라보며 시간을 확인하지 말자. 자신의 손목시계를 가져오자. 그렇다고 휴대폰을 가져오면 안 된다.

시간 얘기를 한 김에 시험장에서 일찍 나가는 습관은 버리자. 맨 먼저 시험지를 제출해 선생님과 친구들이 자신을 똑똑하게 생각하고 인상 깊을 가능성은 매우 낮다. 여러분이 기입한 모든 답에 완벽히 만족한다면 맨 먼저 시험을 끝냈더라도 시험장에서 나가도 되지만 일반적으로 시험을 약간 천천히 진행하는 것이 경솔한 실수를 피하는 데 도움이 된다.

이처럼 남들이 무엇을 하든 신경 쓰지 말자. 마지막에 답을 검토하기 위해 시간을 조금 남겨두자. 시험장에서 맨 마지막에 나간들 무슨 문제인가? 누군가 시험장에서 아무리 맨 먼저 자신만만히 나간들 그가 시험을 잘 보았다는 보장은 없으니 자신에게 필요한 모든 시간을 써가며 최선을 다하자.

객관식 시험 공략법

객관식 문제를 공략하는 3가지 방식이 있다.

❶ 첫 번째 문제부터 계속 풀어나간다. 문제 하나하나, 마지막 문제
를 풀 때까지 각 문제의 답을 정확히 풀거나 공부한 내용을 기반
으로 추측한 답을 풀 때까지 넘어가지 않는다.

❷ 전혀 생각하지 않더라도 정답을 알 수 있거나 매우 간단한 계산
만 필요한 쉬운 문제들부터 풀기 시작하고 다시 처음으로 돌아가
어려운 문제들을 푼다.

❸ 어려운 문제들부터 풀기 시작하고 쉬운 문제들은 나중에 푼다.

위 3가지 방식 모두 본질적으로 맞거나 틀린 것은 아니다. 각자에
게 맞는 것이 있을 것이다. 그리고 이 3가지 방식은 시험 유형에 따
라 달라질 것이라고 나는 생각한다. 부분별 중요도도 여러분의 전략
에 영향을 미칠 수 있을 것이다.

첫 번째 접근법은 문제 난이도와 상관없이 전체 시험문제를 읽는
데 시간낭비가 없다는 점에서 가장 빠른 방법이다. 각 문제 별로 시
간을 써 어떤 문제도 막힘 없이 풀 수 있다는 전제 하에 이 방법을
쓰는 것이 좋을 것이다.

두 번째 접근법은 정답을 극대화시키는 방법이다. 즉, 정답이라고

확신하는 방법으로 먼저 풀기 때문이다. 비교적 쉬운 문제들을 빨리 풀어버린다는 전제 하에 이 방법은 특히 어려운 문제들을 풀 최대한 많은 시간을 여러분에게 줄 수 있다는 장점이 있다. 많은 전문가들은 이 방법을 많이 권한다. 각 문제의 답을 곧바로 계속 풀어나가는 것이 여러분에게 확신이 안 서는 문제들도 풀 수 있는 즉각적인 자신감을 불어넣는다고 설명하기 때문이다. 이 주장에 동의한다면 물론 이 방법이 좋겠지만 시험지를 먼저 훑어보며 어떤 쉬운 문제들이 있는지 확인하기만 해도 고려해볼 만한 전략이다. 이것은 저자인 내게 더 적은 시간을 들여 똑같은 '자신감 불어넣기' 효과를 가져오기 때문이다.

마지막 세 번째 접근법은 사실 내가 썼던 방식이다. 실제로 가장 어려운 문제들부터 먼저 풀고 쉬운 문제 순서로 진행했다. 즉, 수많은 시험 출제자와 선생님들이 시험문제를 점진적으로 어렵게 제출하므로 내가 역으로 풀었다는 의미다.

이 접근법은 다소 이상하게 들릴 수 있으니 이 방법에 얽힌 심리학적 설명을 곁들이겠다. 나는 시험 후반, 시간 압박이 커질수록 많은 생각들을 해야 할 문제들보다 쉬운 많은 문제들을 제한시간 안에 푸는 것이 낫다고 느끼는 편이다. 시험 후반이 되면 내 머리는 시험 초반과 달리 제대로 작동하지 않게 된다!

그것이 바로 세 번째 접근법의 주요 이점이다. 즉, 내가 가장 "활발히 생각할 수 있을 때", 가장 깨어 있을 때, 주의력이 가장 깊을 때 최고의 분석력, 사고력, 해석력이 필요한 문제들을 공략했다. 가장 피곤해지는 시험 후반에는 '분명히 쉬운 문제들'의 답을 적어나갔다.

동시에 나 자신에게 자신감의 에너지를 불어넣을 수 있었다. 첫 번째 어려운 문제를 푼 후, 이미 기분이 좋았다. 어려운 문제들을 모두 푼 후, 나머지 문제들은 모두 쉬운 것들이라는 것을 알고 있었다.

하지만 항상 모든 문제를 풀 수 있는 적절한 시간을 엄수하려고 노력한다. 정답 1개와 못 푼 문제 3개보다 오답 1개와 푼 문제 3개가 낫기 때문이다.

정답을 못 찾아 10분 동안이나 멍한 눈으로 시험지를 들여다보는 '정답 삼매경'에 빠지면 안 된다. 뭐든지 하자. 답을 쓰고 한 문제 틀린 답을 쓰는 것이 아무 것도 안 하고 소중한 시간만 허비하는 것보다 낫다.

⊕ 배제게임을 하라

정답을 추측해 푸는 것은 잘못이 아니다. 물론 오답을 적어 감점 당하는 경우가 아니라면 말이다. 그렇다면 이제 문제는 얼마나 추측해 문제를 풀어야 하느냐다.

오답에 대한 감점 처리가 없다면 아무 답도 안 적은 문제는 절대로 있으면 안된다. 하지만 정답을 맞출 확률을 높이기 위해 모든 수단을 동원해야 한다. 객관식 문제가 4지선다라면 각 문제를 추측해 풀 때마다 25%의 정답률(물론 75%의 오답률도 의미함)이 있다는 의미다.

하지만 분명히 정답이 아닌 선택지 하나를 배제한다면(정답이 아닐 것이라는 합리적 이유만으로 배제하더라도 상관없다) 정답을 맞출 확률은 33%로 올라간다.

그리고 2가지 선택지로 추려낼 수 있다면 정답을 맞출 확률은 동전 뒤집기 확률과 똑같은 50대50이 된다. 장기적으로 보면 많이 틀리는 만큼 많이 맞출 것이다. 오답에 대한 감점 처리가 있더라도 확률을 50대50으로 끌어올릴 수만 있다면 나는 하나라도 선택해 답을 정할 것이다.

⊕ 추측한 정답을 바꿔도 될까?

여러분의 첫 번째 추측은 얼마나 효과가 있을까? 통계에 의하면 첫 번째 추측은 생각보다 매우 유효하다(물론 추측에 대한 기본 지식이 뒷받침되었다는 전제 하에). 그러니 다음과 같은 경우에만 첫 번째로 추측한 답을 바꾸자.

- 첫 번째 추측이 전혀 아무 근거도 없이 "찍은" 답이고 계속 생각해보니 처음 선택했던 선택지를 오히려 배제해야 한다고 결론 내린 경우(두 번째 추측한 답은 적어도 첫 번째처럼 아무 근거도 없이 선택하면 안 된다)
- 첫 번째 추측한 답이 정답일 확률을 완전히 뒤집을 뭔가를 기억해낸 경우(또는 시험 후반 문제의 정답이 추측한 문제의 정답을 찾는 데 도움이

된 경우)

- 수학문제를 잘못 계산한 경우
- 시험문제를 잘못 읽어 "않은", "절대로", "항상", 이와 비슷한 부사어를 놓친 경우

만약 4지선다 문제에서 정답이라고 생각되는 3가지 선택지를 제외하고 나머지 하나가 완전히 오답이라고 생각된다면? 이때는 그 1가지를 제외하고 3가지 선택지를 놓고 다시 분석을 시작한다. 이제 그 3가지 선택지 중 정답이 있을 것이라고 확신한 것이다.

추측으로 객관식 문제의 답을 내고 그 시험지를 나중에 돌려받을 것임을 안다면 추측한 답 옆에 작은 점이나 자신만의 표시를 해두자. 그럼 여러분이 예측한 답의 성공률을 평가할 수 있을 것이다.

시험 도중 특정 문제들로 돌아와 다시 생각해볼 시간이 생긴다면 그 문제들의 선택지 중 절대로 정답이 아닌 것들에 줄을 긋자. 여러분의 시간을 절약해줄 것이다. 이미 틀린 것으로 판단한 선택지들은 모두 배제하고 나머지 선택지에 집중할 수 있기 때문이다. 작은 팁이지만 각 문제들에 쏟을 수 있는 단 몇 초라도 추가된다면 여러분에게 가져다 줄 훌륭한 팁이라고 할 수 있다.

한 영역을 모두 끝냈다고 생각되면 답안지를 확인해가며 혹시 답이 표시되지 않은 문항이 있는지 반드시 확인하자.

⊕ 완벽한 객관식 시험 공략법

- 문제 속의 의도를 너무 깊이 생각하지 않도록 주의한다. 출제자의 의도를 과도하게 해석하지 않고 실제로 존재하지 않는 패턴이나 속임수를 찾으려고 애쓰지 않는다.

- 긍정문 형태의 선택지는 부정문 형태의 선택지보다 정답일 확률이 높다.

- 정말 틀렸다고 확신하기 전까지 첫 번째 선택한 답을 바꾸지 않는다.

- 함정에 빠뜨릴 수도 있는, 문제 속의 부정접사나 관련 어미를 반드시 확인한다("~하지 않는 것은?).

- 선택지에 "모두", "항상", "절대로", "그 무엇도" 등이 있으면 보통 오답이다. 다시 말하지만 "보통" 그렇다는 뜻이다.

- 선택지에 "가끔", "아마도", "몇몇" 등이 있으면 정답일 확률이 높다.

- 정답을 찾기 어려울 때는 오답을 찾아나간다.

- 선택지가 정확히 무슨 뜻인지 이해할 때까지 그 선택지를 지우지 않는다.

- 답을 선택하기 전, 모든 선택지들을 완전히 읽어본다(오답 감점 처리가 없는 시험 마지막에 무조건 답을 찍는 경우가 아니라면). 출제자들은 첫 번째에 함정용 답을 배치한다고 알려져 있다. 나머지 선택지를 읽지 않고 1번 답으로 바로 찍고 넘어가게 하려는 유인이다.

- 정형화된 시험에서는 한 영역의 답을 답안지에 모두 일괄적으로 옮겨 적는다.
- 가장 길거나 가장 복잡하거나 길고 복잡한 선택지가 종종 정답인 경우가 많다. 이것은 출제자가 정답을 완벽하고 모호하지 않게 만들기 위해 적절한 문구와 문장을 계속 이어 붙였기 때문이다.
- 2살짜리 아기도 알 만한, 명백한 선택지는 의심해보아야 한다. 선생님이 왜 그렇게 쉬운 선택지를 넣었을까? 정답이 아니기 때문인지도 모른다.
- 문제를 한 번 읽어본 후, 너무 혼란스럽고 어려워 보이더라도 곧바로 포기하지 않는다. 문제를 자신만의 언어로 바꾸어 새로운 각도에서 바라보거나 그림을 그려보면 문제를 이해하는 데 도움이 될 수 있다.
- 출제자가 "위의 선택지 모두 맞음"이나 "위의 선택지 모두 틀림"이라는 선택지를 거의 안 내는 경우, 그 선택지가 특정 문제에서 나왔다면 정답일 확률이 있다.
- 최소 2개의 선택지가 정답이라고 생각된다면 "위의 선택지 모두 맞음"이 정답이다.
- 모든 선택지들 중에 정답이 없다는 합리적 추론만 가능하더라도 "위의 선택지 모두 틀림"이 정답일 가능성은 충분하다.
- 선택지가 단수인 것을 요구한다면 복수를 포함한 선택지는 모

두 지운다.

- 문제가 선택지에 들어갈 부분이 '현재형 동사'임을 내포하고 있다면 과거형이나 미래형 동사가 들어 있는 선택지는 모두 지운다.

⊕ **독해문제**

이 유형은 몇 가지 문제를 포함한 짧은 지문 형태의 문제다. 여러분은 지문 속에서 정답들을 찾아야 하고 각 정답은 지문 속에서 여러 방식으로 숨어 있다.

저자가 권하는 독해문제 해결법을 여기 소개한다.

❶ 지문을 읽기 전, 문제부터 읽는다. 문제부터 먼저 읽으면 지문 속에서 여러분이 찾는 것을 일깨워주고 지문을 읽는 방식에 영향을 미친다. 만약 문제가 특정 날짜를 요구한다면 날짜가 나와 있는 모든 부분을 읽으면서 동그라미 친다. 결과보다 특정 사실을 찾는 것도 지문을 읽는 방식에 변화를 줄 것이다.

❷ 또는 첫 번째 문제를 읽고 선택지를 읽기 전, 정답이 무엇인지 먼저 '생각'해본다. 자신이 생각한 답이 선택지에 있다면 '빙고!'

❸ 분명한 정답이 안 보인다면 질문을 생각해가며 방금 읽었던 지문을 다시 천천히 읽어본다. 밑줄을 너무 많이 긋진 말고 문장의 방향에 변화를 주는 접속사에 밑줄 친다. 즉, "그러나", "그럼에도

불구하고", "그럼에도", "하지만" 등이다. 이 변화 때문에 이 문장들이 여러 문제들 중 한 가지와 관련 있을 가능성이 높다.

예를 들어, "존 스미스는 작문보다 편집을 선호하는 그의 아내 루이스 스미스와 달리 편집보다 작문을 선호하는 작가였다."라는 문장은 다음과 같은 정답이 있을 것이다. 즉, "루이스 스미스는 작문과 편집 중 어느 것을 선호하는가?" 지문을 스치듯 훑어본 사람은 '작문'을 정답으로 고를 것이다.

❹ 문제들을 다시 읽고 다시 처음으로 돌아가 각 선택지들을 처음부터 순서대로 확인한다. 첫 번째 문제가 너무 어렵지 않은 한, 절대로 건너뛰지 않는다. 문제를 너무 많이 건너뛰면 답하지 않은 문제들이 헷갈리고 결국 제대로 완벽히 답을 적은 문제들이 없거나 아예 답하지 않고 시험지를 제출하는 문제점들이 생길지도 모른다.

⊕ 객관식 수학시험 마스터하기

계산하지 않아도 된다면 시간을 절약할 수 있다. 다음 수학문제를 "실제로 계산하지 않고" 풀 수 있겠는가?

334 x 412 =
(A) 54,559
(B) 137,608
(C) 22,528
(D) 229,766

각 숫자의 마지막 자리인 (4×2)를 곱해 가능성 있는 정답 2개를 추려낼 수 있다. 정답은 무조건 숫자 8로 끝나야 한다. 따라서 (A)와 (D)는 지워도 된다. 이렇게 빨리 추려낼 수 있다!

이제 (B)와 (C)를 자세히 보자. 정답을 빨리 찾아낼 수 있는가? 여러분은 학습에 기반해 추측해야 하는데 수학에서는 이것을 '예상치'라고 부른다. 334×100=33,400을 암산으로 바로 알 수 있을 것이다. 따라서 (C)는 오답이다. 수치가 너무 작기 때문이다. 이제 (B)만 남았다.

(B)가 맞다는 것을 실제로 계산해 확인해야 할까? 과연 그럴 필요가 있을까? 여러분은 (A)와 (D)가 오답임을 분명히 가려낼 수 있다. 너무나 분명히. (C)는 정답이 되기에는 너무 작으니 (B)를 정답으로 표시하고 넘어가자.

수학시험에서 더 나은 점수를 받을 다른 방법들이 여기 있다.

- 문제가 묻는 개념을 확인한다. 어떤 원리가 포함되어 있는지, 어떤 정보가 중요한지, 무엇이 중요하지 않은지 파악한다. 문제와 관련없는 정보에 혼란을 겪지 않아야 한다. 자신이 찾는 답의 종류를 알아야 한다. 즉, 속도?, 무게?, 각도?, 지수?, 제곱근?
- 시간이 된다면 공식과 수치들을 말로 '전환'해본다. 실제 계산에 들어가기 전, 예상치를 가늠해보면 적어도 자신이 찾는 정답의 크기를 어느 정도 예상할 수 있을 것이다!
- 자신이 시각적 인물이 아니더라도 그림을 이용하면 분명히 도움이 된다. 특히 어려운 수학문제들은 그림이나 다이어그램으로 그려 풀어본다.
- 여러 방향으로 접근해보자. 같은 정답이라도 다양한 방향으로 문제를 풀 수 있는 경우가 종종 있으며 각 방향들은 모두 똑같이 효과적인 방법들이다.
- 검산할 때는 거꾸로 해본다. 간단한 계산 오류를 잡아내는 데 가장 효과적인 방법이다.
- 자신의 계산 과정을 보기 좋게 모두 적는다. 시간을 들여 계산 과정을 깔끔히 적으면 실수할 확률이 낮고 실수하더라도 실수를 찾아내기 훨씬 쉬울 것이다.
- 보통 건너뛰는 과정이더라도 시험 도중에는 모든 단계와 공식

을 써내려간다. 설령 모든 원리와 공식을 알지만 초기 분석 과정에서 잘못 계산한 부분이 있다면 정답을 구할 수 없을 것이다. 하지만 깨어 있는 많은 선생님들은 여러분이 모든 지식을 알고 올바른 과정을 거쳐 계산해나갔지만 계산에서 약간 실수했다면 심한 감점 처리를 하진 않는 편이다.

- 시험 도중 계산기를 소지할 수 있다면 자신의 정답을 즉시 다시 확인해본다. 틀린 숫자를 한 번 입력할 수 있다. 똑같은 틀린 숫자를 연달아 두 번이나 입력할 확률은 매우 높은 편이다.

여러분이 1개 이상의 선택지들을 어떤 식으로든 지웠지만 여전히 정답 찾기가 어렵고 나머지 선택지들 중에서 지울 다른 방법도 없다면 여러분이 추측한 답을 더 "지식에 기반한" 답이 되도록 해줄 내부자의 팁이 여기 있다.

- 두 선택지의 내용이 비슷하다면 둘 다 고르지 않는다.
- 어려운 문제에 있는 가장 "분명한" 선택지는 오답일 확률이 높지만 그 선택지와 내용이 가장 가까운 다른 선택지가 정답일 확률이 높다.
- 선택지의 정답에 다양한 범위의 숫자가 있으면 최대한 중간값을 선택한다.
- 두 양이 매우 비슷하면 둘 중 하나를 고른다.

- 두 숫자가 소수점 자리 차이만으로 똑같은 수의 배열이라면(그리고 나머지 선택지들이 전혀 다른 숫자들인 경우) 둘 중 하나를 고른다(예: 2.3, 40, 1.5, 6, 15인 경우, 나라면 1.5나 15 중 하나를 선택하겠다. 문제를 읽는 과정에서 소수점 위치를 파악할 수 있다면 훨씬 좋을 것이다!).

두 선택지의 공식이나 모양이 똑같다면 둘 중 하나를 선택한다.

기억하자: 이 방법들은 시험을 잘 치를 방법이 아니다. 즉, 단지 "문제에 대해 여러분이 아무 접근법도 모르거나 문제를 푸는 도중 막혔을 때 정답을 예상할 수 있는 힘을 향상시켜 주는, 믿을 만한 몇 가지 방법들일 뿐이다.

50대50 확률은 나쁘지 않다. 참? 거짓?

참/거짓 유형 시험에서 좋은 점수를 받으려면 무엇을 해야 할까?

우선 둘 중 하나를 그냥 선택해야 할 경우, 그렇게 하자. 나는 지금까지 여러분에게 충분한 수의 오답을 지우고 나머지 1~2개 선택지가 남았을 때 객관식에서도 추측해 답을 선택해야 한다면 그렇게 하라고 말해왔다. 사실 참/거짓 유형 문제는 이미 오답이 많이 지워진 상황과 같다! 따라서 오답을 적어 감점을 받는 상황이 아니라면 둘 중 하나를 반드시 선택하고 넘어가자! 설령 오답 감점 처리가 있더라도 정답에 대한 희미한 근거가 있다면 그쪽으로 답을 선택해볼 만하다.

사실 참/거짓 유형 문제의 정답률은 50대50 이상인 경우가 많다. 대부분의 출제자들은 '거짓'이 정답인 문장보다 '참'이 정답인 문제를 더 많이 출제하는 경향이 있으므로 문제에 대해 아무 감도 안 된다면 '참'이라고 생각하자. 문제 속에 구체적인 내용이 나온다면("성인 몸 속에는 206개 뼈가 있다.") 참일 가능성이 높다.

출제자들은 참/거짓 유형 문제를 출제할 때 어떤 속임수를 쓸까? 조심해야 할 속임수들이 여기 있다.

참인 2개 문장(또는 참일 가능성이 있는 문장)을 이어 전체 문장을 거짓으로 만드는 경우다.

예: "많은 새들이 하늘을 날 수 있기 때문에 그들은 자신이 먹는 음식을 빻기 위해 돌을 사용한다." 많은 새들이 하늘을 날 수 있고 새들이 음식을 빻기 위해 돌을 사용하는 것도 맞지만 원인-결과 관계("때문에"라는 접속사)가 두 문장 사이에 형성되어 전체 문장은 거짓이 된다.

객관식 문제에서는 가장 길거나 가장 어려운 문장이나 2개뿐인 선택지가 종종 정답인 경우가 있다고 말했다. 참/거짓 유형 문제에서는 정반대의 경우가 사실이다. 즉, 더 길고 더 어려운 문장이 참/거짓 유형 문제로 출제되었다면 그 문장 속에 나오는 모든 내용이 반드시 참이어야 하므로(그 긴 문장 속의 일부가 거짓일 가능성이 매우 높다) 전체 문장이 참일 가능성은 오히려 낮다.

일반화된 넓은 범위를 다루는 문장은 예외 없이 거짓이다. "모두", "항상", "그 어떤", "절대로", 또는 뭔가를 단언하는 단어가 보이면 주의해야 한다. 해당 문장이 거짓임을 입증하는 유일한 예시만 찾을 수 있어도 해당 문장은 거짓이다. 하지만 이것만은 주의하자. 단언하는 형태의 문장 중에서도 참인 것들이 분명히 있다. 다만, 이런 문장들은 매우 드물다.

이처럼 "가끔", "종종", "자주", "일반적으로", "보통", "많이", "그럴지도", "아마도", "~일지도", "보통의 경우"와 같은 단어들은 평범하고 일반적인 문장을 만들므로 참인 경우가 많다.

이중부정 문장은 조심하자. 뭔가 "흔치 않은 것이 아니다"라는 문장은 실제로는 뭔가 흔하다는 뜻이다.

전략적 팁: 거짓 문장을 만들기 위해 선생님이 뭔가를 문장에 첨가하기는 더 쉽다. 따라서 문장을 읽을 때 문장 전체를 거짓으로 만드는 요소를 찾아보자. 그런 요소가 안 보인다면 참으로 가정하자.

"쉬운" 시험은 없다

'오픈북' 시험을 가장 쉬운 시험이라고 생각하는 사람들도 있다. 오픈북 시험은 그들을 먹이로 삼는다. 그들이 첫 번째 오픈북 시험을 만날 때까지 말이다.

이런 유형의 시험은 가장 어렵고 보통 "훌륭한" 선생님들도 해군 훈련 매뉴얼보다 더 어렵게 출제하는데 일말의 죄책감도 못 느끼므로 이런 유형의 시험을 출제하는 경우가 있다. "뭐라는 거야, 책을 볼 수 있다잖아!" 이것은 마치 선생님이 허락한 커닝 페이퍼로 시험을 치르는 것과 같지 않을까? 많은 오픈북 시험은 테이크 홈 시험과 같다. 결국 여러분의 노트 필기, 다른 책들, 사용할 수 있는 모든 도구를 사용할 수 있다는 의미다.

이제 쉬운 문제가 나오지 않을 것이라고 예상할 테니 여러분이 그 시험 범위를 얼마나 잘 알고 있는지와 상관없이 이런 유형의 시험을 앞두고 몇 가지 준비해야 할 것이 있다.

- 모퉁이를 접거나 페이퍼 클립을 끼워 넣거나 중요한 차트, 표, 요약, 그림을 바로 펴볼 수 있는 여러 방법으로 중요한 페이지를 표시해둔다.
- 자신이 살펴본 페이지 색인을 적어 각 차트, 그래프, 표 등을 어디서 찾을지 알 수 있게 해둔다.
- 중요한 모든 사실, 공식 등을 종이에 별도로 요약해둔다.
- 오픈북 시험이나 테이크 홈 시험에서 노트 필기를 참조할 수 있다면 각 노트에 대한 짧은 색인(대략적인 주제들에 한정해)도 해두어 관련 정보를 어디서 빨리 찾을 수 있는지 알 수 있게 해둔다.

첫째, 교과서가 필요 없는 문제들부터 푼 후, 반드시 교과서를 사용해야 하는 문제들을 풀어나간다.

교과서 내용을 그대로 가져오지 않도록 주의한다. 교과서에 실린 똑같은 예시보다 비슷한 예시를 직접 만들어 답으로 제출하는 것이 바람직하며 따옴표를 썼더라도 책에 실린 내용 그대로 인용하기보다 자신만의 언어로 바꾸어 사용하는 것이 좋다.

정의에 따라 테이크 홈 시험도 일종의 오픈북 시험이지만 테이크 홈 시험은 모든 시험 유형 중 가장 어려운 유형에 속한다. 오픈북 시험은 수업시간에 할당된 시간 이상 진행될 수 없지만 테이크 홈 시험은 하루, 이틀, 일주일, 그 이상 시간을 주고 마감하는 경우도 있다.

이 시험들은 왜 그렇게 어려울까? 시험 출제 선생님들은 여러분이 답을 써내는 데 수업시간에 주어진 시간만으로는 끝내기 어려울 것이라고 판단해 그보다 훨씬 긴 시간을 주기 때문이다. 어떤 문제들을 제대로 풀려면 교과서, 노트 필기 이상의 지식을 찾아보거나 그 때문에 늦은 밤시간까지 시험문제를 풀어야 할 경우도 있다. 8시간이 주어진 쉬운 시험을 치러본 적이 있는가? 더 긴 시간이 주어질수록 더 쉽게 미루게 되고("와, 아직 이틀이나 남았네!") 뭔가 미루었을 때의 결과를 우리는 모두 알고 있다.

테이크 홈 시험의 긴 시간의 형평성을 맞출, 2가지 장점이 있다. 여러분은 '온전히 자신의 실력'을 뽐낼 충분한 시간을 갖게 된다. 시간제한이 전혀 없는 시험에서 최고의 실력을 뽐낼 수 없는 변명은 아무 데도 없으며 일반 시험에서 여러분이 긴장감으로 얼어붙는 경향이 있다면 시험지를 편안한 집으로 가져가 교실 시험보다 훨씬 적은 긴장감으로 치를 수 있을 것이다.

상 받을 만한 서술형 시험답안을 써라

다른 시험들과 마찬가지로 서술형 시험에 대비한 시간관리가 반드시 필요하다. 이것에 비하면 수학 계산문제는 쉬운 편이다. 3가지 서술형 답안을 1시간 안에 작성해야 한다면 아인슈타인 같은 천재가 되지 않더라도 문제 당 20분씩 할당해야 한다는 사실을 쉽게 알수 있을 것이다.

잠깐, 반드시 그럴까? 같은 예시에서 서술형 한 문제 당 15분씩 할당하면 나머지 15분은 다시 한 번 읽고 퇴고하고 답안을 고치고 추가하는 데 쓸 수 있을 것이다. 또한 특정 문제가 다른 문제보다 "배점이 높은" 경우, 그에 따라 할당시간을 조정해야 한다.

첫 번째 문제를 위해 할당한 시간이 다 되었을 때 첫 번째 서술형 문제를 얼마나 작성했는지와 상관없이 두 번째 문제로 넘어가야 한다. 여러분은 분명히 마지막에 다시 돌아가 나머지 부분을 작성할 시간을 갖게 될 것이다. 여러분이 내 조언을 받아들인다면 말이다.

대부분의 선생님들은 3개를 완성하진 못했지만 그럭저럭 잘 쓴 서술형을 매우 잘 쓴 2개 답과 전혀 작성하지 못한 1개보다 보통 더 높은 점수를 준다.

절대로 서술형 문제를 미리 해야 하는 '숙제'를 하지 않은 채 시작하지 말라. 여러분이 학교에서 상까지 받은 학생기자라도 말이다.

첫 번째, 문제를 제대로 읽자. 문제가 물어보는 핵심을 알고 있는가? 자신만의 언어로 다시 작성해 선생님이 쓴 문제와 비교해보자. 두 문장은 분명히 똑같은 의미인가? 그렇지 않다면 여러분은 문제를 잘못 읽은 것이다.

이와 같은 문제를 피할 방법은 문제를 다른 말로 바꾸어 답안의 첫 문장으로 사용하는 것이다. 선생님의 질문을 잘못 읽었더라도 첫 문장을 통해 여러분이 다음과 같이 해석한 것을 선생님께 보여드릴 수 있을 것이다. 여러분이 작성한 답이 선생님의 의도와 약간 다른 정도라면 잘 쓴 서술형이 받는 만점 가능성도 있다.

하지만 절대로 실제 문제에서 주어진 의도가 아닌, 의도적이거나 반대로 자신이 "선호하는" 방식으로 문제를 잘못 읽으면 안 된다.

'지시동사'의 의미를 반드시 이해하자. '비교 및 대조' 문제에서 뭔가를 '묘사'하면 안 될 것이다. 또한 '논의'해야 할 문제에서 '설명'을 해도 안 될 것이다. 가장 많이 사용되는 지시동사들을 이번 장 후반부에 나열해두었다. 각 동사들이 지시하는 메시지도 설명해두었다.

⊕ 손쉬운 행동요령

모든 서술형 문제 답안을 작성하는 단계별 방법을 여기 나열해두었다.

1단계: 답안에 담아야 한다고 자신이 생각하는 모든 사실, 생각, 개념, 통계들을 빈 종이에 써내려간다.

2단계: 글의 전개 순서대로 적은 것들을 나열한다. 적은 내용을 세부 개요로 다시 작성할 필요는 없다. 즉, 각 단어들 옆에 나열할 순서대로 숫자를 적는다.

3단계: 첫 문단을 작성한다. 자신의 답안에서 나타내려는 핵심내용을 여기에 요약, 소개해야 한다. "여기가 여러분의 답안 수준을 결정하는 중요 부분이다."

4단계: 평소 자신의 스타일대로 가능하면 쉽게 알아보도록 답안을 써내려간다. 내가 아는 대부분의 선생님들은 심하게 휘갈겨 쓴 서술형 답안을 어떻게든 알아보려고 노력하지 "않고" 좋은 점수도 "안 준다". 노트북이나 태블릿 PC를 사용해도 된다면(권장되거나 사용 지시가 내렸다면) 이런 곤란한 경우를 피할 수 있을 것이다.

5단계: 자신의 답안을 다시 읽어보고 필요하다면 자신이 쓰지 않은 내용을 더하고 철자와 문법을 교정하고 최대한 능력껏 다듬는다. 또한 글 전체 내용에 심각한 피해를 줄, 부주의한 누락 부분이 있는지도 확인해본다. 즉, "않는"을 쓰지 않았다면 자신의 의도와 정반대의 논지가 될 수도 있다.

자신이 알고 있는, 특별히 중요한 내용은 반드시 포함되어야 하지만 잘 기억나지 않는다면 추측해 쓰거나 그 내용을 뺀다. 여러분의 답안이 면밀하고 잘 정돈되어 있고 포함되어야 할 다른 모든 내용을 분명히 전하고 있다면 1가지 내용 누락만으로 엄청난 감점을 주는 선생님은 없을 것이다.

불필요한 상황에서 추측한 내용을 작성해 낮은 점수를 받으면 안된다. 만약 특정 사건이 1784년에 발생했지만 여러분이 1794년이라고 생각한다면 그냥 '18세기 후반'으로 적자. 18세기 후반으로 적는다면 감점 받을 가능성이 낮지만 틀린 연도를 작성한다면 감점 받을 가능성은 오히려 높을 것이다.

기억하자: 서술형 답안 길이로부터 호감을 받는 선생님은 많지 않다. 잘 정돈되고 잘 짜인 선생님의 질문에 대한 구체적인 답변은 자신이 아는 모든 것을 적고 그 중 문제 관련 내용이 있길 바라며 제출한 답변보다 항상 더 좋은 점수를 받는다. 내용을 잘 모르더라도 멋지게 서술한 답변이 많은 것을 알고 있어도 어설프게 서술한 답변보다 보통 더 높은 점수를 안겨준다는 점을 잊지 말자.

서술형 시험 빈출 지시동사

비교   2개 이상의 대상, 생각, 사람 등을 검토하고 유사점과 차이점을 알아내는 것

대조   차이점을 발견하기 위해 비교하는 것. 차별화, 구별과 유사함

비판   장·단점을 판단, 논의하는 것. 비평과 유사함

정의   자연적, 기본적 성질에 대해 설명하는 것

묘사   외모, 성질, 특성 등을 전달하는 것

논의   논거와 논평을 통해 재고, 검토하는 것. 토론. 해결책 찾기

열거   다양한 사건, 대상, 묘사, 생각 등을 열거하는 것

평가   생각, 논점 등을 살펴보고 자신의 결론을 정당화하는 것

설명   뭔가의 의미를 간단명료하고 지적 방식으로 분명히 이해하도록 만드는 것

실증   설명을 위해 특정 예시나 비유를 사용하는 것

해석   다르게 표현하기, 번역, 사견에 기반한 설명을 통해 뭔가 의미를 주는 것

정당화   특정 문장이나 결론을 옹호하는 것. 지지와 유사함

이야기   뭔가 발생한 것을 이야기하는 것. 보통 발생 순서대로 각 사건의 세부사항을 전달함. 묘사와 비슷하지만 시간 순으로 발생한 뭔가에 대해서만 적용할 수 있음

개요   개략적인 요약, 설명, 보고. 책, 주제, 프로젝트의 중심내용들만 전달함

증명   증거나 논지를 통해 진실이나 진정성을 보여줌. 보여주기, 설명, 입증과 비슷함
       (수학의 경우, 수학적 입증을 통해 유효성을 확인함)

다음 페이지로 ○

관련	보통 연관성, 연결성, 관계를 이용해 사건이나 상황을 설명함
검토	주제, 현상, 생각에 대한 일반적이지만 비판적인 조사. 묘사, 논의, 실증, 개요, 요약, 기술과 비슷함. 의미상 미묘한 차이에도 불구하고 다른 단어를 묘사하기 위해 이 단어를 사용하는 출제자도 있음
진술	사실을 간결하고 명확히 설명함. 명명하다, 나열하다, 나타내다, 확인하다, 열거하다, 언급하다 등의 의미로 사용할 수도 있음
요약	간결한 형태로 예시와 세부 사항들을 빼고 진술하는 것
기술	현상이나 생각을 발생 순서대로 추적해 나열하는 것

특정 단어에 대해서는 덜 걱정하고 전달하려는 정보 자체에 관심을 더 갖자. 최대한 정돈된 형태로 다듬고 독자들에게 깊은 인상을 주려는 목적보다 이해를 목적으로 글을 쓰자. 더 짧은 문장, 문단, 명확하고 간결한 단어 사용이 거의 사용하지 않는 문법의 늪에 선생님을 빠뜨리는 것보다 나을 것이다(여러분의 A학점도 함께 늪에 빠뜨리는 것보다 나을 것이다!).

문제의 의미를 전혀 모르겠다면 질문하자. 그래도 전혀 답을 모르겠다면 아무 것도 적지 말라. 다른 부분에 시간을 더 투자해 더 나은 답안을 작성하는 것이 나은 선택이다.

시험 막바지 시간은 서술형 답을 포함한 모든 시험 답안에 적은 자신의 답을 검토하는 데 쓴다. 모든 답과 숫자들은 분명히 읽을 수 있도록 작성하자. 각 문제와 답안들을 각각 일치시키자. 또한 시험지를 뒤집어 페이지를 빨리 넘기다가 특정 페이지가 인쇄되지 않은 것을 미리 몰라 특정 영역을 전혀 풀지 못했는지 반드시 확인한다. 마지막으로 서술형 답안에 추가할 내용이 없는지 정말 가볍게 확인하고 제출한다.

⊕ 시간이 모자란다면

첫 서술형 문제를 풀기 전, 각 서술형 문제에 시간을 신중히 할당해야 하는 데도 불구하고 마음처럼 안 되는 경우도 있다. 시험 마감 시간이 아직 2분 남았는데 서술형 1개 문항이 남아 있다. 어떡해야 할까? 답안에 포함되어야 한다고 생각하는 모든 정보를 빨리 적고 자신이 서술하려는 개요 순서대로 각 정보 옆에 숫자를 표시하자. 자신이 적은 내용을 더 명확한 개요 형태로 서술할 시간이 남았다면 그렇게 한다. 여러분의 개요가 정답이 포함하고 있어야 할 모든 정보를 포함하고 있다면 많은 선생님들은 부분 점수를 주는 편이다. 이렇게 하면 적어도 여러분이 주제에 대해 알고 있고 정답에 대한 적절한 개요를 그릴 수 있었음을 보여줄 수 있다. 1개 문항이나 그 이상 문제를 푸는 데 시간이 부족한 이유는 이전 문제에 대해 너무 많은 지식을 갖고 있기 때문이다. 그래서 여러분은 선생님에게 자신이 그 주제에 대해 알고 있다는 사실을 알리고 싶었고 시간이 부족할 때까지 그 문제의 답을 쓰고 또 썼을 것이다.

일부 선생님들은 가능하면 다음 주 수요일까지도 답을 적을 수 있을 만큼 비교적 일반적인 질문을 던지기도 하니 주의하자. 그런 경우, 선생님들은 전체 주제에 대한 여러분의 지식뿐만 아니라 보유한 지식을 정돈된 형태로 편집하고 중요 내용을 요약하는 능력도 시험한다.

전문시험들

대학과 대학원 입학에 사용되는 다양하고 정형화된 시험인 SAT, ACT, LSAT, GRE, 수능시험 등은 그것들만의 중요 요소들을 요구한다. 앞에서 말했던 저자의 대학 4학년 시절, 마지막 발표시험과 마찬가지로 이런 시험들은 특정 과목이나 특정 학년에 국한되는 시험들이 아니다. 그보다 수학적 개념을 적용하는 능력, 다양한 지문을 읽고 이해하는 능력, 언어적 능력을 평가하기 위해 만들어진 시험이다.

시험시간이 3시간 30분인 ACT는 200개 문항 이상의 객관식 문제와 영어, 수학, 독해, 과학 4가지 필수 영역과 40분의 선택적 작문 영역이 있다. ACT는 '성취도 테스트'가 특징으로 SAT가 '적성 테스트'로 특정되는 것과 차이가 있다.

2016년 미국 대학입시위원회는 최초 시행된, 3시간으로 개정된 SAT를 발표했다. 이전 1,600점 만점체계(800점 만점의 독해와 수학 2개 영역)로 회귀했고 50분의 서술형은 선택형으로 전환했다. 미국 대학입시위원회는 비슷한 시기에 미국 고1, 고2 학생용의 새로운 PSAT도 새로 만들었다.

SAT는 오답을 감점 처리하지만 ACT는 오답 감점이 없다.

이 시험들의 유형이 언제든 바뀔 수 있더라도 연습을 통해 정형화된 시험들을 공부할 방법은 분명히 있다. 영어와 수학에 대한 탄탄한 복습은 필수다. 기하학은 고리타분한 사람들만 공부하는 과목이라고 생각한다면 당장 생각을 바꾸자!

시중에는 이런 시험대비용으로 특화된 다양한 기업들이 있고 많은 서점들은 다양한 시험 대비 가이드를 보유하고 있다. 여러분이 진학하려는 대학이 자신들이 운영하는 시험 대비 과정을 후원하기도 한다.

시간과 돈을 들여 스탠리, 카플란, 프린스턴 리뷰, BAR/BRI와 같은 유명 강의 수강도 고려할 수 있고 그것이 어렵다면 적어도 유명 시험 대비 가이드 중 하나를 구입해보는 것도 좋을 것이다.

이런 시험들은 실제로 '정형화'되어 있으므로 시험 관련 특정 기술들을 익혀 사용하고 이전 기출문제들을 연습한다면 점수를 많이 올릴 수 있을 것이다. 실제 시험에서 훨씬 덜 긴장하고 어떤 유형의 시험이 나올지 어느 정도 감을 잡을 수 있기 때문이다.

엄청나게 우수한 SAT나 ACT 점수로 대학에 진학한 후, 만족스런 대학 성적을 받는 학생들도 있다. 그들은 "시험을 잘" 치렀을 뿐이다. 즉, 그들은 시험 환경에서 긴장하지 않았고 충분한 사전 경험을 통해 시험시간 동안 최상의 상태를 유지했던 것이다. 다른 학생들은 이런 시험들에서 "어려움을 겪었지만" 장기적인 커리어 싸움에서는 최상위에 이르기도 한다.

아마도 여러분은 지금까지 살아오면서 SAT, ACT, 수능시험 점수가 이후 최고급 레스토랑에서 식사하는, 성공한 인물이 될지 아니면 모두 식사를 마친 후, 그릇을 치우는 주방보조가 될지 결정한다고 많이 들어왔을 것이다. 이 점수들은 대학 입학 과정과 사람들이 항상 주장하는, 남은 일생에서 얼마나 중요한 작용을 할까? 분명히 중요한 것은 맞겠지만 여러분이 입학하려는 대학에 항상 필수적으로 작용하는 것은 아니다.

놀랄 만큼 큰 숫자지만 미국 내 전체 대학 수에 비하면 극소수인 850개 이상의 대학들은 이 입학 과정에서 SAR나 ACT를 더 이상 요구하지 않는다. 성공을 가늠하는 방법이 될 수는 있지만 이 시험들이 완벽한 성공지표가 되는 것은 절대로 아니다. 시험 결과가 불변인 것도 아니다. 정형화된 시험을 특별히 잘 치르지 않고도 성공한 사람들은 세상에 많다.

중요 메모: 정형화된 많은 시험들은 컴퓨터를 통해서만 치러진다(CAT; 컴퓨터 대응 포맷). 이 포맷에 해당하는 가장 중요한 시험으로는 GMAT(경영대학원 입학시험), GRE(대학원 입학자격시험), 토플, 각종 자격시험들이 있다(하지만 현재 SAT, ACT는 이 포맷에 해당하지 않는다).

이것은 여러분에게 무엇을 의미할까? 컴퓨터 대응 포맷으로만 실시되는 시험은 다음 2가지 요소 때문에 다른 전략이 필요하다는 것이다. 즉, 여러분은 이전 답으로 되돌아갈 수 없으며 문제를 건너뛴 후, 다시 돌아올 수 없다. 자신이 컴퓨터 형태의 시험을 치르는지, 종이시험을 치르는지 확인하고 그에 따라 연습하고 전략을 짜자!

부모님들께 드리는 특별 당부

많은 부모님들이 자녀의 성적과 시험 점수를 너무 심각하게 받아들입니다. 그런 분들을 위해 제가 드리는 당부입니다.

- 자녀의 시험 점수를 너무 걱정하지 마십시오. 성적을 너무 강조하다 보면 자녀들을 좌절시킬 수 있고 이미 너무 큰 압박에 시달리는 그들에게 부정적인 영향을 미칠 수 있습니다.
- 실패를 두려워하는 자녀들은 시험에서 실수할 확률이 높습니다. 자녀들이 하는 모든 것에 자신감을 갖도록 도와주십시오.
- 시험 중요도와 상관없이 한 시험에서 받은 점수만으로 자녀를 판단하지 마십시오. 자녀가 무엇을 할 수 있는지, 실제로 무엇을 배웠는지 완벽히 측정할 시험은 없습니다.
- 자녀의 담임선생님과 자주 대화를 나누십시오. 자녀에 대한 선

생님의 평가는 자녀가 치르는 그 어떤 시험보다 훌륭한 평가 수
단이 될 수 있습니다. 매우 중요한 시험보다도 말이죠.

• 자녀가 학교를 제대로 다닐 수 있도록 해주십시오. 자주 수업에
빠진다면 시험에서 좋은 성적을 받을 수 없을 것입니다.

• 자녀가 충분한 수면을 취하도록 특히 큰 시험을 앞두고 충분히
잘 수 있도록 해주십시오. 피곤한 상태에서 치른 시험은 그에 따
른 점수를 가져올 것입니다.

• 자녀와 함께 시험 결과를 검토하고 채점한 시험지로부터 무엇
을 배울 수 있는지 보여주십시오. 이것은 이전 개념 위에 새로운
개념이 더해지는 수학과 과학 과목에서 특히 중요합니다.

• 오답들을 검토하시고 자녀가 왜 그 답을 적었는지 알아보십시
오. 자녀가 정답을 알았지만 문제를 언제 제대로 이해하지 못했
는지 알 수 있을 것입니다.

• 시험지에 남겨진 선생님의 코멘트를 읽고 자녀와 함께 이야기
를 나누어 보십시오. 자녀가 저조한 점수를 받아왔다면 더 필요
한 부분입니다.

예비시험 스케줄 노트

수업명 [　　　　] 　　교수 [　　　　　　]

시험일 [　　　　　] 　시험시간 [　　] 부터 [　　] 까지

시험 장소 [　　　　　　　　　　　　　　　　]

● 자신에게 전하는 특별 지시사항(예: 계산기 가져올 것, 사전 가져올 것 등)

● 이 시험을 치르기 위해 공부해야 할 것들(해당 사항 모두 체크)

- [ ] 책
- [ ] 워크북
- [ ] 수업 필기
- [ ] 유인물
- [ ] DVD/비디오
- [ ] 이전 시험지
- [ ] 기타

● 시험 유형(참/거짓 개수 적기, 서술형 등 유형별 총 배분 점수도 적기)

● 스터디 그룹 회의(시간, 장소)

1

2

3

4

5

6

7

8

● 공부해야 할 부분

주제, 찾아볼 자료, 복습할 양(조금 많이) 적기. 복습이 끝나면 체크마크할 것.

주제	자료	복습

● 시험 후

예상점수 [   ]   실제 점수 [   ]

● 내게 도움이 되었던 것

● 내가 했어야 했던 것

Celebrate your Success

당신의 성공을 축하하라

여러분이 정말 자랑스럽다. 여러분은 이 책을 처음부터 끝까지 모두 읽었다. 다음은 내 마지막 조언이다.

- '진짜 미국식 공부법'을 앞표지부터 뒷표지까지 다시 읽어본다. 영화를 두 번 보는 것과 같다. 즉, 항상 그렇듯 처음 보았을 때 놓친 것을 두 번째에는 찾아낼 것이다.
- 내가 강조한 내용들을 연습한다. 여러분은 이전 시험에서 실패한 이유가 있었다. 공부를 어떻게 하는 것인지 제대로 몰랐다. 이제 시험에 떨어질 아무 이유도 없다.

- 어떤 조언이 여러분에게 도움이 되었고 학교에서 얼마나 더 성공적으로 잘하고 있는지 저자에게 편지나 이메일을 보내주길 바란다.

저자 주소:
Ron Fry c/o career press, 12 parish Drive Wayne, NJ 07470
저자 이메일:
Ronfry@careerpress.com

원한다면 최대한 답장을 주겠다고 약속 드린다. 다만, 전화는 피해 주길 바란다. 저자는 '진짜 미국식 공부법'을 홍보하기 위해 어딘가에 있을 것이다!

최강의 나를 만드는
진짜 미국식 공부법

초판 1쇄 인쇄 2019년 10월 1일
초판 1쇄 발행 2019년 10월 15일

지은이　　론 프라이
옮긴이　　장승윤

펴낸곳　　도서출판 멜론
펴낸이　　김태광
디자인　　노은하
편집　　　박진영

출판등록　　2007년 5월 23일 제2013-000334호
주소　　　서울 마포구 잔다리로 47 B1층 (서교동 373-3)
전화　　　02-323-4762
팩스　　　02-323-4764
이메일　　mellonml@naver.com
인스타그램　@mellonbooks

ISBN　　979-11-89004-07-1　03370